KB128334

건전한 한국재정을 위한 담론

외면하고 싶은 몇 가지 사실들

정성호 저

박영사

머리말

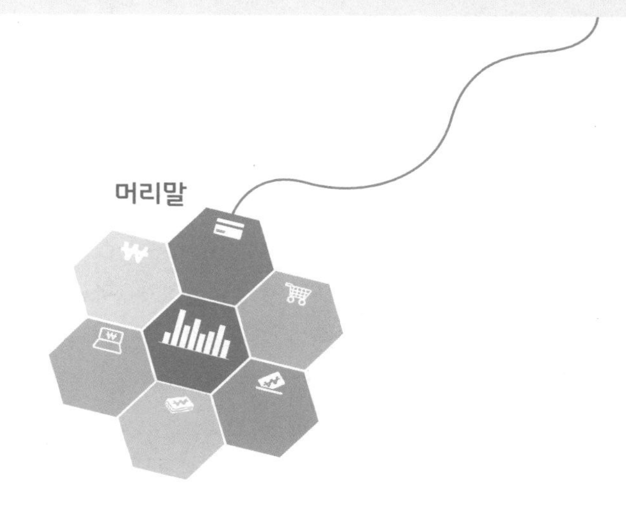

국제 금융위기 이후, 대부분 국가들이 대규모 재정적자는 물론 부채규모가 급격하게 증가하고 있다. 그리스를 비롯한 일부 유럽 국가는 재정위기 상태에 놓여 있기도 하다. OECD 국가와 비교해 볼 때 우리나라의 재정상황은 상대적으로 건실하다는 평가를 받아온 것은 사실이다. 하지만 최근 우리나라의 재정상황을 진단해볼 때 예외는 아닌 듯하다. 한마디로 재정위기 상태로 진입하고 있는 것은 아닌지 의구심이 든다.

확장적 재정정책은 글로벌 재정위기와 저상장 경제를 극복하는 데 불가피 선택이지만 이러한 재정정책이 재정건전성에 미치는 영향을 면밀하게 살펴볼 필요가 있다. 확장적 재정정책과 수동적으로 야기되는 복지재정과는 구분해야 할 것이다. 아울러 재정건전성에 영향을 미치는 복지재정 수요가 과연 바람직한지를 포함한 정부의 기능과 역할에 대한 평가와 함께 최근 IMF에서 제시하고 있는 채무지속가능성분석(DSA)과 같은 거시재정지표의 활용에 대해 관심을 두어야 할 것이다.

우리의 현 상태를 진단해보면 재정상태는 건전한가? 아니면 재정위기 상태로 진입한 것은 아닌가? 란 물음에 명확히 '아니다'라고 답하기는 쉽지 않다. 우리나라는 전통적으로 중앙－편중적 재정구조를 유지하고 있기 때문에 지방자치단체는 중앙정부의 재정정책에 크게 영향을 받는다. 그 근본적인 이유는 세수구조(국세－지방세)에서 비롯되었지만, 중앙정부차원에서 비과세·감면정책 등의 확대와 무관하지 않다.

그러나 지방자치단체도 재정건전성에 대한 책임론에서 자유롭지 못하다. 선거에서 표를 의식한 방만한 재정운영, 탄력세율의 미활용, 일몰이 도래되었음에도 불구하고 감면조례를 활용한 비과세·감면의 증대가 방만한 재정운영의 대표적인 사례라 할 수 있다. 또한 대부분의 지방자치단체에서 투자사업의 주요재원인 지방채를 활용하지 않으며, 일부 지방자치단체에서는 지방공기업 등을 활용한 예산외 사업(off－budget) 부채를 늘리는 도덕적 해이가 발생하고 있다.

한마디로 연성예산 제약하에서 공약사업 등을 추진하기 위해 공기업을 활용하고 있다. 더욱 문제는 지방자치단체가 자체재원을 확보하기 위한 노력보다는 의존재원 확보에 사활을 걸고 있다. 가장 큰 문제는 중앙정부의 정책결정이 지방자치단체에서 수행될 때 재원없는 권한위임(unfunded mandates), 즉 재원보다는 기능만 이양하고 있는 것과 연관된다.

본서는 지방자치단체의 재정건전성을 유지하기 위해서는 효율적인 재정관리를 위한 중앙과 지방 간 상생협력이 중요하다고 보는데, 이 과정에서 거시적인 재정지표의 활용이 중요하다는 점을 강조하고 있다. 특히, 근시적인 재정운영에서 벗어나 중·장기적 시계에서 건전재정이란 목표를 달성하기 위한 새로운 이정표를 제시하였다.

이를 위해 IMF의 부채지속가능성분석(DSA), GFS의 우발부채관리기준, 중앙(D－brain－)지방재정관리시스템(e－hojo) 및 교육재정(edufine) 간 기능연계, 공공부문 부채 절감노력 및 국제 비교관점에서 신뢰할 수 있는 공공부문 부채통계(PSDS)산정, 합목적적인 구분회계도입, 재정준칙 도입 등을 고려할 필요가 있다.

우선 국가 및 지방재정과 회계체계를 직접적으로 접할 기회를 주신 한국조세재정연구원의 옥동석 원장님과 국가회계재정통계센터 김완희 소장님께 깊은 감사를 드린다. 아울러 출판을 허락해주신 도서출판 박영사와 이러한 결실을 맺게 해준 사랑하는 아내 숙에게 이 지면을 빌어 감사의 마음을 전한다.

2015. 4. 10

금강을 바라보며

정성호

이 책의 구성

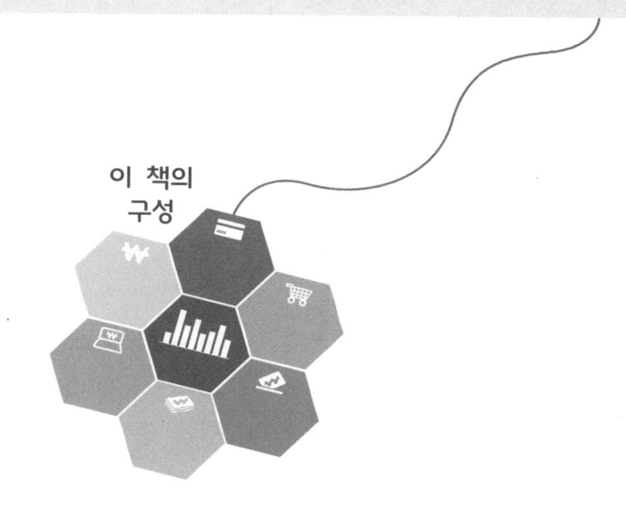

이 책의 구성은 다음과 같다.

제1장은 지방세 비과세·감면의 경제적 효과를 검증해본다. 지방세 비과세·감면의 경제적 효과가 그리 크지 않다는 분석결과에 근거하여 직접지출을 늘리고 간접지출(비과세·감면)을 줄여야 한다는 점을 논의한다.

제2장은 정부간 이전수익이 부채에 미치는 영향을 검증해본다. 우리나라는 중앙집권(편중)적 재정구조/연성예산제약으로 의존재원확보 노력을 할 수밖에 없다. 중앙정부로부터 국고보조금과 지방교부세 등이 많아질수록 지방자치단체의 부채에 어떠한 영향을 미치는지 논의한다.

제3장은 지방자치단체 예산외 사업(off－budget) 부채증가 변인을 검증해본다. 중앙정부가 공기업을 활용하여 부채를 늘려가고 있는 것과 마찬가지로 지방자치단체도 동일한 현상이 발생하고 있다. 이는 비단 우리나라만의 문제가 아니라 미국에서조차 유사한 현상이라 발견된다. 흔히 말해 풍선효과로 지방자치단체의 부채가 증가하면 그 부채가 공기업이나 민간투자사업 등으로 전가될 수밖에 없기 때문에 포괄적 부채총량 등의 규제가 필요하다는 점을 논의한다.

제4장은 지방자치단체의 재정악화는 지방자치단체 스스로가 방만한 경영과도 연관되지만 근본적으로는 복지재정 등 정부 재정정책과 관련된 재원없는 권한위임에서 비롯된다. 미국에서는 다양한 재원없는 권한위임(기후변화, 낙제학생방지대책 등)을 법으로 금지하고 있지만, 우리나라는 아직 법제화하지 못하고

있다. 재원 없는 권한위임이 지방재정의 건전성을 훼손하고 있다는 점에 근거하여 다양한 대안을 논의한다.

제5장은 IMF는 중·장기적 시계에서 부채지속가능성분석(DSA)과 중기채무전략(MTDS)의 적용을 권고하고 있다. 부채지속가능성분석은 일반정부를 대상으로 분석할 것을 권고하고 있으며 다양한 지표를 개발중에 있다. 다만 이 기법의 적용을 위한 세부적 논의라기보다는 추후 적용을 위한 소개에 국한한다.

제6장은 최근 개정된 GFS 2014에 근거하면 우발부채(contingent liabilities)는 명시적·암묵적 우발부채로 구분하고 있으며, 기존분류방식과는 달리 공무원·군인연금충당부채는 기타부채(연금수급권)로 분류되어야 하고, 사학·국민연금충당부채는 암묵적우발부채로 분류되어야 하는 등 다양한 논의를 한다.

제7장은 중앙과 지방 재정시스템/교육재정시스템 간 일부 기능의 연계가 고려되어야 한다. 이는 근본적으로 국고보조금이 당초 국가 재정사업의 목적에 맞게 집행되고 있는지를 검증하기 위함이다. 현재는 중앙재정시스템에서 단지 비용으로만 처리하고 있어 합목적적이지 않다. 다시 말해 지방재정시스템이나 교육재정시스템을 활용한 모니터링 환류가 불가능하다. 따라서 각 시스템 간 국고보조금 관리 등 일부 기능은 필히 연계되어야 한다는 점을 논의한다.

제8장은 공공부문부채통계는 부채산정(PSDS)에 근거하여 산출하고 있다. PSDS와 우리나라의 부채통계방식을 설며하고, 금융공기업과 비금융공기업 등의 분류의 한계, FY 2013기준 기타기관으로 분류되어 있는 한국은행, 금융감독원, KBS, EBS는 금융공기업과 비금융공기업으로 새롭게 분류할 필요가 있음을 논의한다.

제9장은 구분회계는 최초 7개 공공기관에 도입되어 점차 확대되어 가는 추세이다. 다만 당초에는 재정운영의 책임성과 투명성을 확보하기 위해 이 제도를 도입하였는데, 여기에 초점을 맞추기보다는 사업구분, 태블릿 등 회계기준에 경도되어 그 효과를 달성하지 못하고 있다는 점을 논의한다.

제10장은 많은 국가들이 다양한 재정준칙을 도입하여 운영하고 있다. 현재 중앙정부차원에서는 재정준칙도입에 관한 논의가 있었지만 지방자치단체차원에서는 전혀 논의가 되지 않고 있다. 따라서 중앙정부와 지방자치단체로 구분하여 합리적으로 적용이 가능한 재정준칙 도입방안을 논의하고 있다.

차례

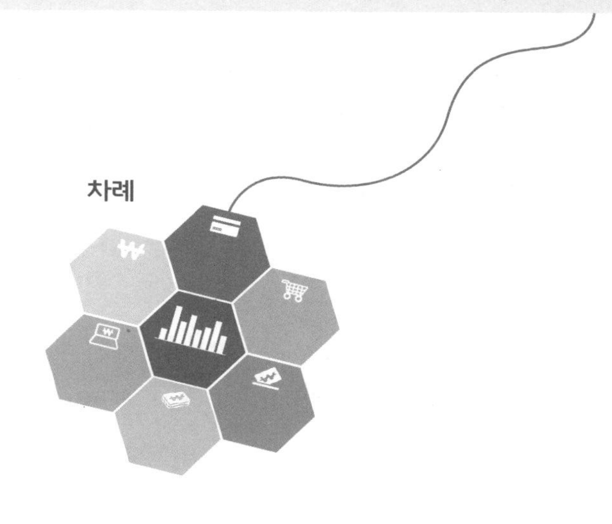

chapter 01

지방세 비과세·감면이 지역경제에 긍정적 영향을 미치는가?

chapter 02

정부 간 이전수익(국고보조금/지방교부세)이 부채에 어떤 영향을 미치는가?

chapter 03

지방자치단체는 왜 예산 외 사업부채를 증가시키고 있는가?

chapter 07

재정관리 시스템 간 연계가 되어야 하는 이유? - d-Brain, e-Hojo, Edufine

chapter 08

우리나라 공공부문 부채규모 적정한가? 산출과정?

chapter 09

구분회계(segment accounting)도입, 과제는 무엇인가?

chapter 10
중앙과 지방정부에 재정준칙이 도입되어야 하는 이유?

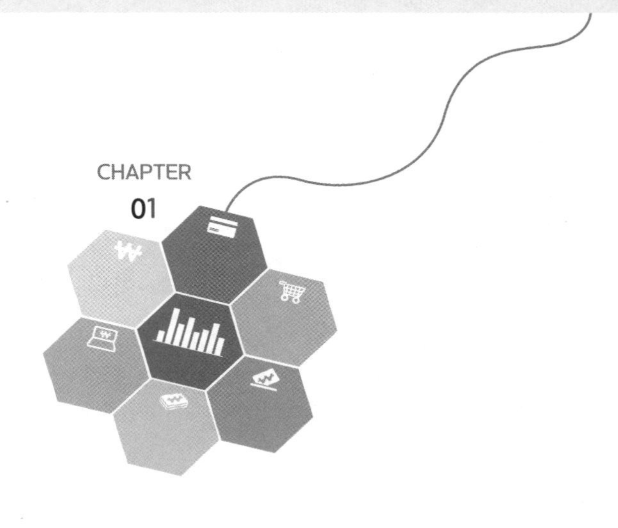

지방세 비과세·감면이 지역경제에 긍정적 영향을 미치는가?

지방세 비과세·감면제도는 경기부양 등 지역경제 활성화라는 목적하에 수행되었다. 특히, 지방자치 실시 이후 지역 경제성장 수단으로 활용되고 있는데, 저 출산·고령화 등의 이유로 지방재정 수요는 늘어날 수밖에 없는 상황에서 문제로 제기되고 있다. 지방재정여건이 어려워지면서 지방소득·소비세 확대 등 지방세수 확충의 필요성이 제기되고 있으며, 지방세 비과세·감면에 관한 근본적인 변화가 요구된다.

경제적 효과측면은 개발정향과 복지정향 논리로 설명이 가능하다. 개발정향 논리에 의하면 지방자치단체가 재산세와 법인세율을 인하하는 등 감세제도를 적극 활용해야 한다. 다시 말해 해당 지역에 외자유치 등의 정책을 추진하게 되면 기업투자가 활발해지기 때문에 지역경제에 긍정적 영향을 미친다는 논리이다.

반대로 복지정향 논리에 따르면 지방자치단체가 복지정책을 강화하게 되면 타 지역으로 기업이 이탈하게 되고, 동시에 빈곤층이 유입되기 때문에 지역경제에 부정적 영향을 미친다는 논리이다. 한마디로 경제적 측면은 개발정향의 논거로, 비경제적 측면은 복지정향의 논거로 설명이 가능하다(Peterson, 1981).

지방세 비과세·감면이 지역경제성장을 촉진하는가 아니면 저해하고 있는가에 관한 논의는 여러 학자들의 관심의 대상이 되고 있다. 하지만 그 경제적 효과에 관해서는 여전히 논쟁 중에 있다. 이렇듯 지방세 비과세·감면은 경제적 및 비경제적 효과로 구분할 수 있다.

경제적 효과는 정부가 일부 비용을 보조해 줌으로써 바람직한 상태의 공공재(public good)를 제공한다고 본다. 한편 비경제적 효과는 사회 정책적 측면에서 저소득층을 위한 비과세·감면혜택을 제공한다고 본다.

현재 운영 중인 비과세·감면제도는 여러 가지 문제점을 내포하고 있다. 일반적으로 국가정책 목적에 기여하고 취약계층(산업)을 보호하는 기능 등을 수행하고 있지만, 비과세·감면이 적용되지 않는 분야와의 형평성의 문제가 제기되고 있다. 따라서 비과세·감면은 최소한에 그쳐야 하고, 목적이 달성되면 종료해야 하는 것이 원칙이자 바람직한 방향이라고 할 수 있다.

하지만 그동안 지방세 비과세나 감면의 신설은 정책적 필요에 의해 수시로 이루어진 반면, 일몰법(sunset law) 규정에도 불구하고 비과세·감면을 종료하지 않았다. 그 결과 제도의 근본 취지와는 달리 그 규모가 지속해서 증가하였다. 결과적으로는 세수는 줄어들고, 조세지출이 지속적으로 늘어난 셈이다. 최근 안전행정부(현 행정자치부)에서 비과세·감면에 관한 효율적 관리가 필요하다는 인식 아래 다양한 정책대안을 모색하고 있는 것도 이와 같은 맥락이다.

비과세·감면제도는 예산지출과 동일한 경제적 효과가 있음에도 불구하고 지방의회의 심의대상에서 제외되기 때문에 직접지출에 비해 비효율적인 재원배분이 될 소지가 많다(이영희·김대영, 2007: 1－2; 이준구, 2012: 568). 그 이유들로 인해 비과세·감면의 경제적 효과(조세지출)에 관한 실증 연구는 많지 않은데, 국내·외의 연구 경향이 동일한 현상을 보인다.

이러한 맥락에서 "지방세 비과세·감면이 지역경제에 미치는 영향은 어떠한가?"를 실증 분석해 본다. 세부적으로 비과세·감면이 지역경제(GRDP)에 미치는 영향으로 지방세법상 비과세와 감면, 조세특례제한법상 감면, 감면조례에 근거한 감면 등이 지역경제에 미치는 영향을 분석한다. 이에 추가하여 직접지출의 경제적 효과와 간접지출의 경제적 효과를 비교분석한다.

지방세 비과세·감면이 지역경제에 미치는 영향에 관해 실증 분석하는 것은 비과세·감면의 경제적 효과를 일반화할 수 있다는 점에서 유의미하다. 이를 통해 비과세·감면제도의 합리적 운영을 위한 제도 개선 등 정책적 차원에서 보완의 의미를 동시에 지닌다. 특히, 재정여건이 상대적으로 취약한 시·군을 대상으로 비과세·감면의 경제적 효과를 분석해봄으로써 비과세·감면제도의 합목적성을 검토해 본다.

실증분석에 활용되는 자료는 2006년부터 2010년까지[1) 강원도 18개 시·군의 조문별 비과세·감면자료를 활용한다. 강원도의 시·군을 연구대상으로 삼은 이유는 연구자가 분석 자료의 획득이 용이한 측면도 있지만, 재정여건이 열악한 기초자치단체의 비과세·감면의 경제적 효과를 측정하기 위함이다.

실증분석은 패널분석으로 각 지방자치단체들은 고유의 정치, 경제, 사회, 문화적 특징 등 개체별 특성을 고려할 수 있도록 PCSE(panel corrected standard errors)를 활용한다. PCSE는 패널 자료의 특성상 자기상관과 이분산성이 발생할 가능성이 있는데, 이를 치유하기 위함이다.

1. 비과세·감면제도에 관한 논의

비과세·감면은 조세(예산)지출 등 직접적 지출과 동일한 것으로 전제하고 있기 때문에 조세지출예산제도라 부른다. 이 용어를 처음 사용한 학자는 Surrey(1967)인데, 이후 미국을 비롯한 다양한 국가에서 이 용어를 활용하고 있고, 조세지출이라는 명목하에 지출을 통제하고 있다. 우리정부도 2010년부터 비과세·감면제도를 시행중에 있다.

지방세 비과세·감면제도는 현행 지방세법에서 과세대상으로 삼고 있는 토지 건물 등에 대하여 일정한 요건을 갖추고 있는 자로 일정대상에 한하여 과세에서 제외하거나, 또는 과세대상의 일부 또는 전부를 면제하여 주는 것을 말한다.

즉, 지방세 비과세·감면은 국가정책이나 공익목적을 위하여 애초부터 과세권을 포기하거나 부과되어야 할 세금을 전부를 면제해주거나 그 중 일부를 경감시켜주는 일종의 세제상의 혜택이다. 일반적으로 고유목적사업이 아닌 수익사업

---

1) 실증분석결과의 일반화를 위해 보다 많은 통계자료를 활용하는 것이 권고된다. 다만 본 연구에서 2006년부터 2010년까지의 자료를 활용하게 된 이유는 2011년 지방세법이 분법(지방세 기본법, 지방세법, 지방세 특례제한법)되었기 때문이고, 2006년 이전의 자료는 지자체에서 체계적으로 관리되지 않고 있어 분석 자료로 활용하기에 제한되기 때문이다.

등에 사용하거나, 유예 기간 내에 정당한 사유가 없이 매각하거나 이전을 할 경우에는 비과세 · 감면에서 제외된다.

우리나라는 법률에 근거하여 조세를 부과하는 이른바 조세법률주의를 따른다. 비과세와 감면은 어원의 차이도 있지만 원인과 절차상의 차이도 있다. '비과세'는 과세요건에 해당되더라도 과세하지 않거나, 납세의무의 범위에서 제외시키므로 납세의무가 애초부터 성립되지 않는 것으로 대부분 법에 의한 입법 작용 중 하나이다.

한편 '감면'은 과세요건에 해당되고, 납세의무가 성립 또는 확정이 된다고 하더라도, 일반적으로 정부가 직권으로 과세를 면제할 수 있고, 신청자가 감면을 신청할 수도 있는데, 그 감면의 비율은 다양하게 설정되어 있다. 다만 감면은 비과세와는 달리 행정처분(면제처분)행위가 반드시 필요하다는 점에서 차이가 있다.

다시 말해 비과세와 감면은 세금부담이 줄어드는 효과측면에서는 동일하지만, 원인행위와 절차상의 과정은 다르다. 또한 경제학 논리로 설명하면 직접 조세지출의 경제적 효과가 비과세·감면 등 간접지출의 경제적 효과에 비해 상대적으로 더 큰 것으로 알려져 있다.[2)]

2008년을 기점으로 강원도 18개 시·군의 비과세·감면규모는 급증하고 있다. 다만 2006년과 2007년까지는 감면규모가 증가하고 있고, 2008년 이후 비과세 규모가 더욱 크게 증가하고 있다(<표 1-1> 및 <표 1-2> 참고).

2) GDP와 동일하게 GRDP의 산출 공식은 C+I+G+(X-M)로 정의된다. 여기서 직접지출은 정부지출 G를 의미하고 나머지는 동일하다고 전제한다. 이때 직접지출이라 함은 정부의 재정지출을 의미하고, 간접지출은 비과세·감면 등을 의미한다.

표 1-1 **시(市) 단위 비과세·감면현황(2006~2010년)** **(단위: 천원)**

구분	연도	간접지출						직접지출
		총비과세·감면 (TNTE)	총감면 (LTE)	지방세법		조세특례제한법감면 (TE)	감면조례 (EA)	지방세출총액 (TLTE)
				비과세 (LNT)	감면 (LE)			
춘천	2006	24,176,085	17,063,201	7,112,884	14,172,300	266,611	2,624,290	450,072,000
	2007	41,710,713	30,212,324	11,498,389	18,641,077	8,857,785	2,713,462	537,267,000
	2008	60,664,361	31,388,018	29,276,343	23,436,128	746,663	7,205,227	606,003,000
	2009	67,940,408	37,301,678	30,638,730	25,205,332	3,104,221	8,992,125	660,543,000
	2010	58,819,321	30,308,512	28,510,809	22,186,147	2,572,892	5,549,473	651,903,000
원주	2006	29,903,590	27,873,318	2,030,272	18,742,665	426,371	8,704,282	520,450,000
	2007	33,988,921	30,375,561	3,613,360	21,536,237	1,148,949	7,690,375	535,736,000
	2008	80,672,322	54,186,753	26,485,569	37,925,687	1,195,379	15,065,687	599,421,000
	2009	72,945,493	44,036,234	28,909,259	23,035,873	5,611,411	15,388,950	655,947,000
	2010	71,629,256	45,882,328	25,746,928	29,008,637	5,338,168	11,535,523	551,414,000
강릉	2006	18,369,902	14,041,145	4,328,677	8,015,216	1,288,763	4,737,166	400,590,000
	2007	18,179,841	14,872,482	3,307,359	8,387,011	118,477	6,366,994	393,158,000
	2008	28,163,139	15,441,226	12,722,647	8,696,636	470,596	6,273,994	477,480,000
	2009	28,622,286	15,726,944	12,895,342	8,367,286	3,324,959	4,034,699	520,567,000
	2010	31,910,097	23,157,617	8,752,480	10,049,750	8,581,112	4,526,755	510,149,000
동해	2006	6,580,527	5,714,876	865,651	3,332,244	90,273	2,292,359	201,457,000
	2007	6,261,622	5,440,339	821,283	2,886,120	124,143	2,430,076	219,551,000
	2008	11,819,498	6,937,116	4,882,382	2,484,661	1,424,740	3,027,715	227,439,000
	2009	13,165,285	7,762,018	5,403,267	5,042,878	838,630	1,880,510	272,698,000
	2010	18,709,309	13,314,349	5,394,960	4,972,869	4,924,434	3,417,046	260,134,000
태백	2006	2,744,963	2,346,669	398,294	1,334,462	67,361	944,846	195,527,000
	2007	5,254,363	3,748,006	1,506,357	1,864,630	73,719	1,809,657	177,314,000
	2008	11,341,808	8,311,226	3,003,582	6,951,264	43,263	1,316,699	208,548,000
	2009	8,089,303	4,950,840	3,137,753	3,291,270	439,357	1,220,213	228,030,000
	2010	7,414,356	4,453,257	2,961,099	2,580,653	482,583	1,390,021	225,562,000
속초	2006	6,070,376	4,984,494	1,085,882	2,740,668	695,232	1,548,594	162,852,000
	2007	6,812,905	5,527,140	1,285,765	3,858,152	169,689	1,499,299	199,122,000
	2008	11,859,897	4,876,808	6,983,089	3,094,320	268,175	1,514,313	220,882,000
	2009	12,450,800	5,597,813	6,852,987	3,523,951	664,125	1,409,737	230,312,000
	2010	16,897,340	10,803,147	6,094,193	4,601,244	4,633,984	1,567,919	259,623,000
삼척	2006	2,796,959	2,009,622	787,337	971,033	19,638	1,018,951	242,392,000
	2007	3,770,076	3,410,011	360,065	1,592,481	489	1,817,041	249,501,000
	2008	7,420,588	3,174,575	4,246,013	1,315,296	595,692	1,263,587	288,917,000
	2009	10,546,980	5,439,683	5,107,297	1,643,788	1,296,860	2,499,035	334,488,000
	2010	17,838,866	7,159,874	10,678,992	2,256,685	2,601,067	2,302,122	345,580,000

자료: 강원도청 내부자료.

표 1-2 **군(郡) 단위 비과세·감면현황(2006~2010년)** (단위: 천

구분	연도	총비과세·감면 (TNTE)	총감면 (LTE)	지방세법		조세특례제한법감면 (TE)	감면조례 (EA)	지방세출총 (TLTE)
				비과세 (LNT)	감면 (LE)			
홍천	2006	10,640,356	10,041,997	598,359	7,674,017	977,511	1,390,469	200,868,00
	2007	7,099,082	5,175,278	1,923,804	3,553,882	42,612	1,578,784	215,990,00
	2008	14,808,176	8,027,225	6,780,951	3,286,017	2,941,767	1,799,441	240,288,00
	2009	21,595,769	14,066,501	7,529,268	11,202,772	1,655,708	1,208,021	265,195,00
	2010	13,024,671	6,714,518	6,310,153	5,811,018	162,222	741,278	270,712,00
횡성	2006	2,517,313	2,277,851	239,462	1,425,012	145,350	707,489	163,083,00
	2007	3,978,472	3,154,575	823,897	2,006,681	210,331	937,563	176,934,00
	2008	7,484,227	3,411,934	4,072,293	2,437,393	195,985	778,556	183,,850,00
	2009	9,585,777	5,056,780	4,528,997	3,360,820	801,656	894,304	214,009,00
	2010	5,957,597	2,898,348	3,059,249	2,340,750	83,290	474,308	201,069,00
영월	2006	1,799,461	1,458,148	341,313	579,968	17,106	861,074	160,907,00
	2007	2,273,939	1,877,195	396,744	1,066,286	8,226	802,683	173,391,00
	2008	4,739,811	2,089,643	2,650,168	1,346,131	98,965	644,547	199,170,00
	2009	5,322,040	2,292,115	3,029,925	1,328,971	328,161	634,983	214,009,00
	2010	7,366,313	3,733,480	3,632,833	2,029,029	38,437	1,666,014	260,014,00
평창	2006	8,575,687	7,891,182	684,505	3,986,183	15,117	3,889,882	195,629,00
	2007	7,558,547	6,201,934	1,356,613	4,210,691	128,852	1,862,391	198,071,00
	2008	21,508,556	7,832,150	13,676,406	6,222,887	52,182	1,557,081	220,031,00
	2009	29,321,756	12,166,162	17,155,594	3,111,125	460,140	8,594,897	256,547,00
	2010	16,568,277	8,808,909	7,759,368	2,559,412	568,423	5,681,074	255,413,00
정선	2006	8,716,257	8,466,373	249,884	7,708,918	54,193	703,262	216,752,00
	2007	2,274,916	2,138,338	136,578	1,201,378	3,006	933,954	200,957,00
	2008	6,628,126	2,562,488	4,065,638	1,770,899	3,905	787,684	240,871,00
	2009	9,695,097	5,168,598	4,526,499	4,129,166	414,484	624,948	278,876,00
	2010	15,486,581	9,574,259	5,912,322	8,755,791	136,975	681,493	294,014,00
철원	2006	3,116,129	2,533,517	582,612	1,750,881	6,833	775,803	182,372,00
	2007	3,958,538	3,032,553	925,985	2,085,418	5,246	941,889	170,762,00
	2008	8,958,508	3,791,171	5,167,337	2,735,544	52,103	1,003,524	186,445,00
	2009	10,014,111	4,385,863	5,628,248	3,049,019	407,556	929,288	225,246,00
	2010	7,757,484	3,017,785	4,739,699	2,500,312	21,044	496,429	205,570,00
화천	2006	1,026,105	835,508	190,597	285,544	4,243	545,721	149,341,00
	2007	2,678,994	1,261,698	1,417,296	506,617	25,443	729,638	162,915,00
	2008	4,758,135	1,551,833	3,206,302	710,523	2,405	838,905	170,824,00
	2009	4,161,089	1,213,622	2,947,467	618,493	187,473	407,656	191,537,00
	2010	4,274,409	955,259	3,319,150	638,862	22,372	294,025	187,156,00
양구	2006	1,071,137	592,422	478,715	386,006	2,671	203,745	148,917,00
	2007	1,614,236	1,044,547	569,689	574,859	36,802	432,886	153,812,00
	2008	3,329,718	1,066,222	2,263,496	578,673	142,820	344,729	178,261,00
	2009	3,957,704	970,845	2,986,859	550,380	147,438	273,027	187,554,00
	2010	2,751,006	1,134,356	1,616,650	831,467	5,842	297,047	183,418,00
인제	2006	2,274,431	1,301,438	972,993	796,863	8,523	496,052	182,324,00
	2007	5,804,448	1,706,425	4,098,023	1,050,060	9,349	647,016	190,290,00
	2008	5,379,761	1,360,448	4,019,313	677,162	19,998	663,288	206,939,00
	2009	5,958,340	1,569,134	4,389,206	967,518	230,601	371,015	225,189,00
	2010	4,825,207	1,557,889	3,267,318	1,298,608	4,046	255,235	231,111,00

(계속)

구분	연도	총비과세·감면 (TNTE)	총감면 (LTE)	지방세법		조세특례 제한법감면 (TE)	감면조례 (EA)	지방세출총액 (TLTE)
				비과세 (LNT)	감면 (LE)			
고성	2006	1,690,653	1,497,126	193,527	1,068,119	18,889	410,118	157,178,000
	2007	2,140,712	1,390,318	750,394	798,422	43,242	548,654	172,137,000
	2008	4,879,395	2,260,413	2,618,982	812,225	893,341	554,847	179,394,000
	2009	6,434,705	2,613,977	3,820,728	1,098,789	1,115,747	399,441	195,301,000
	2010	4,534,430	1,501,869	3,032,561	1,181,733	26,469	293,667	198,518,000
양양	2006	1,928,008	1,268,334	659,674	515,675	268,022	484,637	154,490,000
	2007	2,476,322	1,467,398	1,008,924	804,948	31,022	631,428	146,206,000
	2008	5,057,656	1,369,067	3,688,589	817,178	14,240	537,649	173,692,000
	2009	5,798,705	1,987,283	3,811,422	1,258,095	219,754	509,434	172,120,000
	2010	6,055,828	2,116,712	3,939,116	1,429,361	75,046	612,305	198,518,000

자료: 강원도청 내부자료

비과세·감면의 세부항목은 <표 1-3>에 제시되어 있다.

비과세 규모가 커진 이유 중 하나는 2008년부터 정부의 감세정책에 따라 소득세와 법인세 등의 규모가 커졌기 때문이다. 즉, 직접세인 소득세와 법인세의 조세부담을 각종 비과세나 감면혜택을 확대하였고, 더욱이 세율까지 낮춰주는 감세정책을 실시하였기 때문이다. 한편 감면조례에 의한 감면이 지속해서 증가하고 있고, 조세특례제한법에 의한 감면이 약 20% 증가하고 있다.

지방세 비과세·감면이 지역경제에 어떠한 영향을 미치는지는 다양한 관점에서 논의할 수 있다. 흔히 정부는 경기부양차원에서 비과세·감면제도를 활용하고 있는데, 최근 부동산 경기부양을 이유로 취득세 인하가 바로 그 예이다. 그 이면에는 지역경제 활성화라는 목적을 구현하기 위해서다.

일부 연구를 제외하고 지방세 비과세·감면이 지역경제에 긍정적인 영향을 미친다고 주장한다(Goss & phillips, 2001; Black, et al. 2000; Turnovsky, 1996). 그러나 실제 정부의 '비과세·감면정책이 경기부양 효과를 지니는지?' 더불어 '지역경제 활성화에 기여하고 있는지?'에 관해 분석할 필요가 있다.

비과세·감면정책은 국민의 재산권과 기업경영과 직결된 문제인 만큼 신중하게 추진해야 한다. 과거 우리나라 부동산정책을 볼 때 근시안적 관점에서 정책을 추진하다보니 오히려 부작용이 적지 않았다. 더불어 비과세·감면은 개발정향의 논리로 접근이 가능하겠지만, 복지정향의 논리로도 접근이 가능하다(peterson, 1981).

표 1-3 **세목별 지방세 비과세·감면 현황(FY2010)** (단위: %)

구분	세목별 비과세·감면액의 자치단체별 비율									
	취득세	등록세	면허세	주민세	재산세	도시 계획세	공동 시설세	자동차세	지역 개발세	지방 소득세
춘천	27.83	25.29	0.03	0.62	26.82	9.64	1.23	2.15	0.01	6.39
원주	36.44	30.24	0.04	0.11	22.62	7.08	0.79	2.70	0.00	0.01
강릉	38.74	33.87	0.20	1.47	15.25	4.19	1.62	4.69	0.00	0.09
동해	33.89	34.44	0.05	0.12	19.84	6.99	1.00	3.43	0.00	0.28
태백	27.47	27.43	0.31	0.51	30.36	5.50	1.16	6.56	0.00	0.93
속초	34.54	30.92	0.07	0.77	19.65	6.61	0.96	3.17	0.01	3.34
삼척	42.90	30.58	0.08	0.90	16.39	2.41	0.76	2.31	0.00	3.72
홍천	30.94	22.74	0.20	1.49	38.32	2.24	0.98	3.22	0.00	0.01
횡성	29.31	28.92	0.22	0.56	34.26	1.54	1.44	3.88	0.00	0.02
영월	40.02	23.68	0.04	0.24	28.67	3.07	1.07	3.21	0.00	0.02
평창	33.31	20.26	0.17	0.06	42.46	1.19	1.07	1.36	0.00	0.23
정선	46.86	24.34	0.01	0.11	21.17	5.44	0.50	1.57	0.00	0.01
철원	20.52	17.26	0.06	2.74	45.26	5.67	2.09	3.16	0.00	3.28
화천	16.15	13.32	0.18	3.53	56.09	4.34	3.76	2.78	0.00	0.00
양구	23.63	19.86	0.12	0.46	44.48	3.78	3.47	4.28	0.00	0.02
인제	16.20	22.03	0.33	0.31	52.17	2.90	2.73	3.36	0.00	0.24
고성	28.33	19.38	0.14	0.56	42.21	2.45	2.84	4.18	0.00	0.00
양양	20.18	17.42	0.10	0.13	55.77	2.99	1.07	2.42	0.00	0.00
감면액의 세목별비율[1]	33.49	27.42	0.09	0.63	26.76	5.82	1.18	2.92	0.00	1.75
세목별 감면비율[2]	12.40	10.39	0.01	0.26	10.17	2.40	0.50	1.22	0.001	0.73

주 1: 레저세, 주행세, 지방교육세는 실적이 없어 제외함.
1) 세목별 비과세·감면액/전체비과세·감면액×100
2) 비과세·감면액/(비과세·감면액+징수세액)×100, 단 징수세액은 지방세 수입과 경상적 세외수입의 합계액
3) 자치단체별 비과세·감면액/비과세·감면액+징수세액×100
주 2: 지방세 비과세·감면 현황을 이해하기 위한 표임. 실제 분석지표로 활용하는 지표와는 다름.
자료: 강원도 내부자료.

지금까지 정부는 다양한 재정정책을 추진하여 국가경제 발전에 기여한 것은 부정할 수 없다. 다만 비과세·감면 등 재정정책은 흔한 말로 정치적 잣대나 즉흥적인 관점에서 추진되지 않았는지 고민할 필요가 있다. 더불어 지방자치단체가 비과세·감면으로 인해 세수잠식을 인식하면서도 거기에 상응하는 중앙정부의 재정보전조치가 수반되기 때문에, 굳이 일몰법(sunset law)체계에 근거하여 비과세·감면을 종료할 유인이 없다(김성주, 2010; 김대영·이삼주, 1997; 정성호, 2012d).

또한 비과세·감면체계의 복잡성과 개별 감면조례의 불명확성 등을 이유로 비과세·감면규모가 지속적으로 증가하고 있는데, 이는 비과세·감면으로 혜택을

보는 기득권층의 형성과 연관되어 있다.

다시 말해 이미 기존 세력화되어 압력행사와 조세저항을 회피하기 위해 정치인들이 비과세·감면을 유지하고 있는 것은 아닌지 고민해야 한다(김성주, 2010). 한마디로 재선에 유리한 위치를 점해야 하는 정치인이 굳이 유권자들과 마찰을 일으키고 조세저항에 맞닥뜨릴 이유가 없기 때문이다.

비과세·감면은 조세상의 특혜를 부여하는 데서 생기는 조세수입의 상실로 '감춰진 보조금(hidden subsidies)'의 성격과 고소득층에게 암묵적인 혜택을 제공하게 되는 '역전적 보조(upside－down subsidy)'의 성격을 동시에 지니기 때문에 비과세·감면이 최선의 대응인지 살펴볼 필요가 있다. 따라서 '감춰진 보조금'(비과세·감면)을 지급하는 대신 보조금을 지급하는 것이 더 좋은 대안이 될 수 있다(이준구, 2012: 568－570). 이에 근거하여 직접지출을 늘리는 것도 하나의 대안일 것이라는 관점에서 직접지출의 효과를 분석할 필요가 있다.

우선 국민의 입장에서는 비과세·감면 제도가 합목적적으로 작용하고 있는지? 지역경제에 미치는 파급효과는 어떤지? 논의할 필요가 있다. 기업의 입장에서는 적극적인 투자를 통한 안정적인 기업 활동이 보장되어야 지역경제에 긍정적 영향을 미친다(Goss & phillips, 2001; Black, et al. 2000; Turnovsky, 1996). 다만, 조세 감면과 인센티브 제공 등 재정적 지원이 지역경제에 부정적 영향을 미치는 것은 아닌지 고민해볼 필요가 있다.

비과세·감면이 꾸준히 증가하고 있음에도 지역경제에 미치는 영향은 그리 크지 않은 것으로 분석하고 있으며(정성호, 2012d), 또한 비과세·감면 중에서 감면조례에 근거한 감면 폭이 더 큰 것으로 분석하고 있다(김종희, 2008).

따라서 새로운 관점에서 비과세·감면의 경제적 효과를 논의할 필요가 있다. 이를 검증하기 위해 경제학적 논리를 적용하여 직접지출과 간접지출의 경제적 효과를 비교 분석한다. 세부적으로 비과세·감면총액, 비과세 총액, 감면총액, 감면(지방세법, 조세특례제한법, 감면조례) 중 지역경제에 영향을 미치는 요인은 어떠한지 분석할 필요가 있다. 만약에 비과세·감면의 경제적 효과가 긍정적이란 분석결과가 도출되면 문제가 없겠지만, 비과세·감면의 효과가 부정적이거나 그리 크지 않다면 이는 정책적 차원에서 개선될 여지가 있기 때문이다.

지방세 비과세·감면의 경제적 효과를 분석한 연구는 극히 제한된다. 다시 말해, 비과세·감면제도의 문제점과 개선과제를 제시한 연구(김대영·이삼주,

1997; 김성주, 2010; 이보환, 2011)로 대부분이 질적 연구이다.

김대영·이삼주(1997)는 지방세수의 잠식, 감면세액 추징제도의 불합리한 운용, 감면제도의 일몰미비, 감면대상의 부적합, 목적세 감면과다 등 지방세 감면제도의 문제점을 지적하고 있다. 이 연구는 감면제도의 일몰미비 등과 관련하여 본 연구와 연관된다.

다만 지방세수의 잠식과 연관하여 반대의 연구결과가 있는데, 정성호(2012d)는 지방세수가 오히려 늘어나고 있다고 주장한다. 왜냐하면 지방세 비과세·감면이 꾸준히 증가하고 있음에도 지방소비세와 지방소득세 등 다양한 재정보전 조치가 수반되고 있기 때문이다. 그럼에도 불구하고 비과세·감면은 지역경제 성장에 크게 기여하지 못하기 때문에 문제가 있다고 본다.

김성주(2010)는 비과세·감면에 관해 일몰제도가 있음에도 불구하고 이를 지키지 않아 지방세 수입에 비해 비과세·감면 규모가 2배 이상 증가하였는데, 그 근본적 원인은 기득권층의 형성, 기존세력 압력행사, 조세저항의 우려에서 비롯되었다고 본다. 이 연구는 감면조례의 비효율에 관해 논의하고 있다는 점에서 본 연구와 연관된다.

이보환(2011)은 김성주(2010)와 같은 맥락에서 지방세 비과세·감면이 크게 증가하는 이유는 감면 위주의 재정정책 구조, 지방세 감면의 만성화·기득권화에서 기인된다고 본다. 지방세 감면은 일몰법이 존재함에도 이해관계 조정 및 협의가 어렵기 때문이고, 전체 지방세 감면의 57% 이상이 15년 이상이며, 80% 이상이 전액 감면되고 있는 실정이라고 분석하고 있다. 따라서 국가차원에서 감면재원을 중기운용계획에 따라 2015년까지 국세 수준인 13.9%로 감면을 정비할 것과 광역차원에서 지방세 감면 통합심사, 지방세 감면의 일원화, 지방세 감면조례 총량제 실시에 관해 논의하고 있는데, 이는 상당히 설득력이 있다.

지방세 비과세·감면의 경제적 효과를 분석한 김종희(2008)에 의하면 지방세 비과세·감면정책의 목표 중 하나가 지역균형개발인 만큼 비과세·감면 축소에 초점을 맞추고 있다. 더불어 지방정부 간 비과세·감면의 불균형을 분석한 결과, 비과세·감면에 대한 지방자치단체 내의 불평등이 있음을 밝히고 있는데, 특히 감면조례에 의한 감면 폭이 더 큰 차이가 발생되고 있음을 지적하고 있다. 이는 일정 부분 설득력이 있지만, 지역균형개발 관점은 다소 정합성이 떨어진다 하겠다.[3)]

지방세 비과세·감면이 지역경제에 미치는 효과에 관한 국외연구는 Goss & phillips(2001), Black, et al.(2000), Turnovsky(1996) 등이 있다. Goss and phillips(2001)에 의하면 비과세·감면 등의 조세 유인은 지역 내에 새로운 투자를 유도하기 때문에 지역경제의 전체후생을 증가시킬 수 있다고 주장한다. Black, et al.(2000) & Turnovsky(1996)는 투자세액공제, 법인세 또는 재산세율 인하 등의 조세지출이 기업투자를 유발하고 그로 인해 지역경제에 긍정적 영향을 미친다고 본다.

지역경제성장과 연관하여 조세 및 조세지출에 관한 연구는 Bails(1990) 및 Deller and Stallmann(2007)이다. 이들 연구는 엄밀히 말해 비과세·감면과는 연관성이 다소 떨어지지만 비과세·감면에 관해 조세지출과 동일한 맥락에서 접근하고 있다는 점에서 유의미하다.

Bails(1990)는 조세지출제한제도(tax and expenditure limitations: TELs, 이하 TELs)의 합리적 운영이 필요하다고 역설하고 있다. 즉, 제도가 도입된다 하더라도 적절히 운영되지 않으면 경제성장에 미치는 영향은 없다고 본다.

Deller and Stallmann(2007)은 TELs의 경제적 성과에 관해 분석한 결과, 적은 세금으로 높은 경제적 성과(low tax－high income)를 달성할 수 없다고 본다. 특히, TELs의 경제적 성과는 주(state)정부차원에서 긍정적인 반면 지방정부차원에서는 장·단기 공통으로 부정적 성과를 나타내고 있다고 주장한 바 있다. 따라서 경제적으로 유의미한 공공서비스는 주정부차원에서 제공할 것이 아니라, 지방정부차원에서 제공되어야 한다고 주장한다. 이 연구는 지방자치단체별로 구분하여 분석하고 있다는 점에서 유의미한 접근이다.

지역경제성장의 영향요인을 연구한 강윤호(2008)에 의하면 정치·행정적 요인, 사회·경제적 요인, 재정적 요인 등 다양한 요인이 지역경제에 영향을 미치고 있음을 밝히고 있다. 특히 인구밀도가 증가할수록 지역경제 성장을 촉진하고, 생산가능인구비율이 증가할수록 지역경제성장에 부정적 영향을 미친다고 주장한다. 이 연구는 부산(광역시)을 대상으로 지역경제 성장요인을 인구밀도와 생

---

3) 우리나라는 중앙정부 차원의 획일적인 비과세·감면 정책이 시행되고 있기 때문이다. 다만 비과세·감면과 관련하여 일부 비용의 재정보전조치가 수반된다고 하더라도 여전히 한계가 있다.

산가능인구와 연관하여 분석하고 있다는 점에서 유용하다.

지금까지 지방세 비과세·감면에 관한 연구는 그리 많지 않다. 그마저 대부분의 연구들이 지방세법에 근거하여 비과세·감면 실태를 분석하고 그 개선방안을 도출하는 데 초점이 맞추어져 있다. 일부 실증분석 연구가 있지만 지역경제에 미치는 영향에 관한 연구는 극히 제한적이다. 따라서 본 연구는 지방세 비과세·감면이 지역경제에 미치는 실질적인 영향을 분석한다는 점에서 그 의의가 있다.

첫째, 지방세 비과세·감면이 지역경제(GRDP)에 미치는 영향에 대한 실증분석을 시도한다. 즉, 지역경제 활성화 차원에서 비과세·감면시행에 따른 경제적 효과를 분석한다. 이 분석을 통해 정부의 비과세·감면정책의 합리적 방향을 제시할 수 있을 것이다. 대안차원에서 직접지출의 경제적 효과를 제한적이나마 비교·검증한다.

둘째, 지방자치단체의 개체별 특성을 고려할 수 있는 패널분석을 수행함으로써 분석결과의 일반화에 기여할 수 있다. 개체별 특성을 고려하되 자기상관과 이분산성을 치유할 수 있는 PCSE기법을 활용한다.

셋째, 재정력이 취약한 지방자치단체인 강원도(18개 시·군)의 지방세 비과세·감면의 경제적 효과를 시와 군으로 나누어 분석할 것이다(Deller and Stallmann, 2007). 이는 재정규모가 상대적으로 열악한 시·군의 비과세·감면의 경제적 효과를 분석하기 위함이다. 본 연구는 광역시·도차원의 연구범위를 확대하여 시·군의 비과세·감면효과에 관한 영향을 분석한다.

넷째, 본 연구는 비과세·감면의 경제적 효과를 일반화할 수 있을 뿐만 아니라 비과세·감면에 관한 합리적 정책대안 제시라는 보완의 의미를 동시에 지닌다.

2. 연구가설 · 모형 및 실증분석

본 연구는 지방세 비과세·감면을 구성하는 하위개념(지방세법상 비과세와 감면, 조세특례제한법상 감면, 감면조례에 의한 감면)과 지역경제(GRDP)) 간 관계를 중심으로 가설을 구성한다.

지방세 비과세·감면과 지역경제 간 관계

지방세 비과세·감면의 경제적 효과는 지역경제(지역내 총생산)와 연관지어 추론이 가능하다. 중앙정부의 재정정책(비과세·감면정책)은 경기부양을 포함하여 지역경제의 활성화를 목적으로 중·장기적 관점에서 운영되고 있다. 비과세·감면의 긍정적 경제효과를 밝힌 Deller and Stallmann(2007)과 강윤호(2008)의 연구와는 달리 비과세·감면이 오히려 지역경제에 부정적 영향을 미친다는 연구결과를 제시한 Helms(1985)에 의하면 정부의 재정지출(비과세·감면)이 오히려 경제성장을 저해하고 있다고 주장한다. 같은 맥락에서 적은 세금으로는 높은 경제적 효과를 기대하기 어렵고, 주정부와 지방정부의 비과세·감면의 경제적 효과가 상이하다는 결론을 도출한 바 있다(Deller and Stallmann, 2007).

주정부와 지방정부의 경제적 효과가 다르다는 Deller and Stallmann(2007)의 연구결과에 근거해볼 때 시와 군의 비과세·감면의 경제적 효과가 다를 것이라는 가정에 근거하여 가설을 설정하였다. 만약 이 명제가 성립한다면 현재 중앙정부의 획일적인 비과세·감면정책은 한계가 있다는 논거가 된다.

강원도를 시와 군으로 구분하여 비과세·감면의 경제적 효과를 분석하는 이유는 재정여건이 열악한 시·군의 경제적 효과를 분석하기 위해서다. 한편 조세의 직접지출과 간접지출을 구분하여 분석할 필요가 있는데, 경제학적 논리에 따르면 일반적으로 직접지출의 경제적 파급효과가 더 크다는 것이 정설이다. 이를 검증하기 위해 본 연구에서는 간접지출의 경제적 효과에 추가하여 직접지출의 경제적 효과를 비교 분석할 필요가 있다는 점에서 가설(H 1-1)을 설정하였다.

그동안 비과세·감면규모가 증가하면서 중앙정부는 지방자치단체에 비과세·감면규모에 상응하는 재정보전조치를 해왔다. 그러나 비과세·감면정책이 기대하는 본래의 목적과는 달리 지역경제에 미치는 영향은 그리 크지 않을 수 있고(정성호, 2012d), 오히려 부정적 효과가 나타날 수 있을 것이라는 관점에서 가설(H 1-2)을 설정하였다.

이미 설명한 바와 같이 비과세에 비해 감면조례에 관한 감면 폭이 크다는 연구(김종희, 2008), 감면조례의 문제점을 지적하고 개선과제를 도출한 연구(김대영·이삼주, 1997; 김성주, 2010; 이보환, 2011)를 실증분석해 보기 위해 가설(H 1-3, H 1-4)을 설정하였다.

특히 재정여건이 열악한 중·소 도시 및 군락으로 형성된 시·군 기초단체 단위의 경우 감면조례에 근거한 감면이 지역경제에 부정적 영향을 미칠 것이다. 왜냐하면 일몰법에 의한 감면조례 시효가 소멸되었음에도 여전히 감면이 시행되고 있기 때문이다. 이는 근본적으로 시·군 자치단체(특히, 군 자치단체)의 경우 지방토호세력과 의회의원들이 기득권화되어 있을 개연성이 아주 크기 때문이다. 이러한 관점에서 가설(H 1-5)을 설정하였다.

직접지출의 경제적 효과(H 1-1), 비과세·감면의 경제적 효과(H 1-2), 비과세의 경제적 효과(H 1-3), 감면의 경제적 효과(H 1-4), 세부 감면의 경제적 효과(H 1-5)로 구분하여 연구가설을 설정한 이유는, 예를 들어 비과세·감면의 경제적 효과(H 1-2)는 비과세의 경제적 효과(H 1-3)와 감면의 경제적 효과(H 1-4)가 결합되어 분석되기 때문이다. 다시 말해 비과세의 규모(H 1-3)의 경제적 효과 및 감면의 규모(H 1-4)의 경제적 효과와 비과세·감면의 경제적 효과(H 1-2) 간 다중공선성이 발생할 개연성이 있기 때문이다.

패널자료를 분석할 때 자료의 특성상 다중공선성이 감소된다는 연구(Wooldridge, 2008)가 있지만, 다중공선성을 사전에 치유하기 위해 이를 구분하여 분석할 필요가 있다. 다만 비과세 세부감면(H 1-5)의 세 변수 간 다중공선성이 없는 것으로 판명되어 동일한 모형을 활용하여 분석할 것이다(<표 1-7> 내용 중 주 2 참고).

H1: 지방세 비과세·감면이 증가할수록 지역경제에 다양하게 영향을 미칠 것이다.
- 1-1: 지방세 직접지출이 간접지출(비과세·감면)에 비해 지역경제에 더 긍정적 영향을 미칠 것이다.
- 1-2: 비과세·감면총액이 증가할수록 지역경제에 부정적 영향을 미칠 것이다.
- 1-3: 비과세 총액이 증가할수록 지역경제에 부정적 영향을 미칠 것이다.
- 1-4: 감면 총액이 증가할수록 지역경제에 부정적 영향을 미칠 것이다.
- 1-5: 세부 감면총액(지방세법, 조세특례제한법, 감면조례 등)이 증가할수록 지역경제에 부정적 영향을 미칠 것이다.

본 연구는 2006년부터 2010년까지 수집된 강원도 18개 시·군의 패널자료를 활용하기 때문에 자기상관과 이분산이 발생할 수 있어 이를 고려할 필요가 있기 때문에 이를 치유하기 위해 Prais-Winsten과 PCSE(Panel corrected standard error)[4]을 활용한다(STATA 12 Mannual).

PCSE 기법은 잔차 간 상관관계가 없고 동분산이여야 한다는 영가설을 기각할 수 있어야 한다.[5] 이 분석기법은 다른 통계방법과 표준오차의 계산방식이 다른데, 여러 시간에 걸쳐 동일하게 나타나는 분석단위의 공통된 분산을 공유한다는 점과 분석단위 간 상관관계를 동시에 고려해야 한다는 전제가 성립해야 한다(Beck and Kats, 1995).

$$Y_{it} = X_{it}\beta + \varepsilon_{it} \quad \text{(기본모형)}$$

PCSE분석의 기본모형에서 i는 횡단면의 관측치, t는 시간변수, 그리고 시간과 패널 개체에 따라 변하는 순수한 오차의 교란항(ε_{it})을 의미한다.

지방세출순계(직접지출) 및 지방세 비과세·감면과 지역경제 간 실증분석을 위한 기본모형과 그 세부모형은 다음에 설명될 모형 1, 2, 3, 4, 그리고 5와 같다.

첫째, 지방세출순계규모(직접지출 vs. 간접지출)가 지역경제에 미치는 영향에 관한 모형이고, 둘째, 비과세·감면총액이 지역경제에 미치는 영향에 관한 모형이고, 셋째, 비과세총액이 지역경제에 미치는 영향에 관한 모형이고, 넷째, 지방세 등 감면총액이 지역경제에 미치는 영향에 관한 모형이며, 마지막으로 감면의 세부항목(지방세법상 감면, 조세특례제한법상 감면, 감면조례에 근거한 감면)이 지역경제에 미치는 영향에 관한 모형이다.

통제변수로 활용되는 변수는 인구밀도와 생산가능인구이다. 시 단위와 군 단위 자치단체에서 인구밀도와 생산가능인구(PCF)는 공통적으로 활용하는데, 군 단위 자치단체의 경우 생산가능인구의 대리변수로 고령화정도(AGE65)를 추가로 활용하여 분석할 것이다. 왜냐하면 강원도의 군의 경우 군사도시들이 많고, 생산가능인구가 그리 많지 않으며, 생산가능인구의 대다수가 농·축·수산업에 종사하는 고령인구이기 때문이다. 즉 생산가능인구는 시·군 자치단체를 분석할 때 공통적으로 활용하고, 군 단위를 분석할 때는 고령화정도를 추가한 모형으로

4) PCSE는 표준 오차 및 분산－공분산 추정치를 계산할 때 이분산 및 패널지표 간 동시성이 있다고 가정하고 분석한다(STATA 12 Mannual). STATA에서 명령어는 xtpcse이다.

5) 가설 검정(이분산 검정)결과 p－value가 0.000으로 PCSE모형을 활용할 수 있다.

분석할 것이다. 이는 군 단위의 경우 대부분 노령인구들에 의해 경제행위가 이루어고 있다는 점에 근거하고 있다.

▸ 지방세출 순계(직접지출 vs. 간접지출)와 지역경제 간 모형(모형 1)

$$\log(GRDPpc)_{it} = \beta_1 + \beta_2 \log(TLTEpc)_{it} + \beta_3 \log(TNTEpc)_{it} + \beta_4 \log(PDENS)_{it} + \beta_5 (PCF \text{ or } AGE65)_{it} + \varepsilon_{it}$$

▸ 지방세 비과세·감면총액과 지역경제 간 모형(모형 2)

$$\log(GRDPpc)_{it} = \beta_1 + \beta_2 \log(TNTEpc)_{it} + \beta_3 \log(PDENS)_{it} + \beta_4 (PCF \text{ or } AGE65)_{it} + \varepsilon_{it}$$

▸ 지방세법 비과세총액과 지역경제 간 모형(모형 3)

$$\log(GRDPpc)_{it} = \beta_1 + \beta_2 \log(LNTpc)_{it} + \beta_3 \log(PDENS)_{it} + \beta_4 (PCF \text{ or } AGE65)_{it} + \varepsilon_{it}$$

▸ 지방세 등 감면총액과 지역경제 간 모형(모형 4)

$$\log(GRDPpc)_{it} = \beta_1 + \beta_2 \log(LTEpc)_{it} + \beta_3 \log(PDENS)_{it} + \beta_4 (PCF \text{ or } AGE65)_{it} + \varepsilon_{it}$$

▸ 지방세법 감면, 조세특례제한법과 감면조례총액과 지역경제 간 모형(모형 5)

$$\log(GRDPpc)_{it} = \beta_1 + \beta_2 \log(LEpc)_{it} + \beta_3 \log(TEpc)_{it} + \beta_4 \log(EApc)_{it} + \beta_5 \log(PDENS)_{it} + \beta_6 (PCF \text{ or } AGE65)^*_{it} + \varepsilon_{it}$$

* 통제변수(PCF or AGE65) 중 AGE65는 군 단위 지방자치단체를 분석할 때만 생산가능인구의 대리변수로 활용한다.

이렇듯 모형을 구분한 이유는 강원도 18개 시·군의 비과세·감면의 구조가 법조문에 근거하고 있고, 감면조례에 근거한 감면규모 등은 자치단체별로 상이하기 때문이다. 또한 자치단체별로 지방세 비과세·감면이 다르게 적용될 수 있어 다양한 특성을 완전히 반영한다는 것은 현실적으로 불가능하기 때문이다.

이상에서 살펴본 변수들의 조작적 정의와 측정지표를 정리하면 다음 <표 1-4>와 같고, 구체적인 측정지표, 척도, 기간, 사용된 자료들의 출처 등을 제시하고 있다. 종속변수는 지역경제(logGRDP_pc)이고, 독립변수는 지방세출 순계(직접지출)총액(logTLTE_pc), 지방세 비과세·감면총액(logTNTE_pc), 지방세법 비과세총액(logLNT_pc), 지방세법 등 감면총액(logLTE_pc), 지방세법 감면총액(logLE_pc), 조세특례제한법 감면총액(logTE_pc), 감면조례에 의한 감면총액(logEA_pc)이다.

특히 종속변수로 사용되는 지역 내 총생산(GRDP)은 생산측면의 부가가치로서 각 지방자치단체에서 경제활동별로 얼마만큼의 부가가치가 발생되었는가를 나타내는 지표이다. 지역경제 활성화를 위해 비과세·감면제도가 지속 활용되고 있는 현실을 감안하여 비과세·감면지표와 지역경제 지표의 연관성을 분석하기 위함이다.

통제변수는 인구밀도(logPDENS), 생산가능인구(PCF) 및 고령화정도(AGE65)를 활용한다. 특히 생산함수와 연관하여 생산가능인구(PCF)를 통제변수로 활용하는데, 이 변수는 콥더글라스의 생산함수와 연관된다. 군 단위의 경우 고령화정도를 추가로 활용하는 이유는 강원도의 경우 산간도시로 대부분의 생산가능인구가 고령화정도와 밀접한 연관이 있기 때문이다.

지방세출 순계규모는 직접재정지출에 해당하고 비과세·감면규모는 조세지출과 동일한 맥락에서 간접적 재정지출모형으로 이해할 수 있다. 재정지출결정모형은 사회경제적 결정이론(Fabricant, 1952) 정치적 결정이론(Key, 1956), 점증주의이론(Hofferbert and Sharkansky, 1971), 재정능력이론(Danziger, 1978)으로 설명한다(한원택·정헌영, 1994; 이한규, 2001; 김렬·구정태, 2002).

인구밀도와 고령화정도는 사회·경제적 요인으로 국내·외의 연구에서 대동소이하게 활용하고 있다. 국내 연구기준으로 볼 때 인구밀도, 65세 이상 노령인구 등이 제시되고 있다(남궁근, 1994; 강윤호, 2001; 정성호, 2012d). 특히, 최근 사회복지수요 증가는 물론 투자지출 등의 증가로 지역경제에 영향을 미칠 개연성이 큰 인구밀도와 65세 이상 고령화정도를 변수로 선정하였다. 또한 지역경제에 미치는 영향을 일반화하기 위해 생산가능인구를 변수로 활용할 것이다.

표 1-4 변수의 조작적 정의, 측정지표

<table>
<tr><th>항목</th><th colspan="2">변수명</th><th>측정지표</th><th>척도</th><th>기간</th><th>출처</th></tr>
<tr><td>종속</td><td>지역경제</td><td>logGRDP_pc</td><td>지역내 총생산</td><td rowspan="8">천원</td><td rowspan="11">2006
~
2010</td><td>강원도 내부자료</td></tr>
<tr><td rowspan="8">독립변수</td><td>지방세출순계총액</td><td>logTLTE_pc</td><td>지방세 세출순계*</td><td>재정고, 세출순계</td></tr>
<tr><td>지방세 비과세·감면총액</td><td>logTNTE_pc</td><td>지방세 비과세·감면총액**</td><td rowspan="7">강원도 내부자료</td></tr>
<tr><td>비과세총액(지방세법)</td><td>logLNT_pc</td><td>지방세 비과세총액**</td></tr>
<tr><td>전체감면액(지방세법 등)</td><td>logLTE_pc</td><td>감면총액(지방세법, 조특법, 감면조례)**</td></tr>
<tr><td>감면총액(지방세법)</td><td>logLE_pc</td><td>지방세 감면총액**</td></tr>
<tr><td>감면총액(조세특례제한법)</td><td>logTE_pc</td><td>지방세감면총액(조세특례제한법)**</td></tr>
<tr><td>감면총액(감면조례)</td><td>logEA_pc</td><td>지방세 감면총액(감면조례)**</td></tr>
<tr><td rowspan="3">통제변수</td><td>인구밀도</td><td>logPDENS</td><td>인구수/자치단체면적(㎢)</td><td>명</td><td rowspan="3">통계청</td></tr>
<tr><td>생산가능인구</td><td>PCF</td><td>15세~64세 인구비율</td><td rowspan="2">%</td></tr>
<tr><td>고령화정도</td><td>AGE65</td><td>65세 이상 인구비율</td></tr>
</table>

주 1: 비중(비율)변수인 고령화정도와 생산가능인구를 제외한 모든 변수는 자연로그를 취함.
주 2: 통제변수를 제외한 모든 변수는 일인당(per capita)으로 환산함.
주 3: *: 직접지출, **: 간접지출을 의미함.

<표 1-5>는 지방세 비과세·감면(총비과세·감면, 총비과세, 총감면, 세부감면)과 지역경제 지표에 관한 기초분석 자료이다. 시간적 범위는 2006년부터 2010년까지이며 각 변수들에 대한 기술통계를 보여주고 있다. 비중변수인 생산가능인구와 고령화정도를 제외한 모든 변수는 회귀계수의 편의를 유발시킬 가능성이 높아 일인당(per capita)으로 환산하고, 자연로그(log)를 취하였다. 특히, 변수 간 탄력성[6]을 분석하게 위해 더블로그(double log)를 취하였다(유지성, 1992: 109). 분석의 방향을 간략히 설명하면 직접세출 순계총액(TLTE), 비과세·감면 총액(TNTE), 비과세총액(LNT), 감면총액(LTE), 그리고 감면(LE, TE, EA)과 지역경제(GRDP) 간 영향관계를 실증 분석할 것이다.

6) 종속변수 Y에 대한 설명변수 X의 탄력성을 의미한다. 즉 X의 %변화가 Y의 %변화에 영향을 미친다는 가정이다.

표 1-5 **변수의 기술통계**

변수	표본수	평균	표준오차	최소값	최대값
log(GRDP_pc)	90	9.880108	.2570895	9.274397	10.29104
log(TLTE_pc)	90	8.304046	.4555935	7.461043	9.07256
log(TNTE_pc)	90	4.901819	.5657293	3.657028	6.502145
log(LNT_pc)	90	4.313566	.4998241	3.318681	5.622474
log(LTE_pc)	90	3.825104	1.082487	1.178084	5.96614
log(LE_pc)	90	3.770925	.5865315	2.499227	5.353489
log(TE_pc)	90	.8731148	1.814149	-4.981672	3.998121
log(EA_pc)	90	3.05454	.5123923	2.070995	5.274984
log(PDENS)	90	4.344809	1.112023	2.960105	6.713442
PCF	90	68.72	1.769544	65.24	72.9
AGE65*	55	17.79295	2.041759	13.6179	21.49776

주: 고령화정도의 경우 군 단위 자치단체를 분석할 때 생산가능인구(PCF)의 대리변수로 활용함.

<표 1-6>은 일인당 직접지출규모와 지방세 비과세·감면(일인당총비과세·감면, 일인당 총비과세, 일인당 총감면, 일인당 세부감면)에 관한 내용이다.

표 1-6 **일인당 비과세·감면현황(2006~2010년)** **(단위: 천원)**

구분		시(n=35): 춘천, 원주, 강릉, 동해, 태백, 속초, 삼척			
		평균	표준편차	최소값	최대값
직접	일인당 세출총액(직접지출) (TLTE)	2742.522	932.782	1738.961	4761.104
간접	일인당 비과세·감면총액 (TNTE)	141.341	64.833	38.746	263.334
	일인당 비과세 총액(지방세법) (LNT)	52.078	36.648	5.053	147.126
	일인당감면총액(지방세법 등) (LTE)	89.248	36.706	27.839	176.878
	일인당 감면총액(지방세법) (LE)	52.434	28.772	13.452	135.542
	일인당 감면총액(조세특례제한법) (TE)	11.493	14.441	.007	54.495
	일인당 감면총액(감면조례) (EA)	25.320	9.222	10.169	49.597
구분		군(n=55): 홍천, 횡성, 영월, 인제, 고성, 양양			
		평균	표준편차	최소값	최대값
직접	일인당 세출총액(직접지출) (TLTE)	5533.768	1455.421	2843.102	8712.905
간접	일인당 비과세·감면총액 (TNTE)	167.223	110.241	43.744	666.570
	일인당 비과세 총액(지방세법) (LNT)	84.415	71.995	3.248	389.997
	일인당감면총액(지방세법 등) (LTE)	82.808	55.610	27.624	276.573
	일인당 감면총액(지방세법) (LE)	51.981	40.949	12.173	211.344
	일인당 감면총액(조세특례제한법) (TE)	5.502	8.868	.071	41.340
	일인당 감면총액(감면조례) (EA)	25.325	29.941	7.933	195.387

지방세 비과세·감면과 지역경제(GRDP) 간 실증분석(시 단위)

비과세·감면의 경제적 효과는 시 단위와 군 단위 지방자치단체가 개체별 특성이 뚜렷하기 때문에 이를 구분하여 분석하여야 분석결과의 일반화가 가능하다. 즉, 강원도 18개 시·군을 시와 군으로 구분하여 분석할 필요성이 제기된다. <표 1-7>은 강원도 18개 시·군 중 시(市) 단위를 대상으로 지역경제에 미치는 영향에 관한 분석결과이고, <표 1-8>은 군(郡) 단위를 대상으로 하여 지방세 비과세·감면이 지역경제에 미치는 영향에 관해 분석한 결과이다.

시 단위를 대상으로 분석한 결과는 <표 1-7>과 같다. 지방세 직접지출 규모가 지역경제에 긍정적 영향을 미치고 있다. 즉 직접지출이 1% 증가하면 지역경제는 0.13% 증가한다. 간접지출에 비해 직접지출의 효과가 크다는 점을 알 수 있다. 더불어 비과세·감면총액이 지역경제에 긍정적 영향을 미치고 있다. 비과세·감면총액이 1% 증가하면 지역경제는 0.058% 증가하고 있다. 다만 비과세 총액이 지역경제에 미치는 영향은 통계적으로 유의미하지 않다.

한편 감면총액(지방세법 등)이 지역경제에 긍정적 영향을 미치고 있다. 감면총액 규모가 1% 증가하면 지역경제는 0.09% 증가한다. 반면 지방세법상 감면규모가 지역경제에 미치는 영향은 부정적이다. 지방세법상 감면규모가 1% 증가하면 지역경제는 0.09% 감소한다. 다만 조세특례제한법상 감면과 조례에 의한 감면은 지역경제에 긍정적 영향을 미치고 있는데, 조세특례제한법(법 119-121조)상 감면규모가 1% 증가하면 지역경제는 0.02% 증가하고, 감면조례에 의한 감면규모가 1% 증가하면 지역경제는 0.26% 증가하고 있다.

인구밀도와 생산가능인구의 증가는 지역경제에 부정적 영향을 미치고 있다. 인구밀도가 1% 증가할수록 지역경제가 0.04~0.06% 감소하고, 생산가능인구가 1% 증가할수록 지역경제가 0.07~0.08% 감소한다. 산업구조가 고도화되어 생산가능인구(노동참여인구)가 많을수록 지역생산활동이 활성화됨은 물론 부가가치를 창출하기 때문에 지역경제가 성장할 가능성이 높다는 연구(최영출, 1993; 박희정, 1993)와는 정반대의 결과가 도출되었다.

이 분석결과는 생산가능인구가 증가할수록 지역경제에 미치는 영향은 부정적이라는 연구결과(강윤호, 2008)를 지지하고 있는데, 이는 강원도의 산업구조와 연관되어 있을 개연성이 크다. 특히 강원도 시·군은 농촌사회 노동집약적 환경

구조와 연관되어 있다고 추론할 수 있다. 또한 인구밀도가 크면 생산활동에 참여하는 인구의 절대규모가 커지기 때문에 지역경제에 긍정적인 효과를 미칠 것이라는 논거와 달리 강원도 시·군의 경우, 고령인구 중심의 노동집약적 구조와 연관하여 인구밀도의 경제적 효과는 부정적이라는 추론이 가능하다.

시 단위 지방자치단체의 분석결과를 함축하면 지방세 직접지출, 비과세·감면 총액, 감면(지방세, 조세특례제한법, 감면조례)총액, 감면(조세특례제한법)총액, 그리고 감면(조례) 총액이 지역경제에 미치는 영향은 긍정적이고, 감면(지방세법)총액, 인구밀도, 그리고 생산가능인구가 지역경제에 미치는 영향은 부정적이다. 한편 비과세총액이 지역경제에 미치는 영향은 통계적으로 유의미하지 않다.

지방세 비과세·감면 등 간접지출에 비해 직접지출의 경제적 효과가 크다는 점을 알 수 있다. 또한 감면의 경제적 효과는 통계적으로 유의미한 결과가 도출되었는데, 비과세 규모와 지역경제 간 통계적으로 유의미하지 않아 그 경제적 효과가 제한적일 것이라는 해석이 가능하다.

감면(감면총액, 조세특례제한법과 감면조례에 의한 감면)이 지역경제에 긍정적 효과가 도출되었고, 반대로 지방세법상 감면이 부정적 효과가 도출되었다. 특히 지방세법상 감면의 경제적 효과가 부정적인 이유는 강원도의 경우 대부분의 시가 도·농통합시 형태이고, 지방세법상 감면의 구성이 농어업 지원, 사회복지지원 등과 관련되어 있기 때문이라는 추론이 가능하다.

인구밀도와 생산가능인구는 공통적으로 지역경제에 미치는 영향이 부정적인데, 이는 고령화된 노동인구 구조와 연관되어 있을 개연성이 크다. 시 단위 지방자치단체는 비과세·감면 중에서 감면의 경제적 효과가 있다는 점이 입증되었다. 또한 비과세 내용의 경제적 효과는 유의미하지 않는데, 이는 주로 국가 등에 대한 비과세,[7] 용도구분에 의한 비과세[8] 등 비과세 구조와 연관되어 있을 것이라는 추론이 가능하다.

---

7) 국가, 지방자치단체, 지방자치단체조합, 외국정부 및 주한국제기구의 취득, 국가, 지방자치단체 또는 지방자치단체조합에 귀속되는 기부채납을 조건으로 하는 취득으로 구성된다.

8) 제사·종교·자선·학술·기예 기타 공익사업을 목적으로 하는 대통령령으로 정하는 비영리사업자가 그 사업에 사용하기 위한 부동산에 대한 등기, 대통령령이 정하는 마을회 등 주민공동체의 주민공동소유 부동산 및 선박의 등기, 사립학교법」에 의한 학교법인 또는 사회복지사업법」에 의한 사회복지법인의 설립과 합병의 등기 등이다.

표 1-7 **지방세 비과세·감면(직접지출 포함)과 지역경제(lnGRDP_pc) 간 관계(시 단위모형)**

변수	model1 β (PCSE)	model2 β (PCSE)	model3 β (PCSE)	model4 β (PCSE)	model5 β (PCSE)
lnTLTE_pc 일인당직접지출순계	0.128** (0.054)				
lnTNTE_pc 일인당비과세·감면총액	0.050** (0.025)	0.058* (0.033)			
lnLNT_pc 일인당비과세총액			0.015 (0.024)		
lnLTE_pc 일인당감면총액(a+b+c)				0.093** (0.037)	
lnLE_pc 일인당감면(지방세법)총액(a)					-0.087* (0.047)
lnTE_pc 일인당감면(조세특례법)총액(b)					0.021* (0.011)
lnEA_pc 일인당감면(조례)총액 (c)					0.261*** (0.073)
lnPDENS 인구밀도	-0.025 (0.013)	-0.060*** (0.013)	-0.057*** (0.011)	-0.064*** (0.015)	-0.040* (0.022)
PCF 생산가능인구	-0.084*** (0.018)	-0.073*** (0.019)	-0.070*** (0.019)	-0.079*** (0.021)	-0.078*** (0.024)
_cons	14.470*** (1.416)	14.837*** (1.297)	14.856*** (1.330)	15.155*** (1.439)	14.818*** (1.582)
R-squared	22.79	20.49	19.07	21.71	40.28
The number of groups	7	7	7	7	7
N	35	35	35	35	35

주1: 괄호안의 PCSE는 correlated panels corrected standard errors를 의미함.
주2: lnLE_pc, lnTE_pc, lnEA_pc 변수 간 상관관계는 0.14~0.30이고 다중공선성은 없음.
* p<.10, ** p<.05, *** p<.01

지방세 비과세·감면과 지역경제(GRDP) 간 실증분석 (군 단위)

군 단위를 대상으로 비과세·감면의 경제적 효과를 분석한 결과는 <표 1-8>과 같다. 지방세 직접지출규모가 지역경제에 긍정적 영향을 미치고 있다. 즉 직접지출이 1% 증가하면 지역경제는 0.19% 증가한다. 또한 직접지출의 경제적 효과가 간접지출의 경제적 효과에 비해 크다. 더불어 감면조례에 근거한 감면이 지역경제에 미치는 영향은 부정적인데, 감면조례에 의한 감면이 1% 증가하면 지역경제는 0.06% 감소한다. 그 외 비과세 · 감면총액, 비과세총액, 감면총액, 그리고 감면(지방세법상 감면, 조세특례제한법)총액이 지역경제에 미치는 영향은 통계적으로 유의미하지 않다.

생산가능인구의 대리변수로 활용한 고령화정도(AGE65)를 적용하여 분석한 결과 직접지출의 경제적 효과는 동일하게 긍정적 영향을 미치고 있고(0.161), 감면조례에 의한 감면의 경제적 효과는 동일하게 부정적 영향을 미치고 있다. 다만 지방세법상 감면의 경제적 효과는 긍정적이다(0.038).

시 단위 지방자치단체의 경우와 동일하게 직접지출의 경제적 효과는 긍정적이고 간접지출의 경제적 효과에 비해 크다. 반면 감면조례에 의한 감면의 경제적 효과는 감면이 1% 증가하면 지역경제는 0.07% 감소하고 있다. 한마디로 군 단위 기초자치단체의 경우 감면조례에 의한 감면의 경제적 효과가 부정적이기 때문에 이를 규제할 필요성이 있다고 할 수 있다. 특히 시 단위에 비해 군 단위는 토호세력, 의회의원이 일몰법체계에 의한 감면이 종료되었음에도 폐지하지 않고, 기득권화되어 감면조례를 지속적으로 확대하고 있어 지역경제에 부정적 영향을 미칠 가능성이 크다.

인구밀도가 증가할수록 지역경제에 부정적 영향을 미치고 있다. 인구밀도가 1% 증가할수록 지역경제가 0.17~0.37% 감소하고 있다. 또한 생산인구가 증가할수록 지역경제에 긍정적 영향을 미치는데, 생산인구가 1% 증가할수록 지역경제가 0.02% 증가한다. 추가로 분석한 고령화정도와 지역경제간 관계는 고령화정도가 1% 증가할수록 지역경제가 0.02~0.03% 증가한다. 군 단위 기초자치단체는 산업구조가 고도화되어 있지 않을 뿐만 아니라 대부분의 생산인구가 고령화되었다는 점과 연관된다. 즉 고령인구에 의해 부가가치가 창출되기 때문에 지역경제가 긍정적 영향을 미친다는 추론이 가능하다.

군 단위 지방자치단체의 분석결과를 함축하면 지방세 직접지출, 감면(지방세법)총액, 고령화정도가 지역경제에 미치는 영향은 긍정적이다. 반면 감면조례에 의한 감면총액이 지역경제에 미치는 영향은 부정적이다. 한편 비과세 · 감면총액, 비과세총액, 감면총액, 그리고 감면(조세특례제한법)총액이 지역경제에 미치는 영향은 통계적으로 유의미하지 않다.

시 단위 지방자치단체와 동일하게 직접지출의 경제적 효과가 입증되었는데, 이 분석결과는 군의 경우 간접지출보다는 직접지출이 지역경제에 유의미한 영향을 미친다고 할 수 있다. 간접지출을 줄이고 직접지출(보조금 등)을 늘리는 것이 대안일수도 있다(이준구, 2012). 다만 감면조례에 의한 감면총액이 지역경제에 미치는 영향은 부정적이다. 이는 이미 설명한 바와 같이 감면조례는 일몰법 규정에 의해 감면이 종료되어야 함에도 불구하고 감면이 그대로 유지되고 있어 경제적 효과가 부정적이라 할 수 있다.

감면조례에 의한 감면을 제외하고 간접지출이 지역경제에 미치는 영향이 통계적으로 유의미하지 않는데, 군 단위 지방자치단체의 경우 비과세·감면의 효과가 아주 제한적이라는 해석이 가능하다. 감면조례에 의한 감면이 지역경제에 미치는 부정적 영향을 미치는 만큼 감면조례를 정비할 필요성이 있다. 기초지방자치단체들은 감면조례를 신설 또는 지속적으로 확대하고 있어 지방재정에 악영향을 미치는 만큼 이를 규제할 필요가 있다는 점을 알 수 있다. 다만 생산가능인구의 대리변수로 활용된 고령화정도를 활용해 분석한 결과 지방세법상 감면의 경제적 효과는 긍정적으로 나타났다. 이는 지방세법상 감면의 내용이 농어업지원, 국민생활안정지원, 지역균형개발지원과 관련이 있기 때문에 긍정적 효과가 발생할 수 있다.

종합하면 재정여건이 열악한 강원도 등의 시·군의 경우 획일적인 비과세·감면정책이 지역경제 활성화에 기여할 것이라는 논리는 제한적이라 판단된다. 이 분석결과를 전국 시·군 단위 지방자치단체에 원용하기에는 다소 제한적인 관점에서 접근할 필요가 있다. 왜냐하면 전국 시·군 자치단체가 다양한 환경적 요인을 지니고 있기 때문이다.

시 단위의 경우와 달리 비과세·감면이 지역경제에 미치는 영향은 통계적으로 유의미하지 않은 것으로 분석되었다. 대안차원에서 시 단위의 경우 감면규모는 늘리고 지방세법상 감면은 줄여 지역경제를 활성화시킬 필요가 있다. 또한 군 단위의 경우 지방세법상 감면은 늘릴 개연성은 있지만 감면조례에 의한 감면규모를 제한할 필요가 있을 것이다.

표 1-8 지방세 비과세·감면(직접지출 포함)과 지역경제(lnGRDP_pc) 간 관계(군 단위 모형)

변수	model1		model2		model3		model4		model5	
	β (PCSE)		β (PCSE)		β (PCSE)		β (PCSE)		β (PCSE)	
lnTLTE_pc 일인당직접지출순계	0.188 *** (0.037)	0.161 *** (0.027)								
lnTNTE_pc일인당 비과세·감면총액	0.022 *** (0.024)	0.010 *** (0.020)	0.033 (0.034)	0.016 (0.023)						
lnLNT_pc 일인당 비과세총액					0.030 (0.017)	0.015 (0.013)				
lnLTE_pc 일인당 감면총액(a+b+c)							-0.015 (0.021)	-0.019 (0.019)		
lnLE_pc 일인당 감면(지방세법)총액(a)									0.021 (0.019)	0.038 ** (0.019)
lnTE_pc 일인당 감면(조세특례법)총액 (b)									0.006 (0.013)	-0.009 (0.010)
lnEA_pc 일인당 감면(조례)총액(c)									-0.065 *** (0.197)	-0.078 *** (0.023)
lnPDENS 인구밀도	-0.178 *** (0.026)	-0.237 *** (0.023)	-0.267 *** (0.018)	-0.323 *** (0.021)	-0.257 *** (0.019)	-0.312 *** (0.019)	-0.274 *** (0.011)	-0.328 *** (0.022)	-3.108 *** (0.025)	-0.370 *** (0.025)
PCF 생산가능인구	0.014 (0.010)		0.013 (0.011)		0.020 ** (0.010)		0.017 (0.011)		0.014 (0.015)	
AGE65 고령화정도		0.019 *** (0.004)		0.023 *** (0.005)		0.021 *** (0.004)		0.025 *** (0.006)		0.030 *** (0.006)
_cons	8.019 *** (0.786)	9.109 *** (0.374)	9.967 *** (0.680)	10.707 *** (0.180)	9.477 *** (0.655)	10.711 *** (0.132)	10.707 *** (0.180)	10.845 *** (0.130)	10.707 *** (0.180)	10.922 *** (0.137)
R-squared	44.82	49.96	34.42	42.63	38.35	43.63	40.26	42.74	51.57	53.77
The number of groups	11		11		11		11		11	
N	55		55		55		55		55	

주 1: 괄호안의 PCSE는 correlated panels corrected standard errors를 의미함.

주 2: lnLE_pc, lnTE_pc, lnEA_pc 변수 간 상관관계는 0.14~0.30이고 다중공선성은 없음.

주 3: 진한 음영표시분은 생산가능함수를 포함하여 분석한 결과이고, 추가로 생산가능인구의 대리변수로 고령화정도를 활용하여 분석함.

* p<.10, ** p<.05, *** p<.01

3. 정책적 함의 및 결론

본 연구는 지방세 비과세·감면(직접지출 포함)이 지역경제에 어떠한 영향을 미치고 있는지에 관해 실증 분석한다. 실증분석을 위해 강원도 18개 시·군을 시와 군으로 구분한 후 비과세·감면자료를 활용하여 모형(모형1: 직접지출총액과 지역경제, 모형2: 비과세·감면총액과 지역경제, 모형3: 비과세총액과 지역경제, 모형4: 지방세 등 감면총액과 지역경제, 모형5: 세부 감면액과 지역경제)을 설정하여 패널분석(PCSE)을 수행한다.

분석결과를 함축하면 다음과 같다. 직접지출을 포함한 비과세·감면 규모, 비과세 규모, 감면규모 등이 지역경제에 미치는 영향은 다양하게 나타남을 알 수 있다. 다만 이 분석결과는 재정여건이 열악한 지방자치단체들에 국한한다면 설명력이 높아질 것이다.

첫째, 지방세 직접지출총액이 증가될수록 지역경제에 정(+)의 영향을 미치고 있다(시 단위, 군 단위). 지방세출 규모가 늘어나면 지역경제가 활성화된다는 기본논리이다. 경제학적 논리에 부합하는 직접지출이 간접지출보다 상대적으로 영향이 크다는 점을 확인할 수 있었다.

둘째, 비과세·감면총액이 증가될수록 지역경제에 정(+)의 영향을 미치고 있다(시 단위). 지역경제 활성화라는 명목으로 비과세·감면정책이 집행되어 왔다는 점에서 설득력이 있다. 반면 군 단위 지방자치단체의 경우 통계적으로 유의미하지 않다. 재정여건이 불비한 군 단위의 비과세·감면의 효과가 제한적이라는 추론이 가능하다.

셋째, 비과세총액이 증가될수록 지역경제에 미치는 영향은 통계적으로 유의미하지 않다(시 단위, 군 단위). 이는 기초지방자치단체에서의 비과세의 경제적 효과는 명확하지 않고 일관되지 못하다는 추론이 가능하다.

넷째, 감면총액이 증가될수록 지역경제에 정(+)의 영향을 미치고 있다(시 단위). 반면 군 단위 지방자치단체의 경우 통계적으로 유의미하지 않다. 재정여건이 열악한 군 단위의 총감면의 경제적 효과가 크지 않다는 제한적 추론이 가능하다.

다섯째, 감면총액(지방세법, 조세특례제한법, 감면조례 등)이 증가될수록 지역경제에 미치는 영향은 다양하다. 시 단위의 경우 감면(조세특례제한법), 감면(조례)총액과 지역경제간 정(+)의 영향이 있고, 감면(지방세법)과 지역경제간 부(−)의 영향관계가 있다. 군의 경우 감면(조례)총액과 지역경제간 부(−)의 관계가 있다. 이 분석결과에 기초하여 시의 경우 지방세법상 감면은 줄이고 군의 경우 감면조례에 근거한 감면을 줄일 필요가 있다.

분석결과에 근거한 정책적 함의는 다음과 같다.

정부는 비과세·감면을 활용하여 지역경제를 활성화에 기여할 것이라는 논거는 제한적 관점에서 접근할 필요가 있다. 예컨대 중앙정부는 지역경제 활성화를 위해 비과세·감면을 시행하면서 지방세수확충을 위한 다양한 재정지원을 하고 있으나 지역경제에 미치는 영향은 그리 크지 않고 제한적일 것이다.

시의 경우 비과세·감면 총액이 지역경제에 미치는 영향이 긍정적이고, 감면의 경제적 효과가 긍정적임을 알 수 있었다. 한편 군의 경우 감면조례에 의한 감면(−)을 제외하고 통계적으로 유의미하지 않다. 따라서 시의 경우 지방세법상 감면(LE)을 정비할 필요가 있고, 군의 경우 자치단체 지방세 감면조례에 의한 감면(EA)을 정비할 필요가 있을 것이다. 거시적인 관점에서 비과세·감면의 규모를 줄이고 직접지출을 확대하는 조치가 필요하다.

본 연구는 다른 지방자치단체에 비해 상대적으로 재정여건이 취약한 강원도 18개 시·군을 대상으로 지방세 비과세·감면이 지역경제에 미치는 영향에 관해 패널분석(PCSE)을 시도하였다. 특히, 지방세 비과세·감면의 경제적 효과를 검증하였다는 점에서 의의를 지닌다.

다만 실증분석지표로 사용된 비과세·감면 지표(2006～2010)가 그리 오래되지 않아 패널자료임에도 불구하고 자료의 한계로부터 완전히 자유롭지는 못하다. 2010년까지의 지표를 활용한 이유는 분석결과의 일반화를 위해 불가피한 선택이었다. 왜냐하면 2011년 지방세법의 분법 등 법 개정이 있었고, 2006년 이전의 비과세·감면자료는 체계적으로 관리가 되지 않고 있어 활용이 제한되기 때문이기도 하다.

본 연구결과는 강원도 시·군의 특수성을 반영되었을 가능성 또한 배제할 수 없다. 따라서 재정여건이 열악한 시·군의 경우 적용할 수 있겠지만 재정규모가 큰 시·군 자치단체에 적용하기에는 제한된다. 따라서 재정규모가 상대적으로 큰 경기도의 시·군 등을 연구대상으로 하여 분석을 수행한다면 분석결과의 일반화가 가능할 것인데, 이는 추후과제로 남겨둔다.

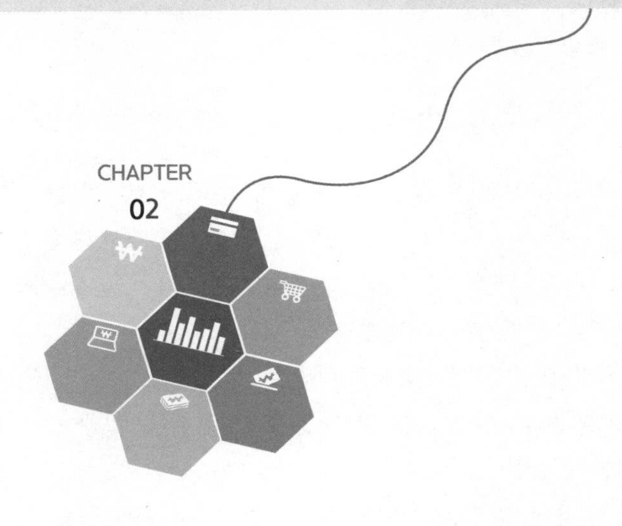

정부 간 이전수익(국고보조금/지방교부세)이 부채에 어떤 영향을 미치는가?

1990년대 들어 지방자치가 부활되었지만 우리나라는 전통적으로 중앙집권 구조를 그대로 유지하고 있기 때문에 지방자치단체의 중앙정부의 의존도는 오히려 증가되었다. 다시 말해, 중앙정부로부터 국고보조금과 지방교부세 등 다양한 재정적 지원을 계속해서 받고 있지만 민선자치 출범 이전에 비해 재정여건은 그리 나아지지 않았다. 민선자치 출범 이후 지방의 재정규모는 47조원(1995)에서 141조원(2010)으로 3배가량 증가하였지만, 같은 기간 재정자립도는 65.3%에서 52.2%로 오히려 감소하였다.

그 근본적인 이유는 첫째, 중앙편중적 재정구조－국세와 지방세의 비율(78:22)－를 고수하고 있기 때문이고, 둘째, 중앙정부의 취·등록세 감세 등 중앙정부 정책과 연관되기 때문이기도 하고, 셋째, 글로벌 경제위기 극복차원에서 지방채를 대폭 허용한 결과이기도 하다. 더욱이 지방자치단체장들의 공약사업 이행을 위한 무리한 사업추진은 지방재정 여건을 더욱 취약하게 만든다(정성호, 2012c).

대부분의 지방자치단체들은 재정구조상 스스로 재원을 조달하는 것이 제한되기 때문에 중앙정부에 의존할 수밖에 없다. 더욱이 중앙정부로부터 국고보조금과 지방교부세 등 다양한 재정보전이 되는 형태로 지방자치단체가 굳이 자체 재원을 확보할 유인이 크지는 않다.

문제는 지방자치단체들이 각종 사업을 추진할 때 국고보조금을 활용하는데, 국고보조금이 늘어난 만큼 지방비 부담분(매칭)이 커지기 때문에 지방채를 발행할 수밖에 없는 처지에 놓여 있다. 이는 곧 부채로 이어지게 된다. 일각에서 교부세의 증액과 포괄보조금을 거론하는 이유도 바로 이 때문이다. 다만, 지방채 발행한도제 등의 영향요인으로 지방채발행이 제한되기 때문에 정부 간 이전수익(의존재원) 확보에 사활을 걸고 있다.

지방자치단체들은 우선적으로 자체 세입을 확보하기 위한 노력이 필요없는 의존재원을 확보할 가능성이 크다. 그 결과 재원확보를 위한 스스로의 노력보다는 중앙정부의 재정지원을 필요 이상으로 요구하게 되기 때문에 국가 전체적 관점에서 비효율적인 재정운영을 야기할 가능성이 크다(배인명, 2009: 134).

일반적으로 국고보조금과 지방교부세 등 정부 간 이전수익이 많으면 부채가 감소할 것이라는 논리적 추론이 가능하다. 그러나 실제는 그러지 아니한 듯하다. 국고보조금과 지방교부세가 지속적으로 증가해 왔음에도 일부 지방자치단체들의 부채가 한계치에 도달하여 부채관리에 적신호가 켜졌다. 특히 재정여건이 비교적 건실한 광역시·도의 부채가 오히려 급증하고 있는데, 인천, 대구, 그리고 부산광역시 등이 그 예에 해당된다(정성호, 2012c).

이러한 관점에서 볼 때 정부 간 이전수익(국고보조금과 지방교부세)이 부채에 어떠한 영향을 미치는지에 관해 분석할 필요성이 제기된다. 따라서 "정부 간 이전수익이 증가하면 부채에 어떠한 영향을 미치는지"에 관해 분석하고, 이를 세분화하여 정부 간 이전수익의 하위범주인 지방교부세, 국고보조금, 조정교부금(재정보전금), 시·도비 보조금, 시·도비 반환금, 자치단체 간 부담금이 부채에 미치는 영향을 분석해본다. 이를 위해 지방자치단체 유형별(광역시·도, 시, 군, 자치구)로 구분하여 분석한다.

연구의 대상은 전 지방자치단체(243개)이며, 지방자치단체의 재무보고서 자료를 이용한 패널분석 방법이다. 그 패널분석방법은 각 지방자치단체 고유의 정치, 경제, 사회, 문화적 특징을 지니고 있다는 점에 착안하여 개체별 특성을 고려할 수 있는 고정효과모형(Fixed Effects Model: FE)을 활용한다.

정부 간 이전수익과 부채에 관해 간략히 논의할 필요가 있는데, 종속변수로 사용된 부채는 총부채, 유동부채, 장기차입부채이고, 독립변수로 사용된 정부 간 이전수익은 크게 지방교부세 수익과 국고보조금 수익 등이다. 부채는 총부채와 유동부채, 장기차입부채에 국한하여 논의하고자 한다. 부채에 포함되는 기타 비 유동부채를 제외하였다. 그 이유는 기타 비 유동부채에 퇴직급여 충당부채 등이 포함되지만 부채규모로 볼 때 극히 작은 규모이기 때문이다.[1)]

1. 부채 및 정부 간 이전수익

국가재정법에 의하면 "정부가 차입의 주체로서 원리금의 상환의무를 직접 부담하는 확정채무"를 국가채무로 규정한다. 국가채무의 공식통계는 중앙정부와 지방정부의 채무를 계산하는 국제통화기금(IMF)의 기준이 사용되며 정부차관을 포함한 차입금, 국채, 그리고 국고 채무부담행위만을 포함하며 정부보증채무와 같은 우발채무나 공기업부채, 통화안정증권 차입과 같은 통화당국의 채무 등은 포함되지 않는다.

행정안전부(2010)는 부채에 관해 "과거 사건의 결과로 지자체가 부담하는 의무로서 그 이행을 위해 미래의 경제적 효용이 내재된 자원의 희생이 예상되는 현재 시점에서의 의무"로 정의하고 있다. 다만, 현행 예산회계에서 부채의 정의가 불명확한 점이 있다. 특히, 지방채를 발행하는 경우 채무와 수입을 연계하여 기록하지 않고 있다. 지방채 상환의 경우에도 마찬가지인데 부채의 감소와 연계되지 않은 채 단순히 지출로만 인식하고 있어 총체적관점에서 부채관리가 제한된다.

지방자치단체의 부채는 일반회계, 기금회계, 기타회계, 공기업 특별회계를 합한 금액으로 산정된다. 다만, 복식부기 회계정보에서의 부채는 유동부채, 장기차입부채 및 기타 비유동부채로 부채규모를 계산한다. 여기에는 지방자치단체가 부담해야 하는 의무, 외부로부터 차입하는 차입금, 지방채증권뿐만 아니라 미지급채무(미지급금, 예수금 등), 퇴직급여충당부채 등이 포함된다.

---

1) 기타 비 유동부채는 유동부채와 장기차입부채에 속하지 아니하는 부채로서 퇴직급여충당부채, 장기예수보증금, 장기선수수익 등을 말한다(지방자치단체 회계기준에 관한 규칙 제24조). 지방자치단체마다 차이를 보이지만 각 자치단체의 재무보고서에 공시된 자료를 분석해보면 총부채의 2% 내외를 차지하고 있다.

총부채는 각 지방자치단체의 유동부채(2100),[2] 장기차입부채(2200), 그리고 기타 비유동부채(2300)를 합한 통합부채로 정의한다. 총부채로 정의하는 지방자치단체 회계는 일반회계뿐만 아니라 기금회계, 기타특별회계, 그리고 공기업특별회계를 통합한 부채를 의미한다. 잘 알고 있는 바와 같이 성남시의 모라토리엄과 관련된 회계는 일반회계가 아니라 특별회계임을 감안할 때 통합회계 관점에서 총부채를 논의할 필요가 있다(정성호, 2012). 즉, 총체적 저량(stock)관점에서 부채규모를 파악하기 위함이다.

유동부채(2100)는 단기성 채무를 의미한다. 즉, 1년 내에 상환되어야 하거나 상환의무이행이 예상되는 단기차입금, 유동성 장기차입부채,[3] 기타유동부채를 포함한다. 단기차입금은 금전소비대차계약 등에 의해 차입한 채무회계로서 차입일로부터 회수기한이 1년 이내에 도래하는 단기차입금과 차입일로부터 회수기한이 1년 이내에 도래하는 단기예수금을 말한다. 유동성 장기차입부채는 장기차입부채 중 기간경과로 인해 결산일 기준 1년 이내에 만기 도래분을 말하며, 기타유동부채는 지금까지 열거되지 않는 기타 유동부채로 정의할 수 있다(행정안전부, 2010: 146).

이미 설명한 바와 같이 지방자치단체들은 정부 간 이전수익으로 재정보전이 되는 구조이므로, 이러한 재정보전규모에 근거하여 단기 차입을 활용할 개연성이 있다. 따라서 지방교부세 등이 단기성채무에 미치는 영향을 분석할 필요성이 있다.

장기차입부채(2200)는 만기가 1년 이후에 도래하는 부채로서 장기차입금과 지방채증권을 포함한다. 장기차입금은 금전소비대차계약 등에 의해 차입한 채무로서, 차입일로부터 회수기한이 1년을 초과하여 도래하는 장기차입금과 결산일

---

2) 회계과목 총괄표(Chart of Accounts)는 자료를 처리하기 위해 대분류, 중분류, 회계과목, 관리과목으로 나눈다. 괄호안의 숫자는 이를 나타내고 있다. 괄호안의 2100은 중분류에 해당하는 코드이다(행정안전부, 2010).

3) 유동성 장기차입부채는 장기차입부채 중 기간의 경과로 결산일 현재 1년 이내에 만기 도래분을 의미한다. 특히, 기간의 경과로 인해 장기차입부채에서 유동부채로 옮겨주는 '기말수정분개'를 하게 된다. 이는 근본적으로 '차입금 상환스케쥴'에 근거하여 부채상환이 완료되면 e-호조시스템에서 자동으로 수정분개가 되지 않고 현재는 '수기작업'에 의해 입력되고 있다. 경우에 따라 지방자치단체가 차입금을 조기상환하게 되는 경우에도 동일한 방식으로 '기말수정분개'를 하게 되고 '장기차입부채'에서 '유동부채'로 옮겨지게 된다.

로부터 회수기한이 1년을 초과하여 도래하는 장기예수금을 포함한다. 또한 지방채증권은 지방재정법시행령 제7조에 의한 지방채 중 증권발행 방법에 의한 차입(예, 지역개발기금 채권 포함)으로서 만기가 1년을 초과하는 부채를 말한다(행정안전부, 2010: 149).

일반적으로 지방자치단체들은 다양한 재정사업추진을 위해 장기차입(예 5년 거치 20년 상환)을 하게 되는데, 이러한 차입은 근본적으로 정부로부터 지원받는 지방교부세와 국고보조금 등과 다분히 연관되어 있다. 일례로 지방자치단체들은 재정사업을 추진할 때 국고보조금과 지방비를 매칭하여 재원을 사용해야 함에도 먼저 국고보조금을 활용한 후 지방비를 활용하게 되는데 이때 지방채 등 장기차입부채로 이어지게 된다.

지방자치단체의 재정수익은 자체조달수익, 정부 간 이전수익, 기타수익으로 구성된다. 다만 본 연구는 정부 간 이전수익에 국한하여 논의한다.[4] 정부 간 이전수익은 지방자치단체가 자구적 노력에 의해 조달한 수익이 아니다. 즉, 국가 또는 상위정부로부터 이전된 재원으로서 비교환적 수익의 성격을 지니며, 국가로부터 지방교부세와 국고보조금이 이전되고, 상위정부(광역단체인 시·도)로부터 기초단체(시·군·자치구)로 이전되는 조정교부금, 재정보전금, 시·도비보조금 등이 포함된다. 정부 간 이전수익에 관한 법적 토대는 지방자치단체 회계기준에 관한 규칙 제32조를 근거로 한다.

정부 간 이전수익(4200)은 "지방자치단체가 국가 또는 상위 정부의 교부에 의해 조달한 수익으로 지방교부세수익, 조정교부금수익, 재정보전금수익, 보조금수익, 자치단체 간 부담금수익, 기타 정부 간 이전수익"으로 구성된다(행정안전부, 2010: 162－164). 지방교부세는 중앙정부가 지방자치단체의 재정부족액을 기초로 배분되는 지원금으로 용도지정이나 매칭이 필요하지 않은 무조건부 지

4) 정부 간 이전수익(4200)은 지방교부세수익(4201), 조정교부금수익(4202), 재정보전금수익(4203), 국고보조금수익(4204), 시·도비보조금수익(4205), 시·도비보조금 반환금수익(4206), 자치단체 간 부담금수익(4207), 그리고 기타정부 간 이전수익(4299)로 구성된다. 다만 서울시는 이 계정과목 중 일부 조정교부금과 재정보전금, 기타정부간 수익은 해당되지 않는다. 서울시의 2010회계연도 기준 정부 간 이전수익 2,294,216백만 원이다. 세부적으로 지방교부세는 141,841백만 원, 국고보조금은 2,044,192백만 원, 시도비보조금반환금은 93,155백만 원, 자치단체 간 부담금은 15,026백만 원이다(서울시 홈페이지, 재무보고서).

원금인 반면, 국고보조금은 중앙정부가 특정업무를 장려할 목적으로 지방정부에 배분하면서 사용용도를 지정하고, 그 경비의 일부를 지방자치단체가 매칭하게 하는 조건부 보조금이다.

지방교부세 수익(4201)은 지방자치단체가 지방교부세법에 의해 중앙정부로부터 교부받는 금액으로 보통교부세(4201-1),[5] 특별교부세(4201-2),[6] 분권교부세(4201-3)[7] 및 부동산 교부세(4201-4)[8]로 구성된다. 교부세수익은 지방정부의 수평적 재정불균형을 시정하기 위한 목적을 지닌다. 하지만 지방교부세법 제1조에 "지방자치단체의 행정운영에 필요한 재원을 교부하여 그 재정을 조정함으로써 지방행정의 건전한 발전을 기함을 목적으로 한다"로 규정하고 있어 지방교부세법에는 그 목적이 뚜렷하게 제시되어 있지는 않다(전상경, 2011: 288). 재정조정의 일환으로 교부되는 지방교부세는 일정부분 부채감소에 영향을 미칠 것이라는 추론이 가능하다.

왜냐하면 지방교부세를 안정적으로 확보한 지방자치단체가 굳이 부채(지방채 등)수단에 의존하기보다는 상대적으로 안정적인 재원확보수단인 지방교부세에 의존하는 것이 훨씬 쉬운 선택이기 때문이다. 현행 지방교부세 재원[9]은 내

---

5) 보통교부세는 지방자치단체의 표준적인 재정운영에 필요한 일반재원으로 기준재정수입액이 기준재정수요액에 미달하는 금액을 기초로 산정된다.

6) 지방교부세법 제9조 1항에 의하면 특별한 지역현안수요가 있을 때 특별교부세재원의 30%에 해당하는 금액을, 재해로 인하여 특별한 재정수요가 있을 때 재원의 50%에 해당하는 금액을, 국가적 장려사업, 국가와 지방자치단체 간 시급한 협력이 필요한 사업이나 지역역점사업 등 특별 재정수요발생시 재원의 20%를 사용할 수 있도록 규정되어 있다.

7) 지방이양사업의 원활한 추진을 위해 이에 소요되는 재원을 확보한다는 차원에서 도입되어 2009년까지 한시적 운영하고 보통교부세에 통합하도록 규정하였지만 지방재정지원제도의 개편과 연계하여 사회복지분야 등 다양한 분야의 안정적 지원을 위해 2014년까지 연장되었다.

8) 부동산교부세는 2009년까지 부동산세제개편에 따른 지방세수감소분을 기초로 산정하되 대통령령으로 정하도록 되어 있었으나 2010년부터는 세수감소분을 고려하지 않고 지방자치단체 재정여건과 지방세운영상황이 기준이 되었다(전상경, 2011: 300). 현행 부동산교부세 교부기준은 제주자치도의 경우 부동산교부세 총액의 1.8%, 시·군·자치구는 재정여건 50%, 사회복지 25%, 지역교육 20%, 부동산보유세 규모 5%를 기준으로 산정한다.

9) 지방교부세의 변천과정을 살펴보면 1951년 임시분여세제도(지세 및 영업세 예산액의 13.39~34.68%), 1952년 지방분여세제도(2종 토지수득세전액 및 영업세액의 15%), 1958년 지방재정조정교부금제도, 1961년 지방교부세제도, 1968년 내국세총액의 17.6%, 1972년 8.3조치로 도입과 1983년 8.3조치의 폐지에 따라 법정교부율은 내국세총액의 13.27%와 특별교부세의 부활로 내국세 총액의 11분의 1을 포함하여 증액교부금제도가 신설된다. 이어 1999년 법정교부율은

국세 총액의 19.24%에 해당하는 금액, 종합부동산세 총액, 그리고 동법 제5조 제2항에 규정된 정산액이다. 2005년까지 지방교부세는 내국세의 19.13%였지만 법 개정에 따라 분권교부세의 비율이 0.83%에서 0.94%로 증가됨에 비율이 19.24%로 증가하게 되었다.

보통지방교부세는 분권교부세를 제외한 교부세 총액의 100분의 96을 재원으로 특별시나 광역시의 자치구를 제외한 전 지방자치단체를 대상으로 지방교부세법에 정의되는 기준인 기준재정수입액이 기준 재정수요액에 미달하는 지방자치단체에게 지방교부세가 배분된다.

과거와 달라진 점이 있다면 광역시라고 해서 보통교부세 불교부 단체는 아니라는 점이다. 보통교부세 불교부단체는 1986년 11개 단체에서 1990년 20개 단체로 늘어났다가 2010년 기준 8개 단체로 줄어들었다. 광역자치단체로는 서울이 유일하고, 성남을 비롯한 일부 시가 보통교부세 불교부단체에 해당된다.

지방조정교부금수익과 재정보전금수익은 교부세의 성격에 가깝기 때문에 지방자치단체의 도덕적 해이의 전형적인 형태로 나타난다. 따라서 자체 세입증가를 위한 제반 노력을 할 유인이 크지 않고, 게다가 지방채를 발행할 유인이 적어 부채가 증가될 유인 또한 적다고 할 수 있다. 즉 부채감소로 이어질 가능성이 크다고 할 수 있는데, 시, 군, 자치구만 해당되는 수익구조이다.

지방조정교부금수익(4202)[10]은 자치구가 지방자치법 제173조(자치구의 재

내국세 총액의 15%로, 2004년은 19.13%로 증액함과 동시에 증액교부금제도를 폐지하고, 분권교부세를 신설하여 내국세총액의 0.83%로 정하게 된다. 이후 2005년에는 법정교부율을 상향조정하여 내국세의 19.24%로, 분권교부세율을 내국세의 0.94%로 상향조정하고 부동산교부세를 도입하여 운영 중에 있다.

10) 현재 지방재정관리시스템(e-호조)에 입력되고 재무보고서에 명시된 조정교부금과 재정보전금은 다소 혼선을 야기하고 있다. 먼저 각 지방자치단체의 재무보고서를 검색하는 가운데 조정교부금과 재정보전금의 자료가 혼재되어 있다. 지방재정법에 의하면 자치구는 조정교부금이 시와 군은 재정보전금이 보고서상에 나타나야 한다. 그러나 재무보고서상 인천의 광역시 자치구를 제외하고 모든 광역시의 자치구에서 재정보전금과 조정교부금이 혼재되어 있다. 더욱이 일부 지방자치단체(울주군, 청양군, 보성군, 진도군, 남원시, 청주시)는 재정보전금과 조정교부금의 항목이 잘못 기술된 듯하다. 따라서 자치구의 경우 재정보전금과 조정교부금을 합쳐 조정교부금으로 명명하였다. 또한, 일부 시의 경우 재정보전금으로 처리되어야 하나 조정교부금으로 처리되어 있어 이는 재정보전금으로 처리하였다.

이에 필자가 지방자치단체의 재무회계담당자와 재정보전금에 관해 전화 인터뷰한 결과, 단식부기의 예산편성의 기준-행정안전부 관련규정의 "별표8(세출예산 성질별 분류: 목그룹,

원)에 의해 특별시·광역시로부터 교부받은 재원조정교부금을 말한다. 즉, 특·광역시장은 시세수입(취득세와 등록세)의 일정액을 확보하여 조례가 정하는 바에 의하여 당해 지방자치단체 관할구역 안의 자치구 상호간 재원을 조정하기 위해 교부하는 수익이다.

재정보전금수익(4203)은 시·군이 지방재정법 제29조 및 동법 시행령 제36조의 규정에 의거하여 광역시·도로부터 교부받은 재정보전금을 말한다. 이 보전금 수익은 광역시·도가 시·군에 교부하거나 특·광역시가 자치구에 교부하는 재정지원금으로 정의할 수 있다.

국고보조금수익(4204)은 지방자치단체가 "지방재정법 제20조"[11]와 "보조금의 예산 및 관리에 관한 법률 제2조"[12]에 근거하여 중앙정부로부터 국가시책의 효율적 시행을 위한 국고보조사업에 대하여 지원받은 국고보조금을 말한다. 중앙정부에서 통보한 국고보조금 수익, 중앙정부에서 관리하고 있는 광역·지역발전특별회계에서 지원되는 광역·지역발전특별회계보조금수익, 그리고 중앙정부에서 관리하고 있는 각종 기금에서 지원되는 수익금인 기금보조금수익으로 구성된다.

다만, 국고보조금은 부채증가의 주요 요인으로 작용하고 있다. 예를 들어 강원도 고성 DMZ 박물관과 알펜시아, 전남 F1 경기장, 여수 EXPO 등은 국고보조금이 지원되어 그로 인한 지방재정만 낭비하고 있는 셈이다. 결국 지방자치

편성목, 통계목)" 편성목: 308－04(재정보전금)－에 근거하여 작성하고 있었다. 재정보전금의 법적 근거는 첫째, 지방재정법 제29조 및 동법시행령 제36조의 규정에 의하여 시·도에서 시·군에 교부하는 재정보전금과, 둘째, 지방자치법 제173조에 의한 재원조정 이외의 지방세기본법 등에 의해 특·광역시가 자치구에 교부하는 금액, 그리고 그 밖에 광역자치단체가 기초자치단체의 재정보전을 위하여 교부하는 금액으로 계상할 수 있다. 그 결과 지방재정법상에 재정보전금은 해당사항 없지만 지방자치법과 그 밖에 재정보전 규정에 따라 재정보전금이 일부 발생하고 있다는 것이다. 따라서 e－호조는 복식부기 기준을 적용하는 만큼 재무보고서상 재정보전금과 조정교부금은 정확히 선별할 필요가 있다고 본다. 그래야 정보이용자로 하여금 혼선을 방지할 수 있을 것이다.

11) 지방재정법 제20조는 "국가는 시책상 필요하다고 인정될 때 또는 지방자치단체의 재정사정상 특히 필요하다고 인정될 때 예산의 범위 안에서 지방자치단체에 보조금을 교부할 수 있다"

12) 동법에서 규정하고 있는 보조금은 "원조를 하기 위하여 교부하는 보조금"(지방자치단체에 대한 것과 기타법인 또는 개인의 시설자금이나 운영자금에 한함)과 "부담금"(국제조약에 의한 부담금은 제외함), "기타 상당한 반대급부를 받지 아니하고 교부하는 급부금"으로서 대통령령으로 정한다(행정안전부, 2010).

단체는 부채증가의 주범이라는 질책을 면하기 어렵게 되었다. 과연 지방자치단체들이 순수하게 자체재원으로 박물관 등을 건립하게 된다면 과연 위 사업들을 추진하였을까 하는 의문이 든다. 다시 말해 총체적 부채증가의 요인이 될 가능성이 아주 크다.

시·도비 보조금수익과 시·도비보조금 반환수익은 보조금의 성격을 지닌다. 시·도비 보조금수익은 부채증가요인으로 작용할 개연성이 크다고 할 수 있다. 또한 시·도비 반환금수익은 잉여(여유)자원으로 활용될 가능성이 큰데, 기초자치단체에서 사용하고 남은 잔액이 반환되면 세외(기타)수입으로 계상이 되기 때문이다. 사용 잔액을 반환해야 할 시·군·자치구의 입장에서는 불필요한 보조금을 지급받은 것이나 다름없고, 사용 잔액을 반환받은 광역자치단체는 보조금을 받은 것이나 다름없다는 해석이 가능하다. 따라서 부채증가요인과 연관지어 설명이 가능하다.

시·도비 보조금수익(4205)은 시·군·자치구가 각 시도에서 교부받은 시·도비 보조금과 시·도에서 관리하고 있는 각종 기금에서 지원받은 수익이고, 시·도비보조금 반환금 수익(4206)은 시·도에서 전년도에 시·군·자치구에 보조한 시도비보조금 중 사용하고 남은 잔액에 대한 반환금이다. 자치단체 간 부담금수익(4207)은 지방자치단체간의 각종 부담금 징수에 따른 수익을 말하며, 기타정부간 이전수익(4299)은 지금까지 열거하지 않은 정부 간 이전수익을 말한다(행정안전부, 2010: 162－164). 지금까지 설명한 내용을 요약하면 <표 2－1>과 같다.

또한 정부 간 이전수익과 부채[13]를 개괄적으로 분석해 보면 <표 2－2>와 같다. 일인당으로 환산해 볼 때 총부채의 평균이 가장 높은 자치단체는 특·광역시·도이고, 최대 규모는 군이다. 유동부채의 평균과 최대값은 군이고, 장기차입부채의 평균규모가 가장 큰 자치단체 유형은 특·광역시·도이고, 최대값으로 환산하면 군의 경우이다. 특이한 점은 서울시의 대부분 자치구와 일부 기초자치단체들은 장기차입부채가 없다. 서울시의 일부 자치구(예, 노원구)는 효율적인 재정운영을 위해 현실적으로 차입이 필요함에도 불구하고 무차입 경영을 모토로 하고 있기 때문일 것이다.

---

13) 정부 간 이전수익과 부채에 관한 개괄적인 내용흐름은 부록 1을 참고하라.

표 2-1 **부채와 정부간 이전수익의 구분 및 내용**

구 분 (COA)				내 용
	중분류	세분류	세세분류	
총부채	유동부채 (2100)	단기차입금	단기차입금 단기예수금	금융기관 등으로부터 차입하거나, 지방자치단체 내 회계 기금 간 발생하는 자금이전을 통한 차입금
		유동성 장기차입 부채	-	장기차입부채 중 상환이 1년 이내 도래하는 차입부채
		기타 비유동 부채	일반미지급금	물품구입, 기성·용역완료, 보조금반납 등으로 인해 지급기일이 도래한 경우
			일반미지급비용	용역 등에 먼저 제공하고 일정기간 후에 지급해야 하는 부채(이자비용, 임차료, 전기·수도료 등)
			단기예수보관금	특정목적에 따라 일시적·임시적으로 현금 등을 보관할 경우(세외세출외 단기보관현금이 있는 경우 해당)
			선수수익·선수금	용역제공, 물품공급 등 전체관련대금을 넘저 수수하는 경우
			기타	기타 유동부채성격을 가진 항목
	장기 차입 부채 (2200)	지방채증권	-	지방자치단체가 발행한 지방채(만기 1년 초과)
		장기차입금	장기차입금, 장기예수금, 장기중앙정부차입금	단기차입금과 동일, 다만 국가로부터 차입한 경우 장기차입금이 아닌 장기중앙정부차입금으로 계상
	기타 비유동부채 (2300)	퇴직급여 충당부채	-	공무원연금대상이 아닌 자(무기계약자, 예술단원, 운동부원 등)에게 퇴직시 지급해야 할 퇴직금 상당액
		기타비유동 부채	장기예수보증금, 장기미지급금 등	지급시기의 도래가 1년 이상인 부채 등
구 분(COA)				내 용
정부간 이전수익 (4200)	지방교부세수익 (4201)			지방자치단체가 지방교부세법에 의해 중앙정부로부터 교부받은 보통교부세(4201-1), 특별교부세(4201-2), 분권교부세(4201-3) 및 부동산 교부세(4201-4) 금액
	지방조정교부금수익 (4202)			자치구가 지방자치법 제173조(자치구의 재원)에 의해 특별시·광역시로부터 교부받은 재원조정교부금액
	재정보전금수익 (4203)			시·군이 지방재정법 제29조 및 동법 시행령 제36조의 규정에 의거하여 광역시·도로부터 교부받은 재정보전금액
	국고보조금수익 (4204)			지방자치단체가 지방재정법 제20조와 보조금의 예산 및 관리에 관한 법률 제2조에 근거하여 중앙정부로부터 국가시책의 효율적 시행을 위한 국고보조사업에 대하여 지원받은 국고보조금, 중앙정부에서 통보한 국고보조금 수익, 중앙정부에서 관리하고 있는 광역·지역발전특별회계에서 지원되는 광역·지역발전특별회계보조금수익, 중앙정부에서 관리하고 있는 각종 기금에서 지원되는 수익금인 기금보조금수익 등
	시·도비 보조금수익 (4205)			시·군·자치구가 각 시도에서 교부받은 시·도비 보조금과 시·도에서 관리하고 있는 각종 기금에서 지원받은 수익금
	시·도비보조금 반환금 수익 (4206)			시·도에서 전년도에 시·군·자치구에 보조한 시도비보조금 중 사용하고 남은 잔액에 대한 반환금
	자치단체 간 부담금수익 (4207)			지방자치단체간의 각종 부담금 징수에 따른 수익금

주: 유동부채 등의 내용은 허웅·윤성식(2011), p. 208을 참고하여 일부내용을 수정하였고, 정부 간 이전수익은 2장의 내용을 요약함.

국고보조금과 지방교부세의 의존 비율이 가장 높은 지방자치단체 유형은 군 단위이다. 일인당 국고보조금 규모로 비교해 보면 특·광역시도 단위가 가장 많고, 일인당 지방교부세 규모로 비교해 보면 시 단위가 가장 많다. 이는 국고보조금 등 재정배분이 광역시·도 중심으로 이루어지고 있는 것과 연관된다.

한편 자치구의 경우, 지방교부세는 물론 국고보조금 규모가 가장 적다. 또한 기초자치단체에 교부되는 조정교부금(자치구, 자치구는 재정보전금 포함)과 재정보전금(시·군)을 비교해보면 자치구가 가장 많다. 그러나 시도비보조금은 그리 많지 않다.

표 2-2 지방자치단체별 부채규모와 정부 간 이전수익(2008~2010년) (단위: 원)

구분	특·광역시·도(n=48)			시(n=216)		
	평균	최소값	최대값	평균	최소값	최대값
일인당 총부채	620,166	204,116	1,490,676	464,923	57,985	2,003,292
일인당 유동부채	124,171	13,182	277,583	122,836	13,306	1,380,282
일인당 장기차입부채	469,942	178,993	1,194,985	281,057	1,383	1,465,019
일인당 지방교부세	319,984	13754	1,616,447	788,293	5,423	2,811,436
일인당 재정보전금	-	-	-	116,805	33,725	1,249,750
일인당 국고보조금	804,030	173848	1,737,630	553,246	96,267	1,774,308
일인당 시·도비보조금	-	-	-	188,493	52,905	535,292
일인당 시·도비보조금반환금	5,843	0***	9,810	524	0	51,910
일인당 자치단체간부담금	9,200	0	25,990	1,672	0	40,267
구분	군(n=258)			자치구(n=207)		
	평균	최소값	최대값	평균	최소값	최대값
일인당 총부채	530,418	37,727	2,719,943	89,460	27,527	647,681
일인당 유동부채	237,231	5,997	57,700,000	32,934	5,997	561,177
일인당 장기차입부채	307,252	0*	1,762,212	14,564	0**	186,298
일인당 지방교부세	2,683,318	286,728	6,425,416	39,708	8,084	270,600
일인당 재정보전금 (자치구: 조정교부금)	117,719	31,948	515,613	188,002	33,006	525,131
일인당 국고보조금	1,782,870	255,079	4,284,312	208,299	33,246	578,206
일인당 시·도비보조금	501,130	10,397	2,860,942	157,169	52,100	586,299
일인당 시·도비보조금반환금	94.26	0	15,482	- ****	-	-
일인당 자치단체간부담금	2677	0	104,367	130	0	12958

주: 장기차입부채가 아예 없는 자치단체(군과 자치구)도 존재한다.
*: 부산 기장군; 인천 옹진군; 울산 울주군; 충북 청원군, 영동군, 괴산군; 충남 청양군, 태안군; 전북 장수군, 고창군, 구례군; 경북 울릉군; 경남 함양군
**: 서울 전 자치구(2010년 마포구 제외); 부산 금정구, 연제구, 사상구; 인천 남구, 동구, 연수구; 울산 중구
***: 제주특별자치도는 시도비 보조금반환금이 없음
****: 지방자치단체에서 해당되지 않거나 1,000원이하에 해당하는 경우임
자료: 정성호 (2012c)에서 일부 인용

기존 연구에서 정부 간 이전수익(의존재원)이 부채에 미치는 영향에 관한 연구는 극히 드물다. 설령 있다 하더라도 자체재원과 의존재원의 효과를 분석하고 있을 뿐, 정부 간 이전수익의 세부항목을 활용하여 분석한 연구는 찾아보기 힘들다. 다만 지방자치단체의 부채결정요인에 관한 연구는 다음과 같다(김렬·구정태, 2002; 배인명, 2009; 윤석완, 2009; 허명순, 2003; 정성호, 2012).

김렬·구정태(2002)는 채무수준(보증채무, 수익채무, 총 채무)에 영향을 미치는 요인으로 65세 이상 인구, 1인당 주민소득, 정부 간 이전재원 등을 들고 있다. 특히, 정부 간 이전재원의 증가는 보증 채무에 영향을 미치고, 광범위한 자본지출은 수익채무에 영향을 미치며, 정부 간 이전재원은 총 채무증가에 영향을 미친다고 주장한다. 전반적으로 의존재원의 증가가 부채증가요인으로 작용하고 있다. 하지만 우리나라는 미국과 비교할 때 지방채 발행 등 제반 여건이 다르기 때문에 연구결과에 대한 함의는 다소 제한적이다.

배인명(2009)은 의존재원과 지방채발행간 관계를 실증 분석한 결과, 의존재원은 지방채 발행에 마이너스(-)의 영향요인으로 작용하고 있을 뿐 아니라 지방채발행을 제한하는 효과를 동시에 지닌다고 주장한다. 즉, 의존재원이 많을수록 지방채발행이 감소된다고 볼 수 있다.

윤석완(2009)은 인구와 고령화정도의 증가는 이중적 재정지출을 증가시켜 지방재정 효율성에 부(-)의 영향을 미치고 있다는 결과를 제시한다. 이러한 현상은 시보다는 시·군에서 낮게 나타나며, 고령화 인구 증가에 따른 재정지출은 시가 크게 나타난다.

허명순(2003)은 미국 507개 지방정부의 고령화 증가가 부채증가에 영향을 미치고, 주택소유자가 증가할수록 부채가 감소한다는 결과를 제시한다. 아울러 지방채 발행에 주민투표를 요하는 교육채무의 경우, 인구 통계적 속성이 부채규모에 영향을 미친다는 결과를 제시한다. 이렇듯 인구와 고령화정도가 부채에 영향을 미친다는 논거를 제시하고 있다.

윤석완(2011)은 지방교부세가 감소되면 지방자치단체의 자체수입에 어떠한 영향을 미치는가에 관해 시·군을 대상을 분석하였다. 지방채만을 자체수입으로 산정하여 추정한 결과, 시의 경우 지방교부세가 증가(감소)할수록 지방채가 감소(증가)되지만, 군의 경우 지방교부세 증감에 대한 영향이 그리 크지 않다는 점을 발견하였다. 한마디로 시와 군의 지방교부세의 증감 효과가 다르다는 점이다.

정성호(2012)는 지방자치단체의 재정수익(자체조달수익, 정부간 이전수익)이 부채(총부채, 유동부채, 장기차입부채)에 미치는 영향을 광역시·도, 시, 군, 자치구로 나누어 분석한 결과,[14] 의존재원과 총부채 간 방향성은 부(−)이지만 통계적으로 유의미하지 않다. 반면, 의존재원이 증가할수록 유동부채와 장기차입부채는 감소한다. 또한 재정력지수가 높을수록 총부채가 증가되고, 고령화정도가 클수록 장기차입부채가 증가된다는 결과를 제시하고 있다.

본 연구가 기존의 연구와 차별되는 점은 다음과 같다.

첫째, 정부 간 이전수익이 지방자치단체의 부채에 어떠한 영향을 미치는가에 관해 연구할 필요가 있다. 이를 위해 243개 지방자치단체를 유형별(특·광역시·도, 시, 군, 자치구)로 나누어 패널분석을 통한 일반화를 시도한다.

둘째, 지방자치단체의 부채를 결정하는 요인 중 정부 간 이전수익이 부채에 미치는 영향에 관해 분석할 필요가 있다. 특히 지방교부세, 국고 보조금, 재정보전금(조정교부금) 등이 부채에 미치는 영향에 관해 세부 분석을 시도한다.

셋째, 지방자치단체의 개체별 특성을 고려하기 위해 고정효과모형(Fixed Effects Model: FE)을 적용함으로써 분석결과의 일반화에 기여할 수 있다.

넷째, 지방교부세와 국고보조금 등 다양한 정부 간 이전수익이 부채에 미치는 영향에 관한 분석결과에 근거하여 지방자치단체의 부채관리 등 정책대안제시가 가능하다.

2. 연구가설 · 모형 및 실증분석

정부 간 이전수익을 구성하는 하위개념들(지방교부세, 국고보조금 등)과 부채(총부채, 유동부채, 장기차입부채) 간 관계를 중심으로 연구가설을 구성한다.

정부 간 이전수익과 총부채 간 관계

정부 간 이전수익과 총부채 간 관계는 크게 지방교부세와 국고보조금으로 나누어 설명이 가능하다. 지방자치단체의 부채증가는 지방자치단체장과 지방의

14) 정부 간 이전수익과 부채에 관한 모든 변수는 243개 지방자치단체 재무보고서에 근거하고 있다.

회의원들의 무분별한 개발사업과 연관된다. 특히, 재선을 목적으로 테마성 사업에 투자함으로써 상당부분 부채를 키워왔다. 지방자치단체의 부채증가는 공통된 현상이라 볼 수도 있지만, 특히 광역자치단체의 부채가 급증하고 있다는 점에 주목할 필요가 있다(정성호, 2012c).

이들 자치단체들은 비교적 자체재원이 풍부한 자치단체이기 때문에 문제로 인식되기에 충분하고, 부채증가의 근본 이유는 대규모 국제대회 개최 등과 직결된다. 이러한 가운데 지방자치단체들은 자체 재원의 부족을 이유로 의존재원을 확보하려는 유인이 더 커지게 되며 총체적 부채가 늘어날 가능성이 더욱 커지게 된다.

지방자치단체들은 국고보조금을 배분받으면 지방비 매칭을 필요로 한다. 이 과정에서 지방자치단체는 지방채를 발행하게 되는 등 부채로 이어질 가능성이 크다. 즉, 국가로부터 보조금을 배분받게 되면 지방자치단체는 그에 상응하는 지방비 분담을 요구받게 되는데, 그 과정에서 지방채 등을 발행할 수밖에 없다는 점이다.

무조건부 보조금인 지방교부세는 부채감소와 연관지어 추론이 가능하다. 지방교부세의 증가는 세입증가와 연관되기 때문에 지방채 발행을 감소시키는 역할을 한다(윤석완, 2011: 16). 같은 맥락에서 국고보조금에 비해 지방교부세는 부채감소로 이어질 개연성이 크다고 할 수 있다.

본 연구는 총체적 부채관리차원에서 국고보조금과 지방교부세가 부채에 미치는 영향을 분석할 필요가 있다고 본다. 일반적으로 국고보조금이 증가되면 부채가 증가할 것이라는 추론이 가능하고, 반대로 지방교부세가 증가할수록 부채가 감소될 것이라는 관점에서 가설을 설정하였다. 즉, 기존의 연구에서 지방교부세와 국고보조금이 통합한 정부 간 이전수익(의존재원)이 부채 감소에 영향을 미친다는 연구(배인명, 2009; 정성호, 2012c)의 범위를 확대하여 국고보조금과 지방교부세 등 세부 재정이전조치가 부채에 미치는 영향은 어떠한가를 분석할 필요성을 제기하며 다음과 같은 가설을 설정하였다.

H1: 정부 간 이전수익 규모가 총부채에 영향을 미칠 것이다.
H1-1: 국고보조금 등의 규모가 증가될수록 총부채가 증가될 것이다.
H1-2: 지방교부세 규모가 증가될수록 총부채가 감소될 것이다.

정부 간 이전수익과 유동부채 간 관계

이미 설명한 바와 같은 맥락에서 정부 간 이전수익과 유동부채의 관계를 추론할 수 있다. 자체재원이 부족한 지방자치단체들은 단기차입금, 단기예수금, 유동성 장기차입부채 및 기타유동부채 등의 단기성 부채를 발행하게 된다. 즉, 제반 재정사업을 추진할 때 국고보조금과 교부세 등의 재정이전조치가 있다는 점에 근거하여 단기차입금을 활용할 개연성이 크다는 점이다. 그렇다고 해서 차입금만 유동부채로 산입되는 것은 아니다. 예컨대 유동성 장기차입부채는 장기차입부채에서 차입금 상환 등의 이유로 유동부채로 계산되기도 한다.

광역자치단체는 물론 기초자치단체들이 공통적으로 장·단기 차입을 선호하겠지만, 기초자치단체들은 광역자치단체에 비해 장기차입부채를 선호할 개연성이 클 것이다. 왜냐하면 기초자치단체들은 상대적으로 재원이 부족하기 때문에 장기차입부채를 더욱 선호할 개연성이 크다.

특히, 유동성 장기차입부채는 장기차입부채 중 기간이 경과하여 1년 이내 만기되는 부채로서 유동부채로 계산되는데, 지방자치단체의 도덕적 해이에서 비롯된 일시차입금 등 분식회계가 아닌 한 장기차입부채에 비해 규모가 작을 것이라는 판단이 가능하다(정성호 외, 2012). 따라서 국고보조금의 증가는 유동부채를 증가시킬 개연성이 크지만, 지방교부세의 증가는 유동부채를 감소시킬 개연성이 크다. 이러한 관점에서 다음과 같은 가설을 설정할 수 있다.

H2: 정부 간 이전수익 규모가 유동부채에 영향을 미칠 것이다.
H2-1: 국고보조금 등의 규모가 증가될수록 유동부채가 증가될 것이다.
H2-2: 지방교부세 등의 규모가 증가될수록 유동부채가 감소될 것이다.

재정수익규모와 장기차입부채 간 관계

지방자치단체들은 다양한 재정사업을 추진할 때 장기차입부채를 활용할 가능성이 크다는 관점에서 정부 간 이전수익과 장기차입부채간 관계를 추론할 수 있다. 장기차입부채는 금전소비대차계약 등에 의해 차입한 채무로 차입일로부터 회수기한이 1년을 초과하여 도래하는 장기차입금과 결산일로부터 회수기한이 1년을 초과하여 도래하는 장기예수금으로 구분된다. 더불어 지방채는 지역개발기금 채권을 포함하여 만기가 1년을 초과하는 지방채 증권을 말한다(행정안전부, 2010).

지방자치단체의 입장에서는 대규모 청사의 건립, 공약사업의 이행, 그리고 사회복지 수요증가에 따른 재원조달을 위해 지방채를 발행해야만 한다(정성호, 2012c). 일례로 강원개발공사는 알펜시아리조트 사업에 1조 7,000억원을 투자했는데 이 중 1조 4,000억원을 빌려서 하루 이자만 1억 3,000만원씩 발생하고 있다. 우리가 잘 알고 있듯이 초기 건설당시 많은 국고보조금이 투입되었다는 점이다. 더욱 문제는 동계올림픽을 개최하기 위해 국가로부터 보조금을 획득한 상태이지만, 사실상 부족한 재정을 보전하기 위해 지방채를 발행할 수밖에 없는 처지에 놓여 있다(정성호 외, 2012: 238; 정성호, 2012c). 최근에는 거시적 재정관리차원에서 부채로 계산되어야 함에도 부채에 산입되지 않는 민간투자사업(BTO, BTL)을 지속해서 확대하고 있어 문제시 되고 있다. 일례로 천안시는 일반채무에 버금가는 민자투자사업(BTL · BTO)을 시행중에 있다(정성호, 2012c).

일부 지방자치단체장들은 제반 공약사업 추진을 위해 장기차입부채를 선호한다. 근본적인 이유는 재정의 책임성 논란에서 비교적 자유롭기 때문이다. 그러므로 치적을 쌓아 과시적 효과만 창출하면 된다는 인식이 팽배하기 때문이다. 따라서 의존재원에 의존하면서도 비교적 쉬운 방법인 장기차입부채를 발행하여 재정사업을 추진하게 된다(정성호, 2012c). 이는 재정착각의 한 요인으로 보아야 할 것이다. 이러한 관점에서 다음과 같은 가설을 설정할 수 있다.

H3: 정부 간 이전수익 규모가 장기차입부채에 영향을 미칠 것이다.
H3-1: 국고보조금 등의 규모가 증가될수록 장기차입부채가 증가될 것이다.
H3-2: 지방교부세 등의 규모가 증가될수록 장기차입부채가 감소될 것이다.

정부 간 이전수익 규모가 부채에 미치는 영향을 실증분석하기 위해 다양한 추정모델을 적용하여 지방자치단체 형태별 패널자료를 분석하였다. 고정효과모형(FE)과 임의효과모형(RE) 중 어느 모형이 적절한 모형을 추정하기 위해서 설명변수와 개별효과 교란항 사이에 상관관계가 존재하는지를 분석해야 한다. 상관관계의 유무를 분석하기 위해 하우즈만 검정(Hausman test)[15]이 권고되는데,

15) 패널분석시 기본모형($Y_{it} = \alpha + \beta x_{it} + u_i + \varepsilon_{it}$)에서 오차항(u_i)를 고정효과로 볼 것인지, 확

이는 모형의 추정치가 상호간 유의미하게 차이가 있는지 분석하기 위함이다. 하우즈만 검정결과, 고정효과모형(FE)이 적절한 모형으로 분석되었다.

$$Y_{it} = \alpha + \sum_{k=1}^{k} \beta_{kit} X_k + \mu_{it}, (\mu_{it} = \mu_i + \varepsilon_{it}) \text{ (basic model)}$$

위 방정식에서 설명한 분석모형은 기본 모형이다. 이때, i는 횡단면의 관측치, t는 시간변수, k는 독립변수의 수, 오차항(μ_{it})은 시간에 따라 변하지 않은 패널개체의 특성을 나타내는 오차(μ_i)와 시간과 패널 개체에 따라 변하는 순수한 오차의 교란항(ε_{it})으로 구분한다. 정부간 이전수익과 부채에 관한 분석모형은 다음과 같다.

▸ **지방교부세·국고보조금과 부채(총부채, 유동부채, 장기차입부채) 간 모형(model1)**

$$\log(GLIABpc, CURLIABpc, \text{and } LTLIABpc)_{it} = \beta_1 + \beta_2 \log(LSTAXpc)_{it} + \beta_3 \log(NGTAX)_{it} + \beta_4 \log(PDENS)_{it} + \beta_5 (AGE65)_{it} + \varepsilon_{it}$$

▸ **지방교부세와 부채(총부채, 유동부채, 장기차입부채) 간 모형(model 2)**

$$\log(GLIABpc, CURLIABpc, \text{and} LTLIABpc)_{it} = \beta_1 + \beta_2 \log(LSTAXpc)_{it} + \beta_3 \log(FGRANTpc)_{it} + \beta_4 \log(PDENS)_{it} + \beta_5 (AGE65)_{it} + \varepsilon_{it}$$

률효과로 볼 것인지에 따라 상수항이 달라지는 모형($Y_{it} = (\alpha + u_i) + \beta x_{it} + \varepsilon_{it}$)으로 쓸 수 있다. 이때 고정효과모형은 상수항($\alpha + u_i$)을 패널 개체별로 고정되어 있는 모수(parameter)로 해석하고 개체의 특성을 의미한다. 임의효과모형은 모집단에서 무작위로 추출된 표본으로 확률분포를 따르는 확률변수가 된다. 특히, $cov(x_{it}, \mu_i) = 0$이라는 가정이 성립한다면 FE나 RE의 추정량이 모두 일치 추정량이 되지만 $cov(x_{it}, \mu_i) \neq 0$이라면 RE의 추정량은 일치추정량이 되지 못하기 때문에 추정결과에 체계적 차이(systematic difference)가 존재한다. 이때 추정모형 선택에 관한 가설검정이 하우즈만 검정이다. 즉 귀무가설인 $cov(x_{it}, \mu_i) = 0$의 가정이 성립한다면 임의효과모형이 더 효율적이고, 틀린다면 고정효과모형을 선택하는 것이 더 효율적이다(Wooldridge, 2008; 정성호, 2010; 2012).

▸ **국고보조금과 부채(총부채, 유동부채, 장기차입부채) 간 모형(model 3)**

$$\log(GLIABpc, CURLIABpc, \text{and } LTLIABpc)_{it} = \beta_1 + \beta_2 \log(NGTAXpc)_{it} + \beta_3 \log(CPGRpc \text{ or } CPGpc^*)_{it} + \beta_4 \log(INITAXpc)_{it} + \beta_5 \log(PDENS)_{it} + \beta_6 (AGE65)_{it} + \varepsilon_{it}$$

* CPGRpc: 광역시·도에 반환된 시·도비보조금 반환금,
CPRpc: 광역시·도로부터 배분된 시·도비보조금

정부 간 이전수익과 부채 간 관계분석을 위한 모형은 기본모형에 근거하여 모형 1, 2, 3으로 설정하였다. 특히, 모형을 자치단체 규모별로 구분한 이유는 243개 지방자치단체가 다양한 특성을 지니고 있기 때문에 이를 완전히 통제한다는 것은 현실적으로 불가능하기 때문이다. 예컨대 광역시·도와 기초자치단체, 자치구와 기초자치단체는 국고보조금과 지방교부세 등 적용하는 항목이 다르기 때문에 지방자치단체 유형을 구분할 필요가 있고, 변수 또한 달리 적용한 모형을 구성하여 분석할 필요가 있다. 즉, 동질적 특성을 지닌 지방자치단체를 특·광역시·도, 시, 군, 자치구로 나누어 분석함과 동시에 지방자치단체 유형에 맞는 변수를 적용하여 영향을 분석할 필요가 있다.

이상에서 살펴 본 변수들의 조작적 정의와 측정지표를 정리하면 다음 <표 2-3>과 같으며 구체적인 측정지표, 척도, 기간, 사용된 자료들의 출처 등을 제시하고 있다. 종속변수는 총부채(logGLIAB), 유동부채(logCURLIAB), 그리고 장기차입부채(logLTLIAB)이며, 독립변수는 지방교부세(logLSTAX), 국고보조금(logNGTAX), 조정교부금 또는 재정지원금(logFGRANT), 시·도비보조금(logCPG), 시·도비보조금 반환금(logCPGR)이다.

통제변수는 인구밀도(logPDENS)와 고령화정도(AGE65)이고, 이 두 변수를 제외하고 모든 변수는 일인당(per capita)으로 환산하였다. 한편 부채는 유량(flow)과 저량(stock)개념으로 분류가 가능한데 본 연구는 저량(stock)개념을 적용하여 자연로그를 취하였다. 다만 비중변수인 고령화정도는 자연로그를 취하지 않았다.

재정지출결정모형은 사회경제적 결정이론(Fabricant, 1952) 정치적 결정이론(Key, 1956), 점증주의이론(Hofferbert and Sharkansky, 1971), 재정능력이론

표 2-3 변수의 조작적 정의, 측정지표

항목	변수명		측정지표	척도	기간	출처
종속변수	총부채	logGLIAB_pc	유동부채+장기차입부채+기타 비유동부채	원	2008 ~ 2010	전국지방자치단체재무보고서
	유동부채	logCURLIAB_pc	유동부채액			
	장기차입부채	logLTLIAB_pc	장기차입부채액			
독립변수	지방교부세	logLLSTAX_pc	지방교부세액			
	재정보전금(조정교부금*)	logFGRANT_pc	재정보전(조정교부)금			
	국고보조금	logNGTAX_pc	국고보조금액			
	시도비보조금	logCPG_pc	시도비보조금액			
	시도비보조금반환금**	logCPGR_pc	시도비보조금반환금액			
	자치단체간 부담금**	logINTTAX_pc	자치단체간 부담금액			
통제변수	인구밀도	logPDENS	인구수/자치단체면적(㎢)	명		통계청
	고령화정도	AGE65	65세 이상 인구비율	%		

주 1: 모든 회계자료는 일반회계, 기금회계, 기타특별회계, 공기업특별회계를 포함함.
주 2: 비중(비율)변수인 고령화정도를 제외한 모든 변수는 자연로그를 취함.
*: 원칙적으로 재정보전금은 시·군, 조정교부금은 자치구에 해당되는 재원임
**: 광역시·도만 해당되는 재원임.

(Danziger, 1978)으로 설명한다(손희준, 1999; 이한규, 2001; 김렬·구정태, 2002). 지방재정지출의 동일한 맥락에서 부채결정요인은 자체재원을 포함한 예산규모에 연관된 연구(Danziger, 1978), 인구밀도(Fabricant, 1952; 윤석완, 2009)와 고령화정도가 부채에 정(+)의 관계를 미친다는 연구(Clingermayor, 1991; Ellis and Schansberg, 199; 하능식·임성일, 2007; 윤석완, 2009; 정성호, 2012c)이다. 반대로 지방채 발행으로 조달된 재원이 노년층에 사용되지 않기 때문에 부채에 부(−)의 영향을 미친다고 주장한다(Ellis and Schansberg, 1999; 김제안·채종훈, 2003).

우리나라는 일본 등 여타 국가와 비교해 볼 때 자체재원 규모가 작기 때문에 중앙정부에 의존하는 정도가 크다. 따라서 정부 간 이전수익이 부채에 미치는 영향에 관한 세부적 연구가 필요하다. 자체재원과 의존재원으로 나누어 부채에 미치는 영향에 관한 연구(정성호, 2012c)에서 의존재원이 부채감소와 연관되어 있음을 밝히고 있다. 다만 본 연구는 정부 간 이전수익(의존재원) 중 과연 국고보조금과 지방교부세 등의 규모가 부채에 미치는 영향은 과연 어떠한가를 검증하기 위함이다.

또한 지방자치단체를 둘러싸고 있는 환경적인 요인은 사회·경제적 변수인

표 2-4 변수의 기술통계

변수	표본수	평균	표준오차	최소값	최대값
log(GLIAB_pc)	729	12.432	1.020	10.223	14.816
log(CURLIAB_pc)	728	11.093	.929	8.699	14.137
log(LTLIAB_pc)	602	11.804	1.625	5.375	14.382
log(LSTAX_pc)	729	12.775	1.979	8.598	15.676
log(FGRANT_pc)	681	11.658	.573	10.372	14.038
log(NGTAX_pc)	729	13.229	1.063	10.412	15.270
log(CPG_pc)	684	12.324	.835	3.266	14.867
log(CPGR_pc)	68	7.250	3.827	-10.738	10.857
log(INTTAX_pc)	207	7.605	1.814	2.424	11.556
log(PDENS)	729	6.475	2.132	2.944	10.281
AGE65	729	15.123	7.202	4.74	31.99

주: 표본수가 차이는 보이는데, 이는 분석결과의 일반화차원에서 지표값이 '0'인 경우 제외하였기 때문임.

데, 선행연구에서 여러 요인들이 고려되었으나 대동소이하다. 국내 연구기준으로 볼 때 인구밀도, 65세 이상 노령인구 등이 제시되고 있다(남궁근, 1994; 손희준, 1999; 강윤호, 2001; 정성호 외, 2012). 특히, 최근 사회복지수요 증가는 부채증가로 이어질 개연성이 크기 때문에 인구밀도와 65세 이상 고령화정도를 통제변수로 선정하였다.

<표 2-4>는 정부 간 이전수익 규모와 총부채, 유동부채 및 장기차입부채에 관한 기초분석 자료이다. 시간적 범위는 2008년부터 2010년까지이며 각 변수들에 대한 기술통계를 보여주고 있다. 비중변수인 고령화정도를 제외한 모든 변수는 회귀계수의 편의를 유발시킬 가능성이 높아 자연로그를 취하였다. 특히, 변수 간 탄력성을 분석하게 위해 더블로그(double log)를 취하였다(유지성, 1992: 109).

<표 2-5>는 특·광역시·도의 정부간 이전수익규모와 부채(총부채, 유동부채, 장기차입부채) 간 관계를 분석한 결과이다.

국고보조금과 시도비보조금 반환금의 비율이 증가될수록 총부채와 장기차입부채의 비율에 미치는 영향은 통계적으로 유의한 정(+)의 값을 가지며, 이들 규모가 1% 증가하면 총부채가 각 0.69%, 0.34% 증가하고 있다.[16] 이러한 분석

16) 서울시 재무보고서에 의하면 시·도비보조금 반환금의 규모가 FY2008은 235억 8,700만원,

표 2-5 광역시·도의 정부 간 이전수익규모와 총부채 간 관계

광역시·도	총부채 log(GLIAB_pc)			유동부채 log(CURLIAB_pc)			장기차입부채 log(LTLIAB_pc)		
	model 1	model 2	model 3	model1 (RE)	model 2	model 3	model 1	model 2	mo 3
log(LSTAX_pc) 지방교부세	0.003 (0.115)	0.064 (0.106)		-0.039 (0.136)	-0.009 (0.271)		0.002 (0.109)	0.099 (0.106)	
log(NGTAX_pc) 국고보조금	0.485 (0.367)		0.687 *** (0.222)	0.822 (0.411)		0.319 (0.385)	0.762 ** (0.348)		0.7 * (0.2
log(CPGR_pc) 시도비반환금			0.342 *** (0.100)			0.604 *** (0.174)			0.2 ** (0.1
log(INTTAX_pc) 자치간부담금			0.020 (0.059)			-0.331 *** (0.102)			0.1 ** (0.0
log(PDENS) 인구밀도	-6.804 * (3.899)	-6.528 (3.944)	-6.920 ** (2.631)	0.137 (0.107)	0.851 (10.025)	-5.578 (4.562)	-7.226 * (3.703)	-6.793 * (3.933)	-5.4 (3.3
AGE65 고령화	0.137 (0.138)	0.273 *** (0.093)	-0.112 (0.093)	-0.135 (0.052)	0.294 (0.237)	-0.325 * (0.162)	0.101 (0.131)	0.315 *** (0.093)	-0.0 (0.1
_cons	50.015 * (26.103)	52.398 * (26.376)	47.522 ** (17.763)	1.676 (4.667)	2.720 (67.047)	45.290 (30.796)	49.213 * (24.791)	52.957 * (26.300)	35. (22.6
R-squared	39.32	35.53	67.82	53.51	5.50	48.05	49.73	41.12	66.
F-test (Ho: all u_i=0)	6.55	11.48	15.26	12.00	2.22	8.11	7.45	12.52	10.
The number of groups	16	16	15	16	16	15	16	16	1
N	48	48	43	48	48	43	48	48	4

주: 괄호안은 표준오차임
* p<0.1, **p<0.05, ***p<0.01

결과는 특·광역시·도를 중심으로 재정배분이 되고 있어 비교적 재정여건이 건실할 것으로 판단되는 광역시·도가 오히려 부채가 크게 증가하고 있다는 점에 주목할 필요가 있다. 이는 선심성 공약사업의 추진을 포함하여 대규모 국제대회 유치경쟁 등의 요인에서 비롯되었다고 볼 수 있다.

또한 시·도비보조금 반환금의 비율이 증가할수록 유동부채가 증가한 반면, 자치단체 간 부담금의 비율이 증가할수록 유동부채는 감소하고 있다. 더불어 국고보조금, 시·도비보조금 반환금, 자치단체 간 부담금의 비율이 증가될수록 장

FY2009는 503억 4,690만원, FY2010은 931억 5,580만원에 해당한다(서울, 2008; 2009; 2010). 이미 설명한 바와 같이 반환금은 전액 "시도비보조금 사용잔액"으로 세입에 계상된다. 타 광역시도의 경우 동일하게 처리하고 있다.

기차입부채가 증가하고 있다. 즉 국고보조금, 시도비보조금 반환금, 자치단체 간 부담금이 1% 증가될수록 장기차입부채는 각 0.74～0.76%, 0.27%, 0.16% 증가하고 있다.

특히 시도비보조금 반환금의 경우, 시·도에서 전년도에 사용하고 남은 금액을 반환하게 되는데 이는 전액 광역시·도의 예산으로 계상된다. 이는 예산의 규모가 증가한 것이나 다름없어, 예산의 규모가 증가할수록 부채가 증가한다는 연구결과(정성호, 2012c)를 지지한다.

더불어 인구밀도(logPDENS)가 커질수록 총부채와 장기차입부채가 감소하고 있다. 더불어 인구밀도가 1% 증가하면 총부채는 6.8～6.9% 감소하고, 장기차입부채는 6.8～7.2% 감소한다. 또한, 고령화정도(AGE65)가 증가될수록 총부채와 장기차입부채는 증가되고 있다. 즉, 고령화정도가 1%증가되면 총부채는 0.27%, 장기차입부채는 0.31% 증가하고 있는데, 이는 지방교부세와 연계한 고령화 증가(예 분권교부세의 사회복지분야 지출 등)가 부채에 영향을 미치고 있다고 할 수 있다. 더불어 국고보조금과 연계한 고령화 증가는 부채가 감소하고 있다. 즉, 고령화정도가 1% 증가하면 유동부채는 0.33% 감소하는데, 국고보조금이 배분되는 경우 유동부채가 감소된다고 할 수 있다. 분석결과를 함축하면, 인구증가는 부채 감소에 영향을 미치고 있다고 할 수 있다. 다만 고령화정도가 부채에 미치는 영향은 국고보조금이 배분될 때 유동부채가 감소하고, 지방교부세가 배분되면 총부채와 장기차입부채가 증가한다고 할 수 있다. 근본적으로 고령화는 부채 증가요인으로 작용하고 있다고 할 수 있다. 또한, 유동부채(CURLIAB)의 모형 1은 확률효과모형(RE)이 적절한 것으로 분석되었으며 통계적으로는 유의미하지 않아 아무런 인과관계를 증명하지 못하고 있다.

<표 2-6>은 시의 정부 간 이전수익규모와 부채(총부채, 유동부채, 장기차입부채) 간 관계를 분석한 결과이다.

지방교부세 비율이 증가할수록 총부채에 미치는 영향은 통계적으로 유의미하고, 지방교부세가 1% 증가하면 총부채가 0.15% 감소한다. 국고보조금과 부채의 방향성은 대체로 정(+)의 방향이고, 유동부채와의 관계는 부(−)의 방향이며, 지방교부세와 부채의 방향성은 부(−)이지만 통계적으로 유의미하지 않다.

시의 경우 국고보조금과 부채와의 관계를 추론하였으나 변수 간 통계적으로 유의미하지 않아 국고보조금과 시도비보조금을 통합하여 분석하였다. 왜냐하

표 2-6 시의 정부 간 이전수익규모와 부채 간 관계

시	총부채 log(GLIAB_pc)				유동부채 log(CURLIAB_pc)			장기차입부채 log(LTLIAB_pc)			
	model 1	model 2	model 3		model 1	model 2	model 3	model 1	model 2	mode 3	
log(LSTAX_pc) 지방교부세	-0.138 (0.085)	-0.146 * (0.085)			-0.037 (0.139)	-0.026 (0.139)		-0.124 (0.121)	-0.149 (0.121)		
log(FGRANT_pc) 재정보전금		0.034 (0.129)				0.174 (0.211)			-0.314 * (0.184)		
log(NGTAX_pc) 국고보조금	0.167 (0.131)		0.092 (0.151)	0.272 * (0.152)	-0.121 (0.216)		-0.382 (0.244)	0.303 (0.188)		0.274 (0.217)	0
log(CPG_pc) 시도비보조금			0.212 (0.171)				0.606 ** (0.276)			0.102 (0.245)	(0
log(PDENS) 인구밀도	0.126 (0.893)	0.326 (0.891)	0.776 (0.932)	0.277 (0.885)	0.329 (1.469)	0.315 (1.455)	1.482 (1.502)	0.090 (1.278)	0.205 (1.266)	0.517 (1.333)	0 (1
AGE65 고령화	0.303 *** (0.071)	0.344 *** (0.068)	0.312 *** (0.071)	0.294 *** (0.069)	0.098 (0.116)	0.019 (0.111)	0.119 (0.115)	0.081 (0.101)	0.248 ** (0.096)	0.085 (0.102)	0 (0
_cons	8.021 (5.900)	8.135 (6.152)	0.355 (6.275)	0.560 (5.863)	10.120 (9.707)	7.447 (10.054)	-1.958 (10.114)	8.290 (8.445)	13.395 (8.748)	3.016 (8.975)	-0 (8
R-squared	25.78	24.96	25.19	25.02	0.68	0.93	3.93	6.58	6.8	6.0	[illegible]
F-test (Ho: all u_i=0)	11.77	12.48	11.67	14.41	7.18	7.19	7.71	19.56	18.06	19.54	2
The number of groups	72	72	72	72	72	72	72	72	72	72	
N	216	216	216	216	216	216	216	216	216	216	[illegible]

주: 괄호안은 표준오차임
* p<0.1, **p<0.05, ***p<0.01

면 중앙정부로부터 국고보조금이 배분됨과 동시에 광역시도로부터 시·도비보조금이 동시에 배분되기 때문이다. 분석결과, 총부채와 장기차입부채와의 관계는 통계적으로 유의미한 결과가 도출되었는데, 국고보조금과 시도비보조금이 1% 증가하면 총부채는 0.27% 증가되고, 장기차입부채는 0.398% 증가하고 있다. 한편 시도비보조금이 1% 증가하면 0.61% 증가하고 있다.

한편 재정보전금이 증가할수록 장기차입부채의 비율에 미치는 영향은 통계적으로 유의한 부(−)의 값을 가지며, 재정보전금이 1% 증가하면 장기차입부채는 0.31% 감소하고 있다.

이러한 분석결과를 통해 유추할 수 있는 점은 시의 경우 지방교부세와 재정보전금 배분이 증가하면 부채가 감소되는 경향이 있고, 반대로 국고보조금 등이 증가하면 오히려 부채가 증가될 가능성이 크다고 할 수 있다. 특히 국고보조금의 배분은 지방비 매칭액과 직결되기 때문이다. 또한 고령화정도가 1% 증가되면 총부채는 0.3~0.34%, 장기차입부채는 0.25% 증가하고 있다. 이는 고령화가 진행될수록 부채가 증가될 가능성이 더욱 크다는 점이다. 이러한 결과는 Clingermayor(1991)와 정성호(2012c)의 연구결과를 지지한다. 다만 유동부채와의 관계는 통계적으로 유의미하지 않다. 이는 고령화문제에 관한 한 거시적·장기적 안목에서 해결해야 할 과제라는 점이라는 것이다.

<표 2-7>은 군의 정부 간 이전수익규모와 부채(총부채, 유동부채, 장기차입부채) 간 관계를 분석한 결과이다.

군의 경우, 국고보조금 비율이 증가할수록 부채가 증가하고 있다. 즉, 국고보조금의 비율이 1% 증가하면 총부채는 0.62% 증가하고, 장기차입부채는 0.65~0.91%증가하고 있다. 반면 유동부채는 0.33% 감소하고 있다. 또한 지방교부세 비율이 증가할수록 부채는 공통적으로 감소하고 있다. 즉, 지방교부세가 1% 증가하면 총부채는 1.08~1.38% 감소하고, 유동부채는 0.6% 감소하며, 장기차입부채는 1.6% 감소한다. 시의 경우와 동일한 맥락에서 국고보조금과 시·도비보조금을 통합하여 부채와의 관계를 분석한 결과 별 차이가 없었다.

이러한 분석결과는 군의 경우 지방교부세에 의존하는 경향이 다른 자치단체유형에 비해 크다는 점을 알 수 있다. 왜냐하면 군을 비롯하여 재정자립도가 낮은 지방자치단체들의 경우 교부세로 보전되는 특이한 구조를 취하고 있기 때문이기도 하다. 다만 보조금과 교부세의 효과를 유동부채와 비교해보면 보조금도 부채감소와 연관되지만 지방교부세의 부채감소효과가 더욱 크다.

또한, 인구밀도(logPDENS)가 커질수록 전반적인 부채감소에 영향을 미친다. 이는 교부세 산정기준인 인구보정계수와 밀접한 관련이 있다. 인구밀도가 1% 증가될수록 총부채는 2.9~3.3%, 유동부채는 3.3~4.1%, 장기차입부채는 6.6%감소하고 있다. 한편 고령화(AGE65)가 진행될수록 총부채가 0.1~0.16% 증가하고, 유동부채는 0.09% 증가한다. 이러한 결과는 Clingermayor(1991)와 정성호(2012c)의 연구결과를 지지한다. 광역시·도와 시의 분석결과와는 달리 고령화정도와 장기차입부채의 관계성은 입증되지 않았다.

표 2-7 **군의 정부 간 이전수익규모와 부채 간 관계**

군	총부채 log(GLIAB_pc)			유동부채 log(CURLIAB_pc)			장기차입부채 log(LTLIAB_pc)		
	model 1	model 2	model 3	model 1	model 2	model 3	model 1	model 2	model 3
log(LSTAX_pc) 지방교부세	-1.084 *** (0.368)	-1.383 *** (0.285)		-0.586 * (0.331)	-0.193 (0.261)		-0.856 (0.732)	-1.644 *** (0.613)	
log(FGRANT_pc) 재정보전금		0.317 ** (0.136)			-0.105 (0.125)			0.336 (0.276)	
log(NGTAX_pc) 국고보조금	0.264 (0.191)		0.622 *** (0.154)	-0.334 * (0.172)		-0.143 (0.136)	0.645 * (0.386)		0.913 *** (0.321)
log(CPG_pc) 시도비보조금			0.069 (0.086)			-0.001 (0.077)			0.100 (0.155)
log(PDENS) 인구밀도	-2.931 * (1.505)	-3.300 ** (1.462)	-1.352 (1.443)	-4.096 *** (1.353)	-3.598 *** (1.339)	-3.251 ** (1.278)	-5.637 (3.826)	-6.621 * (3.828)	-4.628 (3.739)
AGE65 고령화	0.127 *** (0.049)	0.098 * (0.050)	0.162 *** (0.048)	0.068 (0.044)	0.069 (0.046)	0.088 ** (0.043)	0.125 (0.124)	0.092 (0.137)	0.169 (0.118)
_cons	35.030 *** (11.790)	41.823 *** (9.318)	5.360 (6.967)	41.414 *** (10.609)	29.856 *** (8.534)	25.928 *** (6.174)	37.504 (25.529)	59.495 *** (22.175)	14.377 (17.670)
R-squared	26.58	28.06	23.08	9.56	7.93	7.86	15.54	14.79	14.99
F-test (Ho: all u_i=0)	10.79	11.75	10.33	6.58	6.76	6.56	6.59	6.62	6.55
The number of groups	86	86	86	86	86	86	82	82	82
N	258	258	258	257	257	257	231	231	231

주: 괄호안은 표준오차임
* p<0.1, **p<0.05, ***p<0.01

<표 2-8>은 자치구의 정부 간 이전수익규모와 부채(총부채, 유동부채, 장기차입부채) 간 관계를 분석한 결과이다.

자치구의 경우, 정부간 이전수익이 총부채와 장기차입부채에 미치는 영향은 통계적으로 유의미하지 않다. 시의 경우 같은 맥락에서 국고보조금과 시도비보조금을 통합하여 분석한 결과 별 차이가 없었다. 총부채와 관련성이 입증된 변수는 인구밀도가 유일하다. 인구밀도가 1% 증가할수록 총부채는 1.2~1.3% 증가하고 있다. 즉, 인구가 부채증가에 영향을 미치고 있다. 이 분석결과는 타 단위 지방자치단체와 차이를 보이는데, 이미 설명한 바와 같이 교부세와 연관하여 인구보정계수와 관련지을 수 있겠지만 자치구의 교부세배분과 연관될 개연성이 크다. 다행히 2013년부터 '자치구에 대한 보통교부세 산정 시 복지수요를

표 2-8 **자치구의 정부간 이전수익규모와 부채 간 관계**

자치구	총부채 log(GLIAB_pc)			유동부채 log(CURLIAB_pc)			장기차입부채 log(LTLIAB_pc)		
	model 1	model 2	model 3	model 1	model 2	model 3	model 1	model 2	model 3
log(LSTAX_pc) 지방교부세	0.111 (0.069)	0.094 (0.069)		0.288 ** (0.129)	0.265 ** (0.129)		0.311 (0.349)	0.262 (0.353)	
log(FGRANT_pc) 조정교부금 *		0.019 (0.115)			0.402 * (0.216)			0.075 (0.937)	
log(NGTAX_pc) 국고보조금	0.144 (0.101)		0.139 (0.126)	0.429 ** (0.190)		0.405 * (0.240)	0.309 (0.491)		0.106 (0.598)
log(CPG_pc) 시도비보조금			-0.043 (0.139)			-0.093 (0.263)			0.253 (0.759)
log(PDENS) 인구밀도	1.261 * (0.650)	1.302 * (0.687)	1.150 * (0.666)	0.601 (1.222)	1.347 (1.290)	0.327 (1.262)	4.215 (3.664)	4.659 (3.754)	3.101 (3.431)
AGE65 고령화	0.028 (0.055)	0.069 (0.052)	-0.022 (0.047)	-0.083 (0.103)	0.099 (0.098)	-0.212 ** (0.088)	0.276 (0.306)	0.352 (0.282)	0.073 (0.243)
_cons	-3.372 (6.199)	-2.459 (7.110)	-0.158 (6.323)	-2.733 (11.650)	-10.658 (13.343)	5.386 (11.984)	-36.542 (34.373)	-37.632 (39.038)	-22.261 (29.858)
R-squared	5.25	3.83	3.5	7.77	6.65	4.44	3.87	3.30	2.87
F-test (Ho: all u_i=0)	13.60	14.16	12.40	4.72	5.45	4.23	16.14	12.61	12.84
The number of groups	69	69	69	69	69	69	37	37	37
N	207	207	207	207	207	207	107	107	107

* : 지방재정법상 자치구는 조정교부금이 배분되도록 규정하고 있지만 실제 인천을 제외한 전 자치구가 타 법령에 근거하여 재정보전금이 배분되고 있어 실증분석에 활용된 조정교부금액은 재정보전금을 합한 금액임

주: 괄호안은 표준오차임

* p<0.1, **p<0.05, ***p<0.01

감안하는 사회복지균형 수요 반영 비율을 현재의 15%에서 20%로 상향 조정한다'는 내용을 담은 '지방교부세법 시행규칙 일부 개정안'을 입법예고한 바 있다.

한편 국고보조금과 지방교부세는 유동부채에 영향을 미치고 있다. 특히 국고보조금이 1% 증가하면 유동부채가 0.41~0.43% 증가하고, 지방교부세가 1% 증가하면 유동부채가 0.27~0.29% 증가하고 있다. 또한 조정교부금이 1% 증가하면 유동부채가 0.4% 증가하고 있다. 이러한 분석결과는 자치구의 경우 유동부채(즉 단기성채무)에 의존하고 있다고 볼 수 있다.

인구밀도가 커질수록 총부채가 증가하는데, 인구밀도가 1% 증가될수록 총부채는 1.2~1.3% 증가하고 있다. 더불어 고령화(AGE65)가 1% 진행될수록 유

동부채가 0.21% 감소되고 있어 Ellis and Schansberg(1999)의 결과를 지지하고 있다. 이러한 결과는 자치구의 경우 다분히 의존재원에 의존하는 경향이 큰데, 단기차입금을 활용할 개연성이 크다. 실제 분석자료(raw data)를 살펴보면 자치구들은 다른 자치단체유형에 비해 2008년에 비해 2009년의 보조금과 조정교부금이 급증하는 경향과 연관하여 추론이 가능하다(정성호, 2012c).

반면 장기차입부채와의 관련성은 통계적으로 유의미하지 않은 결과가 도출되었다. 이는 <표 2-2>에 설명한 바와 같이 서울시의 많은 자치구들이 장기차입부채를 활용하지 않는 것과 연관될 개연성이 크다. 실제 노원구 등 비교적 재정이 열악한 자치구는 차입을 통한 구정이 필요함에도 서울시의 대부분 구청장들은 무차입 행정을 미덕으로 삼고 있기 때문이다(정성호, 2012c).

3. 정책적 함의 및 결론

정부 간 이전수익의 규모(국고보조금과 지방교부세)가 부채(총부채, 유동부채, 장기차입부채)에 어떠한 영향을 미치고 있는지에 관해 실증 분석했다. 이를 위해 243개 지방자치단체의 재무보고서 자료를 활용하여 모형(모형 1: 지방교부세·보조금과 부채, 모형 2: 지방교부세와 부채, 모형 3: 국고보조금과 부채)을 구성하였다. 연구모형은 다시 특·광역시·도, 시, 군, 자치구로 세분화하여 패널분석을 수행하였다.

분석결과를 함축하면 다음과 같다. 자치단체별로 정부 간 이전수익규모가 증가될수록 총부채, 유동부채, 장기차입부채에 미치는 영향이 다양하게 나타남을 알 수 있다.

첫째, 특·광역시·도의 정부간 이전수익규모와 부채 간의 관계를 분석한 결과, 국고보조금이 증가하면 총부채와 장기차입부채가 증가한다. 또한 시·도비보조금 반환금은 공통적으로 부채증가요인으로 작용하고 있다. 한편 인구밀도의 증가는 총부채와 장기차입부채감소와 연관된다. 반면 고령화는 총부채와 장기차입부채증가요인으로 작용하고 있다. 이러한 분석결과를 통해 유추할 수 있는 점은 광역시·도는 국고보조금이 부채(총부채, 장기차입부채) 증가의 결정적인 요인이라고 할 수 있다.

둘째, 시의 정부 간 이전수익규모와 부채 간의 관계를 분석한 결과, 지방교부세가 증가하면 총부채가 감소하고, 재정보전금이 증가하면 장기차입부채가 감소하며, 시도비보조금이 증가하면 유동부채가 증가하고 있다. 더불어 국고보조금과 시·도비보조금을 통합하여 부채와의 연관성을 분석한 결과 총부채와 장기차입부채에 영향을 미치고 있다. 또한 고령화가 진행될수록 총부채와 장기차입부채가 증가될 가능성이 크다.

셋째, 군의 정부 간 이전수익규모와 부채 간의 관계를 분석한 결과, 지방교부세가 증가하면 부채가 감소하고, 국고보조금이 증가하면 부채가 증가하고 있다. 또한 재정보전금이 증가되면 총부채가 증가된다. 더불어 인구밀도가 증가되면 부채가 감소되고 고령화가 진행될수록 부채가 증가한다. 특히, 국고보조금에 의존하는 경향이 큰 군 단위 지방자치단체의 부채증가에 주목할 필요가 있다.

넷째, 자치구의 정부 간 이전수익규모와 부채 간의 관계를 분석한 결과, 지방교부세와 국고보조금이 증가하면 유동부채가 증가하고 있다. 자치구의 총부채 및 장기차입부채와 연관되는 제반 인프라 구축은 광역자치단체에서 시행해주기 때문에 단기성 채무에 의존할 개연성이 크다. 또한, 인구밀도가 증가될수록 총부채가 증가되고 있다. 반면 자치구는 장기차입부채와 통계적으로 유의미하지 않은 결과가 도출되었는데, 이는 다수의 자치구가 장기차입부채를 활용하지 않는 것과 연관되어 있을 개연성이 크다. 다만 자치구의 경우 단기성채무인 유동부채를 활용하고 있다는 점에 주목할 필요가 있다.

실증분석결과에 근거하면 국고보조금(조건부 보조금)은 줄이고 지방교부세(무조건부 지원금)는 늘려야 한다는 대안에 이르게 된다. 그러나 지방교부세를 늘리자는 대안은 사실상 제한된다. 왜냐하면 국고보조금과 지방교부세 개혁은 다양한 정치개혁의 의미를 내포하고 있어 정책적 실현가능성이 희박하기 때문이다.

다시 말해, 정부 간 이전수익 중에서 지방교부세는 부채 감소에 영향을 미치고, 국고보조금은 부채증가에 영향을 미치고 있다는 점에 근거하여 무조건부 지원금을 늘리는 방법을 고려할 필요가 있다. 다만, 차선책으로 포괄보조금(block grants)제도의 도입을 고려하거나, 재정분권의 관점에서 국세와 지방세의 전환 등 다양한 방안을 모색할 필요가 있을 것이다.

본 연구는 정부 간 이전수익이 부채에 미치는 영향을 지방자치단체 유형별로 나누어 패널분석(FE)을 시도하였다는 점에서 의미를 부여할 수 있다. 즉, 국고보조금과 지방교부세 등의 증가가 부채에 미치는 영향에 관한 실증분석결과에 근거하여 대안모색을 시도하였다는 점에서 의미를 지닌다. 다만, 실증분석지표로 사용된 재무보고서 지표(2008~2010)가 그리 오래되지 않아 패널자료임에도 불구하고 자료의 한계로부터 완전히 자유롭지는 못하다. 이는 지속적인 지표 축척이 되고 있기 때문에 추후 연구는 더욱 일반화된 결과를 도출할 수 있을 것이다. 더불어 선심성 공약과 연관한 부채 증가 즉, 정치적 요인이 부채에 미치는 요인을 고려할 필요가 있다. 이는 추후과제로 남겨둔다.

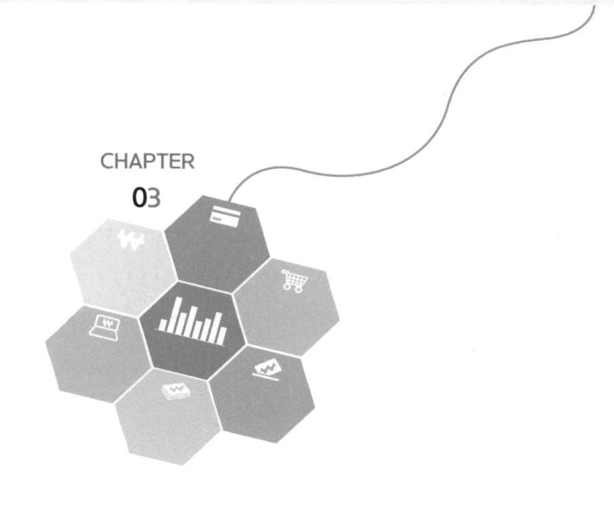

지방자치단체는 왜 예산 외 사업부채를 증가시키고 있는가?

근래에 들어 중앙정부는 물론 지방자치단체가 예산외 기관을 활용한 재정활동을 전개하는 과정에서 부채가 크게 증가하였다. 특히, 지방자치단체의 고유재정활동으로 인한 부채증가도 문제이지만, 예산 외 기관(off-budget entity)을 활용한 재정활동(off-budget activities)으로 인한 부채증가는 더 큰 사회적 문제라 할 수 있다. 예산외 재정활동으로 인한 총체적 부채증가는 향후 재정건전성 유지에 직·간접적으로 위협이 되고 있는 만큼 정부차원에서 이를 적절히 통제할 필요성이 증대되고 있다.

예산 외 재정활동(off-budget activities)은 예산 외 지출(off-budget expenditures)로 우리나라뿐만 아니라 세계 각국에서 유사하게 발생하는데, 이는 예산통제기능을 약화시킬 뿐만 아니라, 정부재정 팽창 및 부채증가의 주된 원인으로 작용하고 있다.

전형적인 예산 외 기관(off-budget entity)은 중앙정부의 공공기관(공공기관의 운영에 관한 법률 적용기관)과 지방자치단체의 산하 공기업(지방공기업법 적용기관) 등으로 구분할 수 있다. 더 나아가 공기업, 민간투자사업(BTO·BTL) 등 예산 외 기관의 준재정활동(quasi-fiscal activities)은 전 세계적인 현상이 되고 있다.

예산 외 기관의 준재정활동이 공기업 부채증가의 직접적인 원인으로 작용하기 때문에 사회적 문제가 된다고 주장한 학자는 Bennett이다. Bennett은 공공선택론(public choice)의 관점에서 예산외 기관의 팽창에 관해 지속적으로 연구 중에 있다. Bennett(1982)의 초기 주장은 예산 제약조건(제안 13호)이 공기업의 부채를 증가시켰고, 공기업 등의 재정팽창이 사회적 문제가 되고 있다는 점을 정확하게 인식할 필요가 있다고 경고한다.

외국의 경우와는 달리 우리나라는 정부 대행사업을 예산 외 기관을 활용한 준재정활동으로 수행하고 있기 때문에 문제는 더욱 심각하다.[1] 예산 외 재정활동은 정부재정통계(Government Finance Statistics: GFS)기준 원가보상률 50% 이상을 적용하고 있기 때문에 정부부채로 집계되지도 않는다.

공공선택론의 관점에서 볼 때 재정팽창은 예견된 것이라 판단이 가능하다. 왜냐하면 각 주체들이 자기 이익추구를 극대화하고 있기 때문인데, 예컨대 정치인들은 득표극대화를, 관료들은 예산극대화를, 국민(유권자)들은 효용극대화를 추구하게 된다는 점이다. 스페인 등의 국가에서 예산 외 기관의 방만한 경영이 지방정부 파산의 원인이었고, 국가 재정위기로까지 이어졌다는 점을 상기할 필요가 있다.

재정팽창의 개념을 적용해볼 때 지방자치단체의 부채가 증가하면 다른 부문(예, 예산 외 사업)의 부채가 증가하게 되는데, 이에 관해 분석해 볼 필요가 있다. 즉, 지방자치단체의 부채규모가 커질수록 공기업을 활용하거나 민간투자사업을 활용하여 부채를 증가시킬 가능성이 있는지 여부[2]와 공기업의 부채규모가 클 경우 민간투자사업방식으로 사업을 추진하여 부채가 증가될 가능성 여부를 광역시·도 단위의 지방자치단체로 구분 하여 분석하고, 그 분석결과에 근거하여 정책적 함의를 도출해본다.

---

1) 우리나라의 공기업 등 준재정활동은 인사, 조직, 예산 면에서 지방자치단체의 통제가 절대적이기 때문에 외국에 비해 독립성이 상대적으로 취약하다.

2) 꼭 부채가 많을 경우만이라고 단정하기는 힘들다. 일례로 Y군은 '빚 없는 지자체'라고 대대적인 홍보를 한 적이 있다. 그러나 Y군이 BTO·BTL방식으로 추진한 사업으로 향후 20년간 총 950여 억 원이 넘는 돈을 갚아 나가야 한다. 그럼에도 지방채 발행이 아니라는 이유로 빚 없는 지자체를 선언했다. 다만 논의의 초점은 일반적으로 정부부문의 부채가 많으면 공기업이나 민간투자사업을 추진할 개연성이 크다는 점이다.

1. 예산 외 사업(off-budget activities)과 공공선택론(public choice theory)

예산 외 사업은 정부예산서에 포함하지 않고 별도의 계정에서 수행되는 정부의 재정활동으로 정의할 수 있다. 한마디로 효과적인 예산통제에서 벗어나는 모든 지출행위(off-budget activities)를 지칭하기도 한다. 예산 외 지출(off-budget expenditures)은 우리나라뿐만 아니라 세계 각국에서 정부재정 팽창의 주된 원인으로 작용하고 있는데, Schick(1981)은 예산 외 지출에 관해 네 가지 확장적 논리로 설명한다.

첫째, 예산외 지출은 원래 조세를 징수해야 하지만 여러 가지 정책적인 목적 등을 달성하기 위해 정부가 조세를 면제해주는 조세지출(tax expenditures)로 본다.

둘째, 정부가 민간에게 직·간접으로 신용을 제공하는 것(예: guaranteed loans)도 예산 외 지출 중의 하나로 본다.

셋째, 정부규제를 통한 재정부담 행위는 예산외 지출의 한 종류인데, 예컨대 환경오염물 배출규제를 활용하여 사업자들에게 추가적인 비용을 지불케 하는 것으로 본다. 이 경우 정부의 직접지출 책임을 회피하고 민간에게 제반 비용을 추가적으로 부담하도록 하는 것이다.

넷째, 주목해야 할 점은 공기업 등 예산 외 기관을 활용한 직접적인 재정지출이다. 많은 국가들이 공기업 등 예산 외 사업을 많이 수행하고 있기는 하지만 예산 외 활동(지출)은 공기업에 한정되어 있지 않고 그 종류는 아주 다양하다. 이렇듯 예산 외 재정활동(지출)의 증가는 재정사업(on-budget)에 비해 예산통제와 계획차원에서 결코 바람직하지 않다.

예산 외(off-budget) 재정활동이 증가되는 주된 원인은 예산상 제약에서 비롯된다고 할 수 있다. 또한 재정사업으로 추진하는 것에 비해 납세자들의 조세저항을 해소할 수 있기 때문이고, 국제통계기준에서 부채로 집계되지 않기 때문이기도 하다.

예산 외 재정활동으로 인한 재정팽창은 공공선택론(public choice theory)의 메커니즘(mechanism)으로 설명할 수 있다. 한때 재정적자는 케인즈의 유효수요이론과 부합하는 정책수단으로 활용되었다. 대공황 이전에는 국가적 위기상황과

대규모 토목사업의 경우에만 예외적으로 인정하였다. 그러나 대공황을 경험하면서 실업해소와 경제활성화 차원에서 유효수요 창출수단(순수경제적 요인)으로 활용되었다.

1960년대에 접어들면서 다른 양상을 보이기 시작하는데, 이른바 정치적 요인을 포함한 비경제적 요인에서 재정팽창의 원인을 찾으려는 시도가 있었다. 특히 공공선택론자들은 재정팽창의 가능성을 기존의 경제적 요인보다는 정치·행정적 요인에서 찾기 시작하였다. 그 대표적인 학자들이 Buchanan and Wagner(1977), Mikesell(1978), Niskanen(1971), Lovrich and Neiman(1984), Buchanan(1966), Crain and Ekelund(1978), Downs(1960), Tullock et al (2000), Butler(2012) 등이다.

공공선택론자들의 공통적 견해는 어느 누구나 할 것 없이 각 주체들이 자기이익(self-interest)을 추구하고 있다는 점이다.[3] 다만 학자들 간 세부 관점의 차이는 있겠지만 재정팽창 현상에 관한 한 동일한 견해를 유지한다.

Buchanan and Wagner(1977)는 자기이익 추구적 편견을 가진 정치인들은 재선이라는 목표를 추구하기 때문에 재정적자 규모가 지속적으로 커질 수밖에 없다는 이른바 정치적 경기순환론을 제시하였다.

Mikesell(1978)은 정치인들은 득표극대화(vote-maximizer)차원에서 유권자들의 효용과 선호를 반영하기 때문에 공공사업이나 이전지출을 확대할 수밖에 없다고 본다. 더욱이 Niskanen(1971)은 자기이익 추구와 우월한 정보를 지닌 관료들이 자신들에게 유리한 조건을 조성하기 위해 예산극대화(budget-maximizer)의 주체로 행동하게 된다. 이 과정에서 재정팽창이 발생하게 된다는 것이다.

Lovrich and Neiman(1984)에 의하면 유권자들은 아리스토텔레스가 주장하고 있는 공공심과 사회성을 함양한 시민이 아니라 자신들의 효용극대화(utility-maximizer)의 주체로서 행동하게 된다. 즉, 적은 조세부담으로 더 많은 공공재를 제공받으려고 하기 때문에 재정팽창은 불가피하다고 본다.

이제 스스로의 합리적 이익을 추구하는 행위주체들 간 관계에서부터 비롯

---

3) 공공선택론은 방법론 개체주의(methodological individualism)에 입각하여 의사결정주체들이 합리적 자기이익을 추구한다고 본다. 즉 방법론 개체주의는 사회과학에서 근본적인 분석단위로서 개인을 가정하는데, 관료, 정치가, 국민(유권자) 등의 주체들에 의해 자신의 선호를 극대화하는 과정에서 재정적자가 발생된다고 본다.

되는 재정팽창에 관해 논의해보면 다음과 같다. Niskanen(1971)은 관료와 정치인의 관계에서 정치인들은 관료에 대한 후원자(sponsor)로서 예산심의과정에서 관료들이 확대·편성한 예산을 옹호해주게 되는데, 이른바 예산시장에서 상호작용을 하게 된다고 본다.

Buchanan(1966)과 Crain and Ekelund(1978)는 정치인과 유권자의 관계에서 조세를 활용한 재정지출보다 공채에 의존하기 때문에 재정착각에 빠질 수밖에 없고, 재정적자는 불가피하다고 본다. Downs(1960)는 유권자와 관료의 관계에서 유권자는 관료들이 확대·편성한 예산에 대해 세밀하게 평가하기보다는 이를 그대로 수용하거나 무관심 행태를 보이는, 이른바 합리적 무지(rational ignorance)[4]에 가깝다고 본다.

지금까지 논의된 논거들을 더욱 구체화할 필요가 있다. 선출직 정치인(대통령, 시장, 의원 등)은 득표극대화를 추구하여 재선이나 더 높은 선출직 진입이라는 목표를 추구하게 된다. 정치인들은 국민(주민)들이 원하는 많은 선심성 사업을 수행해야만 그들로부터 환심을 살 수 있다.

하지만 현실적으로 예산의 제약이라는 장벽에 진입하게 되는데, 이때 가장 합리적인 회피수단은 공기업 등 예산 외 사업수단을 활용하는 것이다. 다시 말해 정부의 재정사업을 대행하게 되는 주된 유인으로 작용한다는 것이다.

관료들은 예산극대화를 위해 자신의 조직을 확대함은 물론 퇴직금 및 기타 부가적인 급여를 인상할 유인을 찾게 된다. 다시 말해 사업수행과 연관하여 예산 및 조직의 확대가 수반된다. 따라서 정치인들이 주도하게 되는 예산 외 기관을 통한 준재정활동에 굳이 반대할 유인이 없다는 것이다.

우리나라의 경우, 현실적으로 관료들이 선출직 정치인(대통령이나 지방자치단체장)이 공기업 등을 활용한 준재정활동을 지시할 때, 이를 거부(저지)할 명분이나 수단이 없다는 것도 예산 외 준재정활동 규모를 크게 하는 요인 중 하나이다.

국민(주민)들은 자신이 납부한 세금을 활용하여 재정활동을 하는 것보다 공기업 등 예산 외 사업을 활용하여 원가 이하의 서비스(전기, 상하수도, 지하철)를 제공받기를 요구하게 된다. 이렇듯 조세는 부담하지 않고 다양한 서비스를 제공

---

4) Tullock et al(2000)과 Butler(2012) 등의 학자는 유권자들의 합리적 무지에 관해 자세히 논의하고 있다. 다만 Downs(1960)는 정치과정에서 합리적 무지를 설명하고 있다.

받기를 원하기 때문에 굳이 정부의 준재정활동에 반대할 유인 또한 없다.

따라서 준재정활동의 증대로 인한 재정팽창은 국가나 지방자치단체의 책임으로 돌아올 수밖에 없다. 이는 일종의 거버넌스 실패(governance failure) 또는 정부실패(government failure)로 인식해야 한다(정성호, 2013).

1978년 미국 캘리포니아 주에서 시발된 제안13호(Proposition 13)는 납세자들의 조직적인 저항이라고 할 수 있다. 이를 계기로 많은 주(state) 및 지방정부에서 주민들의 조세저항을 피하기 위한 합리적 수단으로 주민투표[5]절차가 필요없는 수익공채(revenue bond)를 발행하게 된다.

우리나라의 공기업에 해당하는 공사(public authority)는 수익공채를 발행할 수 있기 때문에 경쟁적으로 공사를 설립하게 된다. 달리 표현하면 주 및 지방정부가 공기업을 활용하여 정부 재정사업을 수행한 것이나 마찬가지이다.

예산 외 기관을 활용한 재정활동은 정부의 예산에 포함되어 있지 않고, 독립채산제를 원칙으로 별도의 기관(entity)을 활용하여 사업을 수행하게 된다. 따라서 이들 기관의 재정활동으로 인한 부채는 정부에 아무런 영향이 없는 것처럼 보이지만, 실제는 이와 다르다. 이들 기관의 부채가 지속적으로 증가되고 자본이 잠식될 경우 출자·출연이나 채무보증 등을 통하여 재정보전을 해주어야 하기 때문에 정부가 최종 책임을 질 수밖에 없다. 일례로 태백시가 지급보증한 태백관광개발공사의 부채가 1,831억 원에 달해 태백시가 재정위기에 내몰리게 될 처지에 놓이게 되었다.

Bennett(1982) 등 일부 학자는 예산 외 사업(off-budget activity)을 통한 재정활동을 그림자정부(shadow government or underground government)라고 명명한다. 일본의 유바리시와 스페인의 사례에서 보듯이, 예산 외 기관을 통한 지출증가(잠재부채 증가)는 재정통제를 약화시키고, 심각한 경우 국가부도 사태를 초래할 수 있기 때문에 적절한 통제가 필요하다.

우리나라의 중앙 및 지방정부는 공기업 등을 경쟁적으로 설립[6]하여 국가

5) 이를 일컬어 사업승인 주민투표제도(bond referendum)라 부른다. 일반적으로 수익공채가 아닌 일반공채(Go bond)를 발행하기 위한 절차이다.

6) 공기업은 일종의 underground gov't이기 때문에 남설을 제어할 필요가 있다. 최근 기초자치단체들마저 공사를 설립하고 있는데 다분히 문제의 소지가 있다. 따라서 광역시·도 단위로 통합하는 노력이 필요하겠다.

및 지방정부의 재정사업을 대행하고 있다. 그로 인해 공공기관(공기업)의 부채가 중앙정부 및 지방정부의 확정채무보다 더 커지는 기이한 현상이 초래되었다.

2012년 말 기준, 우리나라 중앙정부의 공식 채무는 445.2조이고 공공기관(공기업, 준 정부기관, 기타공공기관)의 부채는 493.4조이며, 2011년부터 공공기관 부채(459조)가 중앙정부 공식채무(420.5조)를 초월하게 되었다. 더불어 4대 공적 연금충당부채(2012년 말 공무원 연금과 군인 연금 충당부채는 436.8조원)를 포함하면 정부의 부채규모는 1,375조로 GDP(2012년 경우 약 1,130조)수준을 훨씬 상회하는 수준이라 할 수 있다.

한편, 2012년 말 기준 지방정부의 공식 채무는 26.7조이지만 지방공기업(직영기업, 공사, 공단)의 부채는 72.5조로 공기업의 부채규모가 지방정부 부채의 2.7배에 달한다. 더욱이 민자투자사업(BTO·BTL 등) 부채의 규모도 정확히 예측할 수 없지만 2012년 말 국고보조 민간투자사업의 규모를 집계해보면 최소한 20-30조는 될 것으로 판단되는데,[7] BTO 사업 2조 4,291억원(최저수입보장금액 6,547억원 포함), BTL 사업 6조 1,382억원으로 집계된다. 이 규모는 순수하게 국고보조 민간투자사업만으로 추계되었고, 지방자치단체의 부담분(매칭)규모와 지방자치단체 고유의 민간투자사업규모는 제외된 것이다.

또한 지방자치단체의 출자·출연기관[8]은 준재정활동을 수행하고 있다. 문제는 출자·출연기관의 부채가 제대로 관리가 되지 않고 있다는 점이다. 만약 이들 기관이 건전재정에 적신호가 커지면 지방자치단체는 그 부채를 인수할 수밖에 없는데, 이는 곧 주민의 삶과 직결된다. 따라서 출자·출연기관에 대한 효율적 재정관리도 아주 중요한 요소 중 하나이다. 다만 그 규모가 그리 크지 않다.

예산 외 재정활동은 어느 나라할 것 없이 정책목적 달성을 위해 빈번히 활용되고 있다. 외국의 경우 예산외 재정활동은 주로 공기업을 활용한다. 반면 우리나라는 공기업과 민간투자사업을 공통적으로 활용하고 있고, 이들 기관들로 하여금 정부대행사업을 추진하게 하여 잠재부채가 지속적으로 증가하고 있다.

---

7) 민간투자사업은 국고보조사업과 지방자치단체 자체사업으로 구분되는데 국고보조 민간투자사업만을 집계하였기 때문이다.

8) 2012년 6월 안전행정부 조사에 의하면 지방자치단체에 453개의 출자·출연기관이 설립·운영 중인데, 출연기관(93.4%, 424개)이 대부분이고 나머지는 출자기관(5.5%, 25개)이며, 이들 기관의 총부채는 총 3조 3,562억원(평균 74억원)이다.

우리나라는 GDP 대비 부채비율이 200%를 넘는 일본이나 100%를 상회하는 미국 등에 비하여 아직까지 국가 재정건전성에 큰 문제가 없다고 하지만 꼭 그렇지만은 않다. 왜냐하면 외국과 달리 공기업들이 정부 재정사업을 대행하고 있기 때문이다.

더욱이 저출산·고령화로 인한 공적연금의 소진과 지속적 경제성장을 저해하는 상황하에서 막대한 재정지출은 재정건전성 유지차원에서 심각하게 고려해야 한다.

지방자치단체의 재정팽창에 관해 논의하면 다음과 같다. 지방자치단체 스스로가 내부예산범위가 제한된다고 인식하게 되면 필연적으로 공기업을 활용하거나, 민간투자사업방식을 수단으로 활용할 수밖에 없다. 왜냐하면 정치인들은 재선(득표극대화)을 위해 공약사업을 벌이게 되고, 관료들은 그에 상응하는 조직과 예산(예산극대화)을 늘리게 되며, 국민(주민)들은 적은 비용(조세)으로 많은 편익을 누릴 수 있기 때문에 굳이 반대할 유인이 없다.

이렇듯 지방자치단체의 재정팽창은 네 가지 경우의 수로 설명이 가능할 것이다. 첫째, 지방자치단체의 부채가 증가하고 내부예산범위의 제한을 인식하면 지방공기업을 통한 사업을 추진함과 동시에 민간투자방식으로 사업을 추진하게 된다. 둘째, 지방자치단체가 내부예산범위의 제한을 인식하면 우선적으로 산하 공기업을 활용하여 사업을 추진하게 된다. 셋째, 지방자치단체가 내부예산범위의 제한을 인식하면 차선책으로 민간투자방식의 사업을 추진하게 된다. 넷째, 공기업의 부채규모마저 제한으로 인식하면 민간투자방식을 추진하게 된다.

함축하면 지방자치단체의 부채가 많아질 경우 공기업과 민간투자사업방식을 활용하거나, 공기업을 활용하거나, 민간투자사업방식을 활용할 가능성이 커진다. 더불어 공기업의 부채가 많아질수록 민간투자 사업방식을 활용할 가능성이 커진다.

재정팽창·재정적자 누적에 관한 실증연구는 제한적이라 할 수 있다. 다만 재정건전성 확보차원에서 부채관리에 관한 기존연구는 법·제도적 측면의 개선과제가 주를 이룬다. 정성호·정창훈(2013)은 무모한 사업추진을 막기 위해 일정 규모 이상 사업승인시 주민투표제 도입, BTL·BTO 등 총체적 부채관리, 사업별 실명제 등을 제안하고 있다.

정성호(2013)는 광역시·도의 재정여건이 오히려 좋지 않다는 점에 착안하여 재정건전성을 제고하기 위해 포괄적 부채관리가 필요하다고 주장한다. 실증분석결과에 기초하여 지방자치단체의 부채를 줄여나가는 것도 중요하지만 지방자치단체가 지방공기업에 부당하게 부채를 전가하지 못하도록 하고, 아울러 민간투자사업을 활용한 부채누적을 체계적으로 관리할 필요가 있다고 본다. 무엇보다 부채증가경로(일반채무－공기업부채, 일반채무－민간투자사업부채, 공기업부채－민간투자사업부채)를 차단할 필요가 있다고 주장한다.

민기(2009)는 지방자치단체에서 추진되고 있는 임대형 민간투자사업의 재정관리 방안으로 현행 예산 외(Off－Budget)채무를 예산과정(On－Budget)의 채무편입을 제시한다. 대안으로 중기지방재정계획에 수익형사업(BTL)을 반영하고 민자유치한도액과 추진계획 등은 기존의 의회의결에 덧붙여 안전행정부에 제출할 것을 제안한다. 또한 재정 투·융자심사 대상사업과 임대형사업(BTL)은 상위정부의 심사가 전제되어야 하고, 실시협약서는 의회동의조건부로 작성하는 등 지방재정법 제44조에서 규정하고 있는 채무부담행위에 해당될 경우 의회의결을 전제함과 동시에 시설임대료 변경 등은 의회에 보고할 것을 제안하고 있다.

최석준(2007)에 의하면 임대형사업(BTL)은 정부의 지급의무를 유발하는 채무의 성격을 지니기 때문에 투자관련 사업지출의 상한선을 고려할 필요가 있다고 본다. 특히 강력한 재정준칙(정부수입의 1% 이내)을 운영하고 있는 브라질의 경우처럼 상한선을 정부예산의 1～2%로 규제하여 국가재정을 관리할 것을 제안한다. 설령 상한제 도입이 어렵다고 할지라도 “임대형 민간투자사업 특별회계”의 도입과 지방의회의 철저한 통제가 필요하다고 본다. 이렇듯 민간투자사업의 총량규모를 제한할 필요가 있다는 점에서 유의미하다.

Spackman(2002)은 영국정부의 민간투자사업(Public－Private Partnerships: PPPs) 수행 구조를 설명하고 있는데, 충분한 예산이 뒷받침되지 않고 추진되고 있는 예산외 민간투자사업은 의회의 재정통제 대상에 제외되고 있다. 따라서 영국정부는 민간투자사업에 두 가지 제약조건을 부여하고 있는데, 하나는 공공부문의 부채가 전체 GDP대비 40%를 초과할 수 없고, 또 다른 하나는 민간투자사업(PPPs)으로 인한 채무를 정식채무에 포함해야 한다.

Bennett(1982)는 1970년대 미국의 조세저항이 공기업을 활용한 재정팽창의 근본이유라고 본다. 제안13호(대표적 조세저항) 등 지방정부의 조세 및 지출의 법적 제한은 대규모의 예산 외 사업을 추진하게 되는데 이것이 바로 공기업

(off-budget enterpries(OBEs))의 부채가 크게 증가하는 원인으로 작용하였다고 주장한다.

우리나라는 지방재정, 공기업, 그리고 민간투자사업간 관계 측면에서 이미 부정적 사례가 일부 지방자치단체에서 목격되고 있음[9]에도 이를 제어하기 위한 대안을 제시하지 않고 있다. 이러한 경향은 지금까지 개별 기관(지방자치단체, 공기업, 민간투자사업)에 국한하여 연구되었기 때문이며, 이와 연관하여 재정팽창·부채전가 등에 관한 체계적 연구는 수행되지 않았기 때문이다.

이러한 가정에 근거하여 새로운 시각에서 논의할 필요가 있다. 즉, 지방자치단체, 공기업, 및 민간투자사업(BTO·BTL)의 포괄적 부채관리차원에서 이들 간 관계를 분석할 필요가 있다.

첫째, 지방자치단체의 부채규모와 예산외 재정활동으로 인한 총체적 부채 간 관계를 분석할 필요가 있다.

둘째, 지방자치단체의 부채규모와 예산외 재정활동기관인 공기업 부채 간 관계를 분석할 필요가 있다

셋째, 지방자치단체의 부채규모와 민간투자사업(BTO·BTL)으로 인한 부채 간 관계를 분석할 필요가 있다.

넷째, 산하공기업의 부채규모와 민간투자사업(BTO·BTL)으로 인한 부채 간 관계를 분석할 필요가 있다.

함축하면 지방자치단체의 일반채무, 지방공기업 부채, 민간투자사업 추진으로 인한 잠재부채를 포괄적으로 관리하는 방안의 논의가 가능한데, 이는 근본적으로 지방정부의 재정건전성 제고를 위한 기초를 제공할 수 있을 것이다.

지방자치단체의 부채가 지속적으로 증가하게 되면 공기업이나 민간투자사업 등 예산 외 사업 방식으로 사업을 추진할 가능성이 크다. 궁극적으로 지방자치단체의 총체적부채가 증가하게 된다. 더불어 지방자치단체는 부채증가의 은폐수단으로 부채전가를 할 경우도 있다. 이렇듯 부채전가로 인해 부채가 급증한 것과 직접적 연관이 있는 기관은 중앙정부의 경우 수자원공사가, 지방정부의 경우 인천광역시가 여기에 해당된다.

---

9) Y군이 바로 그 대표적인 예이다. Y군은 외부적으로 '부채제로'를 선언하고 민간투자사업을 추진하여 부채를 지속하여 증가시키고 있었다.

그림 3-1 **분석틀**

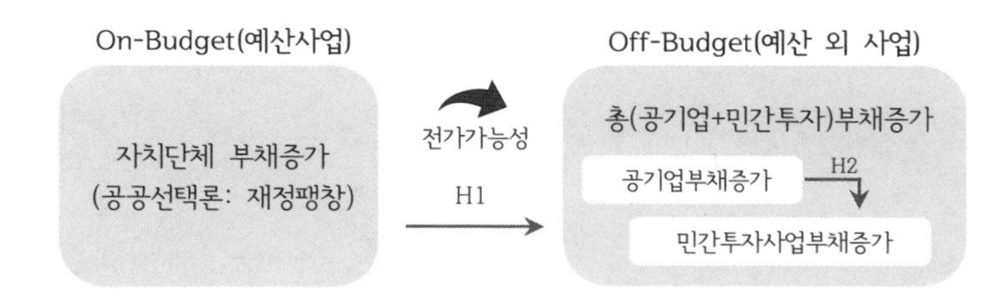

2. 재정팽창과 포괄적 부채관리[10)]

이미 설명한 바와 같이 공공선택론에 근거해 볼 때 재정팽창은 예견할 수 있다. 재정팽창은 일종의 풍선효과(balloon effect)로 정의할 수 있는데, 동일한 체적규모를 가정할 때 한쪽에 압력을 가하면 다른 한쪽으로 팽창하게 되기 때문이다.

예컨대 정부는 예산대비채무비율 등 다양한 지표를 활용하여 지방자치단체의 부채를 규제(제한)하고 있다. 정치인들은 재선이라는 목표달성을 위해 다양한 공약사업을 벌이게 되는데 이때 예산 등의 제약요인은 다른 출구전략을 찾을 수밖에 없게 한다. 이른바 정치인 등은 공기업을 활용하거나 민간투자사업 수단을 활용하게 된다.

일례로 I시는 공약사업 추진을 위해 공기업을 활용하였다. 문제는 지방자치단체가 무리한 사업비 차입을 위해 수익·처분이 불가능한 행정자산을 산하 공기업에 편법·증여하여 공기업의 순자산을 증가시킨 후 거기에 상응하는 공사채를 발행하여 사업을 추진하였다. 한마디로 부채를 전가한 셈이다.

최근 들어 공기업, 민간투자사업으로 인한 부채가 지속적으로 확대되어 재정부담 요인으로 작용하고 있음에도 이를 제어할 시스템이 없다. 반면 일본은 기존의 재정분석에서 제외되었던 특별회계, 공기업회계, 외곽단체까지를 포함하는 종합적인 재정개혁을 시도하였다(정창훈 외, 2012: 51－80).

우리나라와 다소 차이가 있지만 미국 알리배마 주 제퍼슨 카운티는 하수도 정비사업[11)]과정에서 공사비 조달을 위해 30억 달러의 지방채를 발행하여 사업

10) 이하 내용은 정성호(2013a)의 일부를 활용하였다.

11) 현재 우리나라 지방자치단체들이 공통적으로 “하수관거정비사업”을 추진하고 있는데, BTL방식으로 추진되고 있다.

그림 3-2 **포괄적 부채관리(on-budget vs. off-budget)**

on-budget vs. off-budget

일반회계
기타특별회계
기금회계
지방공기업 특별회계
지방공기업 (공사·공단)
BTO/BTL

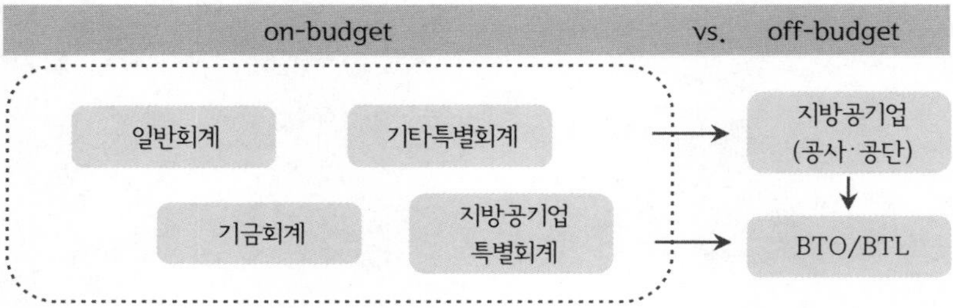

자료: 정성호(2013a). p.137. 일부수정

을 진행하였다. 그러나 세계경제침체가 지속되면서 지방채 금리가 크게 상승하여 이에 따른 지불비용이 급격히 증가되자 결국 파산(chapter 9)신청을 하게 되었다(조선일보, 2011). 이렇듯 민간투자사업으로 인한 잠재적 파산은 우리나라도 예외는 아닐 것인데, 무분별한 BTL 사업추진을 제어할 시스템이 필요하다는 점을 시사하고 있다.

포괄적 부채관리는 지방자치단체 회계기준[12)] 등과 직·간접적 연관이 있다. 포괄적 부채관리는 거시적인 관점에서 기존의 지방자치단체 내부예산범위(일반회계, 기금회계, 기타특별회계, 지방공기업특별회계)에 산하공기업(SH공사 등)의 부채와 민간투자사업으로 인한 부채를 포함하여 포괄적 관리가 필요하다.

다시 말해, 지방자치단체의 내부예산범위, 산하공기업, 그리고 민간투자사업으로 말미암은 부채의 포괄적 관리를 의미한다. 여기서 공기업 통계자료로 활용되는 산하공기업 부채와 지방공기업 특별회계는 별도의 계정으로 관리되고 있어 중복의 소지는 전혀 없다.

---

12) 지방자치단체 회계기준에 관한 규칙 제1조는 "지방자치단체의 회계처리 및 재무보고의 통일성과 객관성을 확보함으로써 정보이용자에게 유용한 정보를 제공하고, 지방자치단체의 재정 투명성과 공공 책임성을 제고함"을 그 목적으로 한다. 제6조는 유형별 회계실체의 구분에 관해 기술하고 있는데 "지방자치단체의 회계구분에 따라 일반회계, 기타특별회계, 기금회계 및 지방공기업 특별회계로 구분"된다.
지방재정법 제9조에 의하면 지방자치단체의 회계는 일반회계와 특별회계로 구분한다. 특별회계는 「지방공기업법」에 따른 지방 직영기업이나 그 밖의 특정사업을 운영할 때 또는 특정자금이나 특정세입·세출로서 일반세입·세출과 구분하여 회계 처리할 필요가 있을 때에만 법률이나 조례로 설치할 수 있다. 다만 지방공기업특별회계는 「지방공기업법」에서 따로 정하였으면 이 기준을 적용하지 아니한다.

표 3-1 **지방자치단체의 총체적 부채(FY2011 vs FY2012)** **(단위: 억원)**

구분	일반채무		공기업		민자투자사업				계	
					BTO		BTL			
	FY2011	FY2012	FY2011	FY2012	FY2011	FY2012	FY2011	FY2012	FY2011	FY2012
서울	37,831	29,495	162,316	183,350.7	2,912	3,157			203,059.0	216,002.7
부산	29,158	27,648	24,777	24,708.2	3,517	2,130		40.9	57,452.0	54,527.1
대구	20,875	19,782	9,360	5,859.3	1,350	1,272	55.4	53	31,640.4	26,966.3
인천	28,261	28,882	56,352	79,271.8	178	94	379.2	326.4	85,170.2	108,574.2
광주	7,676	7,512	6,144	6,666.3	193	115	782	1,060	14,795.0	15,353.3
대전	6,490	6,951	4,243	2,823.5			684.9	566.9	11,417.9	10,341.4
울산	6,022	5,401	2,654	4,956.8	1,257.6	2,226.6	703.4	501.6	10,637.0	13,086.0
경기	45,712	43,412	75,271	84,356.9	1,221.2	1,151			122,204.2	128,919.9
강원	12,710	11,694	14,033	12,497.6	41.6	34			26,784.6	24,225.6
충북	7,667	7,004	3,005	3,289.7			340	228.6	11,012.0	10,522.3
충남	13,000	11,193	3,809	4,689.9					16,809.0	15,882.9
전북	11,225	10,430	3,429	4,220.2					14,654.0	14,650.2
전남	14,048	14,242	5,356	6,636.6			75	45.2	19,479.0	20,923.8
경북	15,561	15,283	1,958	4,878.7	2912.9				20,431.9	20,161.7
경남	21,784	19,864	6,739	6,552	909	1,401			29,432.0	27,817.0
제주	7,471	7,527	511	505.8	673	256	1,413.6	1,346.4	10,068.6	9,635.2
계	285,491	267,559	379,955	435,264.1	15,165	11,836.6	4,434	4,169.0	685,044.8	718,828.7

<표 3－1>에 설명하고 있듯이, 대부분의 광역 지방정부들의 채무액은 지속해서 증가하는 패턴을 보이다가 FY2011을 기점으로 인천과 대전을 제외하고 감소추세를 보인다. 특히 인천광역시의 공기업부채가 급격히 증가하였는데, 이는 예산의 제약이 발생하자 공기업을 활용하여 사업을 추진하였다는 추론이 가능하고 실제로도 그러하다.

<표 3－2>에 제시하고 있는 바와 같이, 인천광역시는 2013년 기준 40%에 근접하고 있어 사실상 재정위기 단체 유형인 제4유형에 지정될 처지에 놓여 있다. 그렇다면 사실상 아시안게임을 치르기 위해 부족한 재원은 어떻게 확보했는지는 예측이 가능하다. 우선은 국고보조금을 늘릴 대안을 찾겠지만[13] 차선책

13) 국고보조금이 증가하게 되면 예산대비채무비율이 그만큼 감소하게 된다. 다만, 지방재정법 제11조의2가 신설되어 지방채를 발행할 수 있게 되었다.
제11조의2 (지방채 발행의 제한) 지방채는 이 법과 다음 각 호의 법률에 의하지 아니하고는 발행할 수 없다.
1. 「2011대구세계육상선수권대회, 2013충주세계조정선수권대회, 2014인천아시아경기대회, 2014인천장애인아시아경기대회 및 2015광주하계유니버시아드대회 지원법」
2. 「2015경북문경세계군인체육대회 지원법」
3. 「2018 평창 동계올림픽대회 및 장애인동계올림픽대회 지원 등에 관한 특별법」

표 3-2 **광역시·도 채무액 및 예산대비채무비율** (단위: 억원, %)

구분	FY2007	FY2008	FY2009	FY2010	FY2011(%)	FY2012(%)
서울	13,651	15,544	30,963	37,831	31,523(13.03)	29,495(12.1)
부산	23,063	24,273	27,217	29,158	28,026(32.09)	27,648(30.8)
대구	18,223	17,960	20,531	20,875	20,340(35.82)	19,782(32.6)
인천	14,581	16,279	24,774	28,261	28,361(37.71)	28,882(35.1)
광주	8,771	8,236	8,098	7,676	7,533(20.69)	7,512(20.6)
대전	5,316	4,975	6,057	6,490	6,900(18.40)	6,951(17.8)
울산	5,602	5,673	6,201	6,022	5,882(21.71)	5,401(17.7)
경기	30,552	31,773	38,917	45,712	44,749(19.65)	43,412(18.9)
강원	10,031	9,671	13,127	12,710	12,845(21.25)	11,694(20.1)
충북	4,006	4,458	6,719	7,667	7,620(19.76)	7,004(18.1)
충남	5,817	8,154	12,644	13,000	13,041(18.97)	11,193(19.1)
전북	7,982	8,194	10,175	11,225	10,725(15.10)	10,430(15.0)
전남	6,493	7,228	12,262	14,048	15,408(19.26)	14,242(17.6)
경북	10,351	9,900	14,054	15,561	15,522(15.00)	15,283(14.2)
경남	12,339	12,692	16,360	21,784	21,460(21.88)	19,864(19.6)
제주	5,298	5,476	7,432	7,471	7,577(22.84)	7,527(20.0)
계	182,076	190,486	255,531	285,491	277,152(21.02)*	267,559(20.46)*

주 1: FY2011과 FY2012지표 중 괄호안의 숫자는 예산대비채무비율임
주 2: FY2007자료는 추이변화를 살펴보기 위해 참고로 제시하였음
*: 평균비율임
자료: 재정고, 지방자치단체 채무현황 및 자치단체별 주요 지표현황(각 연도)

---

4. 「공공기관 지방이전에 따른 혁신도시 건설 및 지원에 관한 특별법」
5. 「국제경기대회 지원법」
6. 「국토의 계획 및 이용에 관한 법률」
7. 「기업도시개발 특별법」
8. 「도시철도법」
9. 「도청이전을 위한 도시건설 및 지원에 관한 특별법」
10. 「수도권신공항건설 촉진법」
11. 「신항만건설 촉진법」
12. 「어촌특화발전 지원 특별법」
13. 「역세권의 개발 및 이용에 관한 법률」
14. 「재해위험 개선사업 및 이주대책에 관한 특별법」
15. 「제주특별자치도 설치 및 국제자유도시 조성을 위한 특별법」
16. 「지방공기업법」
17. 「지방자치단체 기금관리기본법」
18. 「지역균형개발 및 지방중소기업 육성에 관한 법률」
19. 「택지개발촉진법」
20. 「폐광지역 개발 지원에 관한 특별법」
21. 「포뮬러원 국제자동차경주대회 지원법」 [본조신설 2014.5.28] [[시행일 2014.11.29]]

으로 공기업 등을 이용할 수밖에 없을 것이다. 이것이 바로 공공선택론 관점의 재정팽창과 부채관리의 필요성을 암시한다.

FY2011 광역시·도의 예산대비채무비율 기준, 1유형에 해당하는 서울특별시의 공기업부채비율이 312%이고, 2유형에 해당하는 광주(248%), 대전(153%), 울산(324%), 경기(309%), 강원(343%), 충북(205%), 충남(168%), 전북(285%), 전남(124%), 경북(100%), 경남(314%), 제주(56%) 중 강원과 경남이 300%를 초과하고 있다. FY2012 들어 서울, 인천, 경기, 전북, 경북이 증가추세를 보이고 있는데, 그 중에서 인천(356%)과 서울(345%)이 우위에 있다. 3유형에 해당되는 부산, 대구, 인천 중에서 인천광역시가 가장문제인데 FY2013 기준 인천시는 예산대비채무비율도 '심각'기준에 근접하였고, 공기업부채 또한 '주의'기준에 근접하고 있다.

서울, 인천, 경기, 전북, 경북도 산하 공기업의 부채가 지속해서 증가하고 있다(<표 3-3> 참고). 공기업의 부채관리기준에 의하면 순자산의 4배 초과는 '주의'유형으로, 6배 초과는 '심각'유형으로 분류하고 있는데, SH공사는 2009회계연도에 '주의'기준에 해당하였으나 이후 360%, 312%로 호전되다가 다시 345%로 증가추세에 있다.

문제는 지방자치단체의 부채가 많을수록 공기업의 부채도 많다는 점인데, 이는 재정규율을 적용하지 않아 발생한 결과이다. 대안적 차원에서 예산대비채무비율과 공기업부채, 민간투자사업의 부채를 연계하여 부채의 총규모를 제한하든지, 아니면 예산대비채무비율에 근거한 유형을 세분화하여 공기업부채를 제한하여 관리할 필요가 있다.

서울, 부산, 인천, 대구, 울산, 대전 등 광역시가 상대적으로 민간투자사업을 많이 활용하고 있는데, 서울, 경기, 경남이 BTO 방식의 사업을 추진하고 있고, 반대로 충북, 전남, 제주도가 BTL 방식의 사업을 추진하고 있다.

지방자치단체에서 추진하고 있는 예산외 사업이 재정사업에 비해 비효율적이라는 단적인 예를 하나 들면, 강원도의 미시령터널(BTO방식) 사업인데, 이 사업은 총투자비 965억원 전액을 민자투자사업방식으로 진행하였다. 이와 관련하여 매년 임대료는 없지만 손실보전기준[14]에 따라 손실을 보전하고 있다. 2006

---

14) 손실보전기준에 의하면 (지원)보장기준 통행료수입은 추정통행료 수입의 79.8%, (환수)기준

표 3-3 **광역시·도 도시개발공사 부채총계** (단위: 억원, %)

구분	FY2007 총부채(비율)	FY2008 총부채(비율)	FY2009 총부채(비율)	FY2010 총부채(비율)	FY2011 총부채(비율)	FY2012 총부채(비율)
SH	97,257.2 (390.7)	108,089.9 (369.3)	163,454.8 (505.5)	162,315.7 (360.16)	175,253.9 (312.55)	183,350.7 (345.80)
부산	10,412.0 (155.1)	17,869.2 (257.34)	21,671.3 (284.00)	24,776.7 (307.32)	26,297.8 (288.80)	24,708.2 (252.72)
대구	3,474.3 (96.53)	6,518.7 (168.87)	7,089.1 (190.29)	9,360.4 (272.90)	6,294.9 (140.96)	5,859.3 (134.42)
인천	21,672.3 (171.12)	29,377.8 (246.17)	44,608.7 (241.04)	56,351.7 (290.24)	73,645.1 (326.04)	79,271.8 (356.31)
광주	4,494.1 (251.25)	4,659.2 (259.32)	6,183.1 (256.52)	6,143.7 (256.83)	6,776 (248.62)	6,666.3 (238.26)
대전	4,326.7 (236.26)	3,953.7 (208.72)	4,161.6 (199.66)	4,242.9 (181.85)	4,493.7 (153.44)	2,823.5 (92.34)
울산	134 (17.2)	151.3 (19.9)	2,969.5 (346)	2,653.7 (281.05)	4,267.9 (324.62)	4,956.8 (276.67)
경기	47,018.2 (493.31)	52,643.8 (455.75)	67,159.3 (393.03)	75,270.8 (397.67)	70,911 (309.71)	84,356.9 (321.43)
강원	5,333.1 (125.18)	7,746.1 (238.84)	10,488.4 (312.83)	14,032.6 (340.64)	12,985.4 (343.83)	12,497.6 (338.04)
충북	470.2 (87.7)	1,842.3 (349.13)	2,510.9 (188.2)	3,004.5 (208.40)	3,166.9 (205.42)	3,289.7 (193.06)
충남	145.4 (6.9)	2,636.1 (125.02)	3,338.4 (158.1)	3,809.1 (146.90)	4,544.8 (168.69)	4,689.9 (165.48)
전북	1,322.1 (140.6)	2,955.7 (312.03)	3,417.9 (353.63)	3,428.6 (321.18)	3,305.5 (285.65)	4,220.2 (325.74)
전남	2,389.1 (48.39)	2,864.8 (57.96)	4,187.7 (84.48)	5,356.4 (109.12)	6,015.7 (124.97)	6,636.6 (133.58)
경북	848.9 83.67)	890.8 (84.67)	1,235.4 (115.73)	1,958.1 (72.91)	3,252 (100.23)	4,878.7 (147.96)
경남	2,540.6 (167.2)	5,267.2 (329.5)	6,796.7 (441)	6,738.6 (364.21)	6,592.1 (314.02)	6,552 (285.02)
제주	206.2 (33.25)	481.2 (69.98)	547.6 (65.99)	511.4 (57.80)	636.4 (173.86)	505.8 (35.47)
계	202,044.3 (156.52)	247,947.8 (222.03)	349,820.5 (258.50)	379,955 (248.07)	408,439.1 (286.54)	435,264.1 (300.56)

주 1: 총부채는 합계금액, 부채비율은 (부채/자본)×100으로 계산함.
주 2: FY2007지표는 추이변화를 살펴보기 위해 참고로 제시하였음
자료: 지방공기업 경영정보시스템 www.cleaneye.co.kr (각 연도)

년부터 2010년까지 손실보전액을 살펴보면 2006년 14.89억원, 2007년 23.53억원, 2008년 32억원, 2009년 37.51억원, 2010년 28.63억원으로 5년간 합계금액이 137억원에 달한다. 협약서에 30년간 운영계약이 체결되어 매년 평균 손실보전액 27.33억원으로 환산하면 820억원에 해당한다. 다시 말해 손실보전액 규모

통행료수입의 110%를 기준으로 하고 있다.

표 3-4 **광역시·도 BTO·BTL 현황(2008～2011회계연도)** **(단위: 억원)**

구분	FY2008		FY2009		FY2010		FY2011		FY2012	
	BTO	BTL	BTO	BTL	BTO	BTL	BTO	BTL	BTO	BTL
서울	5,278		4,541 (64)		2,583 (181)		2,583 (329.9)		3,157	
부산	7,159 (60)		9,435 (59)		7,419 (126)	154 (36.4)	3,391 (126)		2,059 (71)	3.6 (37.3)
인천	19 (188)	154.8	(204)	71(28)	(203)	107 (27.7)	(178)	351 (28.2)	(94)	298 (28.4)
대구	53 (145.5)	189	345 (167.6)	203	697 (191)	19.78 (44.1)	1,350	(55.4)	1,072 (200)	53
광주	(229)		(210)		(305)		(193)	782	(115)	1,060
대전	47	110		312	159			667 (17.9)		425 (141.9)
울산	94.9	345		454	1,037		1,257.6	539 (164.4)	2,226.6	325 (176.6)
경기	1,541				1,959.6 (52.4)		1,175 (46.2)		1,115 (36)	
강원	(23.5)				(37)		13 (28.6)		9 (25)	
충북						126		340		190 (38.6)
전북	353									
전남						100		75		34.6 (10.6)
경북							2,583 (329.9)			
경남	527.28 (58)				774.24 (119)		815 (94)		1,307 (94)	
제주		354		821 (20.4)	434	1,197 (40.26)	673	1,234.5 (179.1)	256	1,098 (248.4)

주 1: BTO: 해당연도의 사업투자비를 나타내며, 괄호( )는 최저운영수입보장 지급액임
주 2: BTL: 해당연도의 사업투자비를 나타내며, 괄호( )는 정부지급금임
주 3: 각 시도 교육청의 BTL(학교 및 교실 증·개축)은 제외함
주 4: 필자가 정보공개를 요청한 결과 기획재정부에서 FY2007 사업실적 지표조차 관리되지 않고 있음
자료: 기획재정부 홈페이지, 광역시·도 민자투자사업 실적(각 연도)

만으로 총 투자 사업비의 85%에 해당한다.[15] 사실상 재협약이나 인수 등의 조치가 필요한 실정이다(정성호, 2013).

예산대비 채무비율이 30%를 초과하고 있는 지방자치단체는 부산, 대구, 인천이다(<표 3-2> 참고). 이들 지방자치단체의 산하 공기업 부채를 비교해보면 부산과 대구는 다소 호전되었지만 인천은 더욱 악화되어 심각한 상태라고 할 수 있다(<표 3-3> 참고).

---

15) 필자가 정보공개청구로 획득한 자료에 근거하였다. 실제 초기 정부지원금과 운영통행료 등을 합치면 엄청난 재정이 낭비되고 있는 셈이다.

I시는 2012년 기준 예산대비채무비율이 40%에 근접하였고 도시공사의 부채 또한 급증하여 7조 9,271억원에 달하는 등 총계규모로 환산하면 10조를 상회한다. I시의 부채는 '심각'수준에 도달하였고, 공기업 부채마저 '주의'수준에 도달하고 있다. 대안은 보조금확보에 사활을 걸겠지만 중앙정부마저 세수확보에 차질을 빚고 있기 때문에 지방정부를 신경쓸 겨를이 없다. 이제 남은 유일한 대안은 민간투자사업방식을 선택할 수밖에 없게 된다는 논리로 귀결된다. 따라서 선제적 대응차원에서 예산외 사업을 활용한 재정활동에 제동을 걸어야 할 것이다.

3. 연구가설 및 실증분석

본 연구는 부채규모와 예산 외 사업을 활용한 재정팽창 간 관계에 관해 패널분석을 수행하였다. 그 패널분석의 대표적인 방법은 고정효과모형(FE)과 임의효과모형(RE)인데, 이러한 분석방법은 Pooled OLS가 유발하는 추정편의를 치유할 수 있다. 고정효과모형(FE)은 집단 내(within) 변이를 통한 추정을 하며, 임의효과모형(RE)은 집단 간(between) 변이를 통해 추정한다(Wooldridge, 2008: 493).

2008년부터 2012년까지 광역시·도 18개의 패널자료를 활용하기 때문에 자기상관과 이분산이 발생할 수 있다. 고정효과모형(FE)이나 임의효과모형(RE)을 활용할 경우에도 옵션으로 이분산 등을 치유할 수도 있다. 다만 본 연구에서는 자치단체의 개체별 속성을 감안하면서 이를 치유하기 위해 Prais－Winsten과 PCSE(Panel corrected standard error)[16]을 활용할 것이다(STATA 12 Mannual).

이 분석방법은 잔차 간 상관관계가 없고 동분산이여야 한다는 영가설을 기각할 수 있어야 한다.[17] PCSE 방법은 다른 통계방법과 표준오차의 계산방식이 다르다. 여러 시간에 걸쳐 동일하게 나타나는 분석단위의 공통된 분산을 공유한다는 점과 분석단위 간 상관관계를 동시에 고려해야 한다는 가정을 전제하기 때문이다(Beck and Kats, 1995).

16) PCSEs는 표준 오차 및 분산－공분산 추정치를 계산할 때 이분산 및 패널지표 간 동시성이 있다고 가정하고 분석한다(STATA 12 Mannual). STATA에서 명령어는 xtpcse이다.

17) 가설 검정(이분산 검정)결과 p－value가 0.000으로 PCSEs모형을 활용할 수 있다.

표 3-5 변수의 개념화 및 조작적 정의

항목	변수명		측정지표	척도	기간	출 처
종속변수	예산 외 총부채	lnTotal_off_budget_pc	공기업부채총액+BTO/BTL 총액	원	FY2008 ~ FY2012	재정고, 공기업경영정보시스템
	공기업부채*	lnEnt_LIAB_pc	공기업부채 총액			
	BTO/BTL부채	lnBto_Btl_pc	BTO/BTL 총액			기획재정부 민자투자사업실적
독립변수	지방자치단체부채	lnGen_LIAB_pc	일반+기금+기타+공기업특별회계			
	정부간이전수익	lnDBUD_pc	의존재원액			재정고
통제변수	인구밀도	lnPDENS	인구수/자치단체면적(㎢)	명		광역시·도 재무보고서
	고령화정도	AGE65	65세 이상 인구비율	%		통계청
	정당구분(dum)	Ruling_party(dum)	정당구분(여당: 0, 야당 1)	척도		중앙선거관리위원회
	당선횟수(dum)	Elect_time(dum)	당선횟수(초선: 0, 재선이상: 1)			

주 1: 비중변수와 더미변수를 제외한 모든 변수는 자연로그를 취함; 연구가설 2(H2)에서 공기업부채*가 독립변수로 활용됨
주 2: 정당구분(dum)변수의 무소속 정당은 야당으로 분류; 당선횟수(dum)변수의 3선은 재선으로 처리함.

지방자치단체의 부채가 많을수록 공기업 등 예산외 사업으로 인한 부채가 증가하는지를 검증하기 위해 활용되는 변수는 정부 간 이전수익규모, 인구밀도와 고령화정도를 포함한 사회경제적 요인, 정당구분, 당선횟수 등 정치적 요인이며, 이를 통제하여 실제 예산외 사업으로 인한 부채에 이들이 어떠한 영향을 미치는지 검증할 것이다.

일반적으로 사회경제적 요인인 인구밀도와 고령화정도는 국내·외 연구에서 공통적으로 활용되고 있는 변수이다. 또한 예산 외 사업으로 인한 부채증가는 다분히 정치적 색채를 띠고 있기 때문에 정치적 요인을 추가로 활용할 것이다. 특히 정치적 요인은 정당구분과 당선횟수를 활용하는데, 정당소속 여부에 따라 예산외 사업추진이 다를 수 있고, 자치단체장 당선횟수가 예산외 사업추진에 다른 영향을 미칠 것으로 판단되기 때문이다.

정치적 요인이 중요한 변수임에도 불구하고, 이 요인을 활용한 기존 연구는 찾아보기 어렵다. 이는 추정결과의 편의(bias)를 줄이기 위함이기도 한데, 인구밀도(Fabricant, 1952)와 고령화정도(Clingermayor, 1991; Ellis and Schansberg, 1999; 정성호, 2013b) 그리고 지방자치단체장의 정치적 성향(정당구분/당선횟수)을 고려할 것이다. 지방자치단체장의 정치적 성향은 정당과 야당으로 구분하고, 당선횟수는 초선과 재선으로 구분한 더미변수이다. <표 3-5>는 실증분석에 사용된 지표를 개념화, 조작적 정의한 결과이다.

일반적으로 분석결과의 일반화를 위해 변수에 자연로그(log)와 일인당 규모(per capita)로 환산하여 분석하게 된다. 본 연구의 가설과 모형은 다음에 설명되

는 것과 같다. 연구가설 1은 지방자치단체의 부채와 예산외 사업으로 인한 부채간 관계에 관한 모형이다. 이미 설명한 바와 같이 공공선택론의 관점에서 볼 때 재정팽창은 필연적인데, 예산상의 제약이 발생하면 상대적으로 자신들에게 유리한 전략(예산외 사업추진)을 취하게 되기 때문이다.

다시 말해 가용예산의 제약, 연성예산의 제약으로 재정통계에도 잡히지 않고 쉽게 사업추진이 가능한 예산외 사업방식을 활용하게 된다. 최근 박근혜정부에서 발표한 84조 규모의 민간투자사업 추진계획은 동일한 맥락에서 이해할 수 있다. 이는 중앙정부의 부채규모가 문제시 되고 있는 가운데, 공공기관의 부채마저 정부의 확정채무를 초과한 상태에서 민간투자방식의 사업추진은 불가피한 선택이였을 것이다. 다만 공약사업과 연관하여 무리한 사업추진은 자제해야 할 것이다. 설령 추진하더라도 실시협약단계부터 합리적 판단이 더욱 중요할 것이다.

지방자치단체의 부채가 증가하게 되면 공기업이나 민간투자사업을 활용할 수밖에 없다. 지방자치단체장이 개발위주의 정책을 유지하느냐? 아니면 복지위주의 정책을 유지하느냐에 따라 그 결과는 판이하게 다르다. 이는 최근 서울시 사례를 보면 잘 알 수 있다. 결국 광역자치단체장들의 정치적 성향을 반영해야 한다는 것이다. 이를 통제하기 위해 정치적 변수를 활용할 것이다. 또한 인구밀도와 고령화정도를 고려할 필요가 있다. 근본적으로는 Bennett(1982; 2012)의 개념에 근거하여 연구가설 1을 설정하였다.

연구가설 1: 지방자치단체 부채가 증가할수록 예산외 사업추진으로 인한 부채가 증가할 것이다.

- 1-1: 지방자치단체의 부채규모가 증가할수록 예산외 사업(공기업+민간투자사업)으로 인한 총체적 부채규모가 증가할 것이다.
- 1-2: 지방자치단체의 부채규모가 증가할수록 공기업 부채규모가 증가할 것이다.
- 1-3: 지방자치단체의 부채규모가 증가할수록 민간투자사업으로 인한 부채규모가 증가할 것이다.

다음 가설은 공기업 부채규모와 민간투자사업으로 인한 부채규모의 관련성을 검증하기 위함이다. 지방자치단체는 일반부채가 많고 공기업 부채도 많을 경우 민간투자사업을 추진할 수밖에 없다. 그로 인해 민간투자사업 부채가 증가될 가능성이 큰데, 이러한 부채는 부채로 추계되지 않기 때문이기도 하지만 공기업에 비해 비교적 더 자유롭게 사업을 추진할 수 있기 때문이다.

다만 연구가설 2는 연구가설 1(모형 1-3)에서 활용된 독립변수중에서 지방자치단체의 부채를 대신하여 공기업부채를 활용하여 민간투자사업추진으로 인한 부채와의 관계를 분석한다. 특히 종속변수인 민간투자사업(BTO and BTL)은 정부지급금, 최소운영수입보장금액으로 세분화하여 분석할 수도 있지만, 관측치가 제한되기 때문에 총액에 근거하였다. 다시 말해 지방자치단체 부채가 증가하고, 공기업부채도 증가할 경우 민간투자사업방식을 활용하여 공약사업 등을 추진할 가능성이 있다는 관점에서 연구가설 2를 설정하였다.

연구가설 2: 공기업의 부채가 증가하면 민간투자사업으로 인한 부채가 증가할 것이다.

연구가설 1과 2에 관한 세부 모형은 아래 모형 1, 2, 3, 그리고 4와 같다.

1

$$\log(Total-Offbudget_{pc})_{it} = \beta_1 + \beta_2 \log(GenLIAB_{pc})_{it} + \beta_3 \log(DBUD_{pc})_{it} + \beta_4 \log(PDENS)_{it} + \beta_5 (AGE65)_{it} + \beta_6 (RULPTY)_{it}(dum) + \beta_7 (ELETIME)_{it}(dum) + \varepsilon_{it}$$

2

$$\log(Ent\,LIAB_{pc})_{it} = \beta_1 + \beta_2 \log(GenLIAB_{pc})_{it} + \beta_3 \log(DBUD_{pc})_{it} + \beta_4 \log(PDENS)_{it} + \beta_5 (AGE65)_{it} + \beta_6 (RULPTY)_{it}(dum) + \beta_7 (ELETIME)_{it}(dum) + \varepsilon_{it}$$

3

$$\log(BTO\text{and}BTL_{pc})_{it} = \beta_1 + \beta_2 \log(GenLIAB_{pc})_{it} + \beta_3 \log(DBUD_{pc})_{it} + \beta_4 \log(PDENS) + \beta_5 (AGE65)_{it} + \beta_6 (RULPTY)_{it}(dum) + \beta_7 (ELETIME)_{it}(dum) + \varepsilon_{it}$$

4

$$\log(BTO\text{and}BTL_{pc})_{it} = \beta_1 + \beta_2 \log(Ent\,LIAB_{pc})_{it} + \beta_3 \log(DBUD_{pc})_{it} + \beta_4 \log(PDENS)_{it} + \beta_5 (AGE65)_{it} + \beta_6 (RULPTY)_{it}(dum) + \beta_7 (ELETIME)_{it}(dum) + \varepsilon_{it}$$

<표 3-6>은 변수에 관한 기초통계로 통제변수를 제외한 모든 변수는 총액규모이다. 다만 실증분석을 수행할 때 비중(ratio)변수를 제외한 모든 변수는 총액규모에 일인당(per capita)과 자연로그를 적용하여 분석한다. 또한 통제변수로 활용된 정치적 요인은 정치성향(정당과 야당) 및 당선횟수(초선과 재선)로 구분

표 3-6 변수에 관한 기초통계 (단위: 원, %)

변수	관측치	평균	표준편차	최소값	최대값
lnTotal_Offbudget_pc 예산외 사업 총부채규모	80	12.8163	.8883	10.4137	14.8459
lnGenLIAB_pc 지방자치단체 부채규모	80	13.2582	.4002	11.9341	14.0937
lnEntLIAB_pc 공기업 부채규모	80	12.6536	.9805	9.5179	14.8406
lnBto and Btl_pc 민간투자사업 부채규모	60	10.2529	1.3112	7.3510	12.7998
lnDBUD_pc 의존재원규모	80	13.8028	.6442	12.2733	15.0658
lnPEDENS 인구밀도	80	6.61856	1.5154	4.4543	9.7375
AGE65 고령화정도	80	11.8285	3.2151	6.29	19.19
RULPTY(dummy) 정당구분	80	1.6875	.4664	0	1
ELETIME(dummy) 당선횟수	80	1.6125	.4902	0	1

하여 분석한다.

<표 3-7>은 예산외 사업부채의 확장경로를 함축적으로 보여준다. 활용된 변수 중 유의미한 변수는 지방자치단체부채, 의존재원규모, 인구밀도, 고령화정도, 당선횟수(재선)이다. 다만 정당구분은 음(-)의 방향을 가지지만 통계적으로 유의미하지 않다.

<표 3-7>에 설명된 바와 같이 지방자치단체의 부채가 증가할수록 예산외 총체적 부채가 증가한다. 다시 말해 지방자치단체의 부채규모가 1% 증가할수록 예산 외 사업으로 인한 총체적 부채가 1.039% 증가한다. 이를 통해 추론할 수 있는 것은 지방자치단체의 예산제약은 예산외 사업을 추진할 가능성을 그만큼 크게 한다는 점이다.

또한 지방자치단체의 부채규모가 증가할수록 공기업 부채규모가 증가하는데, 지방자치단체의 부채규모가 1% 증가할수록 공기업부채규모가 0.841% 증가한다. 이 분석 결과는 공기업 부채증가는 지방자치단체 부채와 연관됨을 알 수 있다. 공기업부채증가는 예산 제약하에 있는 지방자치단체장의 공약사업 추진

표 3-7 지방자치단체의 부채와 예산 외 사업 부채(공기업부채, 민간투자사업 부채)간 관계

구분	모형1 (H1-1) lnTotal_Offbudget_pc β(pcse)	모형2 (H1-2) lnEntLIAB_pc β(pcse)	모형3 (H1-3) lnBto and Btl_pc β(pcse)	모형4 (H2) lnBto and Btl_pc β(pcse)
lnEntLIAB_pc	-	-	-	-0.248 (0.151)
lnGenLIAB_pc	1.039*** (0.191)	0.841*** (0.203)	-0.388 (0.494)	-
lnDBUD_pc	-0.750*** (0.246)	-0.842** (0.347)	1.587*** (0.533)	1.245*** (0.381)
lnPEDENS	0.367*** (0.119)	0.439** (0.174)	0.529*** (0.183)	0.587*** (0.177)
AGE65	0.118** (0.050)	0.187*** (0.065)	-0.152* (0.088)	-0.107 (0.085)
_I.RULPTY(dum)	-0.104 (0.136)	-0.146 (0.144)	-0.437 (0.345)	-0.453 (0.343)
_I.ELETIME(dum)	-0.466*** (0.113)	-0.671*** (0.108)	0.313 (0.387)	0.223 (0.385)
_cons	5.920*** (2.298)	8.493** (3.802)	-8.328 (5.963)	-6.440 (5.817)
R-squared	96.22	95.06	91.19	90.95
The number of groups	16	16	15	15
N	80	80	60	60

주 1: PCSEs는 correlated panels corrected standard errors를 의미함.
* p<0.1, **p<0.05, ***p<0.01

등과 관련이 있어 지속해서 증가할 개연성이 크다고 할 수 있다.

지방자치단체의 부채규모와 민간투자사업으로 인한 부채 간 관계, 공기업부채규모와 민간투자사업으로 인한 부채 간 관계는 음(−)의 방향이지만 통계적으로 유의미하지 않다. 한마디로 지방자치단체의 부채가 많다고 해서 민간투자사업으로 이어지지는 않고, 공기업부채규모가 증가한다고 해서 바로 민간투자사업 부채로 이어지지는 않는다. 이는 대부분의 민간투자사업이 중앙정부의 지시에 의해 이루어지고 있기 때문이라는 추론이 가능하다.

의존재원규모 및 인구밀도와 예산외 총체적 부채, 공기업부채, 그리고 민간투자사업부채 간 관계는 통계적으로 유의미한 관계가 입증되었다. 의존재원규모가 증가할수록 예산 외 총체적 부채와 공기업부채 규모는 감소한 반면 의존재원규모가 증가할수록 민간투자사업으로 인한 부채규모는 증가하고 있다. 다시 말해 의존재원규모가 1% 증가하면 예산외 총부채 규모는 0.75% 감소하고, 공기업부채 규모는 0.84% 감소한다. 반면 의존재원규모가 1% 증가하면 민간투자사업

부채규모는 1.25~1.59% 증가한다.

이를 통해 추론할 수 있는 것은 의존재원규모가 많을수록 공기업부채를 포함한 예산외 사업으로 인한 부채는 감소하는데, 이는 자체재원이 불충한 지방자치단체들이 예산외 사업을 추진하게 된다는 점이다. 또한 의존재원규모가 많을수록 지방자치단체의 민간투자사업으로 인한 부채가 증가하는데, 이는 민간투자사업의 대부분이 국고보조사업으로 추진하는 것과 연관지어 설명이 가능하다.

인구밀도와 예산외 사업부채, 공기업부채, 그리고 민간투자사업 부채 간 관계는 통계적으로 유의미하다. 다시 말해 인구밀도가 증가할수록 예산외 사업부채 규모는 0.37% ~ 0.59% 증가한다. 또한 고령화정도와 예산외 사업으로 인한 총부채, 공기업부채, 그리고 민간투자사업부채 규모 간 관계는 통계적으로 유의미한데, 고령화정도가 1% 진행될수록 예산외 총부채 규모는 0.12% 증가되고, 공기업부채 규모는 0.19% 증가된다. 반면 고령화정도가 진행되어도 민간투자사업부채 규모는 증가하지 않고 감소(−0.15%)하고 있다. 다시 말해 고령화정도가 1% 진행될수록 민간투자사업부채 규모는 0.15% 감소하고 있다.

이를 통해 추론이 가능한 점은 인구밀도는 예산외 사업으로 인한 부채전반에 영향을 미치고, 고령화정도가 진행될수록 예산외 사업으로 인한 부채와 공기업부채 규모는 증가되며, 민간투자사업부채 규모는 감소하고 있는데, 이는 고령화정도와 민간투자사업 부채와 큰 관련성이 없다고 할 수 있다.

일반적으로 정당소속이 예산외 사업부채 규모에 미치는 영향이 있을 것으로 판단하였으나 이들 간 관계는 유의미하지 않은 결과가 도출되었다. 다만 통계적으로 유의미하지는 않지만 야당 자치단체장일수록 부채가 감소하는 경향이 있다. 한편 자치단체장의 당선횟수(재선)가 늘어날수록 예산 외 총부채와 공기업의 부채가 감소되는 것을 알 수 있다. 다시 말해 재선 자치단체장의 경우 예산외 총부채 규모는 0.47% 감소되고, 공기업부채 규모는 0.67% 감소된다.

이를 통해 추론이 가능한 점은 예산외 사업으로 인한 부채규모는 정당구분보다는 당선횟수(재선)와 연관되어 있음을 알 수 있다. 특히 재선 자치단체장일 경우 예산 외 총부채와 공기업 부채규모가 줄어드는데, 이는 초선 때 예산 외 사업부채 규모를 증가시키고 있다는 간접적인 추론이 가능하다.

분석결과를 함축하면 예산 외 사업으로 인한 부채 규모증가는 궁극적으로 지방자치단체의 부채규모와 직결되어 있다고 할 수 있다. 또한 의존재원규모가 증가할수록 예산외 총부채와 공기업부채 규모는 감소하고, 민간투자사업으로 인한 부채규모는 증가하고 있다. 인구밀도는 공통적으로 부채증가와 관련이 있다. 또한 고령화가 진행될수록 예산외 총부채와 공기업부채규모는 증가하는 반면 민간투자사업 부채규모는 감소하고 있다. 더불어 재선 지방자치단체장일수록 예산외 총부채와 공기업부채 규모는 감소한다.

4. 정책적 함의 및 결론

지금까지 지방자치단체의 부채, 공기업 부채, 민간투자사업으로 인한 부채간 관계에 대해 실증분석결과를 요약하면 다음과 같다.

첫째, 예산외 사업으로 인한 총체적 부채규모는 지방자치단체의 부채, 인구밀도, 고령화, 의존재원, 당선횟수와 연관된다. 예컨대 인천, 부산, 대구, 강원 등의 지방자치단체들은 지방자치단체 부채증가로 인한 제약이 발생되어 공기업을 포함한 예산외 총부채가 증가되었다고 판단할 수 있다. 특히 이들 지방자치단체들은 아시안게임 등의 추진을 위해 불가피하게 예산 외 기관의 부채증가로 이어질 수밖에 없다. 따라서 이들 지방자치단체의 부채증가를 제어할 수 있는 시스템이 필요할 것이다. 또한 인구밀도와 고령화정도는 예산 외 총체적 부채 증가요인으로 작용하고 있는 반면 의존재원규모와 당선횟수(재선)는 예산 외 총부채 감소요인으로 작용하고 있다.

둘째, 공기업의 부채증가는 지방자치단체 부채, 인구밀도, 고령화, 의존재원, 당선횟수와 연관된다. 지방자치단체의 부채가 증가될수록, 인구밀도와 고령화가 진행될수록 부채가 증가하고, 의존재원 규모와 당선횟수는 공기업부채 감소와 연관된다. 특히 지방자치단체의 부채가 증가될수록 공기업부채는 증가될 수밖에 없는데, 공기업 내부의 방만한 경영도 문제이지만 지방자치단체가 우월적 지위를 이용하여 부채를 전가하거나, 지방자치단체장의 재량으로 재정사업을 추진하는 가운데 부채가 늘어날 수밖에 없다.

셋째, 민간투자사업으로 인한 부채증가는 의존재원규모, 인구밀도, 고령화정도와 연관된다. 의존재원규모와 인구밀도는 민간투자사업 부채 증가요인으로 작용하는 반면 고령화정도는 민간투자사업 부채 감소요인으로 작용한다. 특히 고령화정도는 민간투자사업 부채요인으로 작용하지 않는다는 점이다.

함축하면 지방자치단체의 부채가 증가되면 공기업을 활용할 것이라는 추론이 가능하다. 한마디로 일반채무를 줄이기 위한 수단으로 공기업을 활용한다는 것인데, 그로 인해 예산외 사업으로 인한 총체적 부채는 증가될 수밖에 없다. 다만 지방자치단체의 부채증가는 민간투자사업 부채와 관련성이 없는데, 이는 대부분 의존재원으로 민간투자사업이 추진되기 때문이라고 할 수 있다. 정치적 요인인 정당구분은 통계적으로 유의미하지는 않지만 음(−)의 방향을 지니고, 재선 자치단체장일수록 공기업부채가 감소됨을 알 수 있다. 한편 통계적으로 유의미하지는 않지만 재선일 경우 민간투자사업을 늘릴 개연성이 있다고 할 수 있다.

다시 말해 지방자치단체의 부채가 증가할수록 공기업을 활용한다고 볼 수 있는데, 부채 은폐수단으로 공기업을 활용할 개연성 또한 적지 않다. 부채가 많은 지방자치단체가 공기업을 활용할 개연성(일반채무→공기업부채)이 있는 만큼 이를 제어할 필요가 있다고 본다.

가설에서 제기되었던 지방자치단체의 부채가 증가할수록 민간투자사업을 활용(일반부채→민간투자사업 부채)하거나, 공기업의 부채가 증가할수록 민간투자사업을 활용(공기업부채→민간투자사업의 부채)할 것이라는 가설은 통계적으로 유의미하지는 않지만 일부 지방자치단체 사례에서 나타난 바 있고 이를 활용할 개연성이 충분한 만큼 이를 제어하기 위한 다양한 조치가 필요하다.

첫째, 지방자치단체 부채의 체계적 관리가 우선되어야 한다. 우선 일반채무 증가요인을 줄여나가야 한다. 이를 위해 일반채무의 규모에 따른 공기업 부채를 제한하는 조치가 필요하다(정성호, 2013b).

둘째, 산하 지방공기업의 체계적인 부채관리가 필요하다. 특히 비수익 사업이나 지방자치단체의 사업을 떠맡아 추진해서는 안 된다. 더불어 지방자치단체가 공기업에 부채를 전가하지 못하도록 하는 법적 조치가 필요한데, 구분회계의 도입을 적극 고려할 필요가 있다.[18)]

---

18) 공기업·준정부기관 회계사무규칙[시행 2011.1.1.] [기획재정부령 제177호, 2010.12.20., 일부개정]
제12조(구분회계) ① 기관장은 각 공기업·준정부기관의 설립에 관한 법률, 그 밖의 법령에서 회계단위를 구분하도록 정한 경우에는 재원의 원천 또는 목적사업별 등으로 구분하여 회계처리하고, 구분회계 사이의 내부거래 및 미실현 손익을 제거한 후 이를 통합한 결산서를

셋째, 민자투자사업으로 인한 잠재적 부채관리가 시급하다. 지방공기업을 활용한 사업추진이 그림자정부(shadow gov't)라면 민간투자 사업방식의 사업추진은 또 다른 그림자정부에 해당한다고 할 수 있다. 지방자치단체장들은 재정사업으로 추진해야 할 자본투자 사업들을 BTL사업으로 추진하고 있다. 지방자치단체의 부채와 공기업부채를 기준으로 하여 민간투자사업 규모를 제한하는 것도 하나의 대안일 것이다.

본 연구는 패널분석임에도 불구하고 FY2008 부터 FY2012까지 자료를 활용했다는 점과 광역시·도를 분석대상으로 하였다는 점에서 다소 제한적이다. 바람직한 후속연구를 위해 전 지방자치단체로 분석대상을 확대하여 지금까지 논의된 각 주체의 재정팽창 요인들로 인해 예산외 사업으로 인한 부채규모에 어떠한 영향을 미치는지를 체계적으로 분석할 필요가 있을 것이다.

작성하여야 한다. 이 경우 구분된 회계단위별 경영성과 및 재무현황을 주석으로 기재한다.
② 공기업·준정부기관이 관리·운용하는 기금에 대하여 공기업·준정부기관은 관계법령에서 정하는 바에 따라 따로 결산서를 작성하여야 한다. 이 경우 기금의 결산서는 제1항에 따른 통합 결산서 작성 대상에서 제외한다.
③ 기관장은 회계를 총괄하기 위하여 본사에 총괄회계부서를 두고, 본사와 지점 사이의 거래는 본사·지점 계정으로 회계 처리한다. 이 제도를 도입하게 되면 재정사업(대행사업)과 자체사업의 구분이 가능하고 그로 인해 재정운영의 책임성과 투명성이 강화된다.

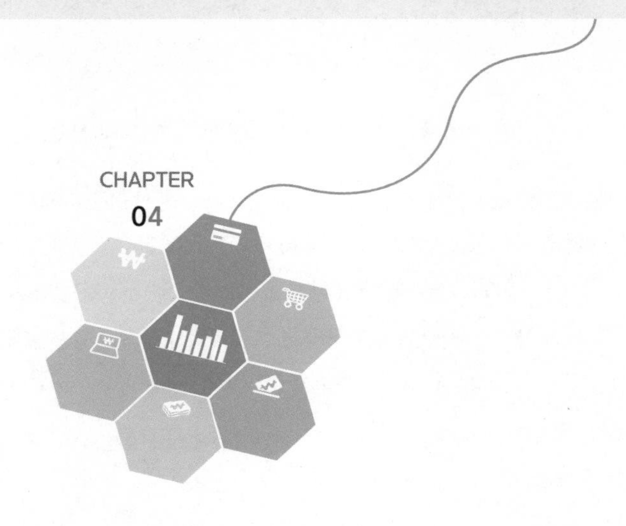

재원 없는 권한위임(Unfunded Mandates)이 왜 문제인가?

상위정부의 재원 없는 권한위임은 한때 미국에서조차 논란이 되었던 사회적 문제 중 하나였다. 최근 들어 우리나라도 미국과 유사하게 재원 없는 권한위임 행위가 빈번하게 발생하고 있다. 재원 없는 권한위임은 상위정부가 주, 지방정부 및 민간부문에 대한 헌법·행정·사법적 조치로서 법 또는 규제조항을 통하여 재정지원 없이 강제적으로 재정부담을 부과하는 위임이자 명령이다.

미국 연방정부는 법령 또는 정책에 근거하여 재정지원 없이 지방정부가 특정 공공서비스를 제공하도록 요구하였다. 이는 지방정부가 추가적인 재정부담을 수반할 수밖에 없게 만들었다. 최근 우리나라의 경우 복지정책 등이 그 예인데 미국과 별반 다르지 않다. 우리나라는 보조금관리에 관한 법률, 동법 시행령 [별표 1] 보조금지급대상사업의 범위와 기존보조율이 규정되어 있다.

미국에서는 인권법(1957; 1964), 투표권법(1965)을 시작으로 1970년대 들어와 국가차원에서 교육, 정신건강, 환경보호 프로그램 등을 수행하면서 주 및 지방정부에 보조금이 제공되었다. 이러한 프로그램을 수행하면서 주(state) 및 지방정부가 예산의 1/4을 초과할 경우, 연방정부는 보조금을 지원하는 것이 일반적인 관행이었다. 이러한 제도적 상황에서 연방정부의 위임이 늘어나면서 지방정부의 재정부담이 현실화되기 시작했다.

이를 우려한 레이건 정부는 행정명령 12292와 주정부 비용측정법(State and Local Cost Estimate Act, 1981)에 근거하여 연방정부의 무분별한 재원없는 권한위임을 막고자 노력하였다. 특히, 재원 없는 권한위임이 있는 경우 그 비용을 사전에 추산하도록 법제화하였다.

한편, 1995년, 제정된 재원 없는 권한위임 개혁법(Unfunded Mandates Reform Act, UMRA)이 통과되면서 위임과 관련된 업무비용을 추산하는 등 개혁조치들이 단행되었다. 이 법(UMRA, 1995)은 정부 간 다양한 권한위임 형태로 다음과 같다.

첫째, 강제가능의무(Enforceable duty)로, 주 또는 지방정부의 조치를 요구하거나 금지하는 입법, 조항, 규제 유형이다.

둘째, 대규모 복지프로그램의 특정변화(Certain changes in large entitlement programs)로, 매년 주 및 지방정부에 5억 달러를 넘은 대규모 복지프로그램에서 새로운 조항 또는 재정지원축소가 나타날 때, 연방정부에 의하여 부과되는 조치이다.

셋째, 기존 위임에 대한 연방재정지원액 감소(Reduction in federal funding for an existing mandate)로, 기존의 위임 명령의 비용을 부담하기 위한 연방재정의 감소 등이다.

1. 재원 없는 권한위임 사례

일반적으로 재원 없는 권한위임은 인권, 빈곤퇴치 프로그램 및 환경보호를 위한 규제 등에 적용된다. 몇 가지 사례를 들면, 대기오염방지법, 장애인법, 의료부조, 낙제학생방지정책 등이다.

대기오염방지법(Clean Air Act)

1963년 청정대기법이 통과되면서 미국의 환경보호청(EPA)은 대기오염문제를 해결을 위한 연구프로그램을 개발하기 시작하였고, 대기의 질 등을 조사할 수 있는 권한을 가지게 된다. 그러나 1970년 이 법률이 개정되면서 표준 대기환경기준에 관해 제정하여, 주 정부도 이 기준에 따라 대기 환경을 관리하도록 요구받게 되었다.

이 법률의 개정을 통해 연방정부는 환경관리 등에 관한 집행권한이 강화되었고, 자동차 등의 배출권을 통제하는 요건을 갖추게 되었다. 이 법률의 개정은 대기의 질 향상이라는 연방 대기표준을 강제하게 하는 명령으로 작용하게 된다. 이에 따라 주정부는 이 표준 대기기준에 따른 이행관리 계획을 작성하고, 환경보호청(EPA)에 승인을 받아야 함과 동시에 이와 관련하여 재정부담이 커질 수밖에 없게 되었다.

◀) 장애인법 1990(The American with Disabilities Act of 1990)

장애인 차별금지를 명문화한 장애인법은 공공시설에 장애인들의 접근을 제한하는 모든 규제조치를 철폐하도록 요구하였다. 또한 시설물을 신축할 경우 이 법에 근거하여 장애인들의 접근성이 보장되도록 해야 한다. 아울러 고용주들은 장애 근로자를 위해 수화통역기 등을 제공해주어야 한다.

한편, 장애근로자의 고용장려차원에서 조세유인책을 활용하였다. 주 및 지방의 고용주들은 장애인법에 근거하여 신규 시설물의 설치·운영해야 하는 등 연방정부가 제시한 요건을 수용해야만 한다. 또한 기존 시설물에 대해서도 이 법에 근거하여 개선이 필요하게 되었다. 더불어 장애근로자들을 위해 수화통역기 등 부과적 서비스 제공해야 하기 때문에 추가적 재정부담을 지게 되었다.

◀) 의료부조(Medicaid)

의료부조(Medicaid)는 저소득층 가정과 특정 의료보건을 필요로 하는 집단을 위해 제공되는 미국의 의료보건 프로그램이다. 의료부조와 관련한 재정지원은 연방정부와 주정부가 공동 부담(5 : 5)하지만 주정부에 의해 이 프로그램이 운영된다. 하지만 의료부조 비용에서 연방위임이 증가되어 결과적으로 주정부의 재정부담이 가중되는 결과로 작용하게 되었다.

◀) 낙제학생방지정책(No Child Left Behind Act of 2001)

낙제학생방지정책은 광범위하게 전개된 공교육의 질에 대한 우려에서 비롯된 정책이다. 학업성취도가 높은 학생과 낮은 학생 간의 격차를 줄여나가기 위한 취지에서 제정되었다. 이 법률의 주요내용은 매년 연방정부로부터 재정지원을 받는 학교는 주 단위로 학업성취도 평가를 시행할 것을 요구받는다. 그럼에도 불구하고 학교가 매년 학업성취도평가에서 개선된 결과가 나타나지 않으면 해당 학교는 우수한 교사들을 고용해야 하고, 성취도가 낮은(부진) 학생에게는 개인 지도를 통해 학교의 교육수준을 제고해야 한다. 또한 연방정부로부터 계속적인 재정지원을 받기를 원하는 주정부는 주정부 내 학교 교육의 질을 개선시키기 위한 별도의 조치를 취해야 한다. 이 과정에서 추가적인 재정부담이 수반될 수밖에 없다.

2. 재원 없는 권한위임 개혁법(Unfunded Mandates Reform Act, UMRA)

미국의 확장적 재정정책은 재원 없는 권한위임의 형태라 할 수 있다. 재원 없는 권한위임은 연방정부의 권한을 강화시킴은 물론 연방정부가 법령을 통하여 지방정부에 추가적인 통제를 행사하고 있는 것이나 마찬가지이다.

재원 없는 권한위임은 지방정부가 효율적인 공공서비스공급을 저해하고 있다. 한마디로 재원 없는 권한위임은 비효율적일 뿐만 아니라, 지방(하위)정부에게 연방정부의 부당한 정책을 강제하는 것일 수도 있다.

주 및 지방정부의 재정학자들은 연방 위임은 동의하였지만 그 정책을 수행하기 위해 주 및 지방정부가 부담해야 하는 비용이 수반되기 때문에 반대의 입장을 취했고,[1] 이러한 맥락에서 1995년 재원 없는 권한위임개혁법(이하 UMRA)이 제정된다.

UMRA의 목적

UMRA의 기본목적은 의회의 충분한 심사 없이 주·지방·인디언자치정부

1) 가령 뉴욕주와 연방정부 간 소송(New York v. US)에서 비재정지원 위임에 대한 논쟁을 살펴볼 수 있다. 미시간 주정부와 던컨의 소송(Michigan v. Duncan)은 Pontiac학군에서 학군이 낙제학생방지법(No Child Left Behind Act of 2001)을 이행할 필요가 없다고 주장하면서, 이들 논거로 연방정부가 이들에게 충당한 재정지원을 제공하지 않기 때문이라고 밝혔다. 그러나 법원은 불충분한 연방정부의 재정지원은 이들 위임을 불응하는 유효한 사유가 될 수 없다고 판결하였다.

(State, Local, Tribal Governments: SLTGs)에 충분한 재정지원 없이 연방위임이 부과되는 것을 방지하기 위함이다. 더불어 연방정부의 법규 및 조항에 근거하여 특정 요건을 이행하거나 다른 목적을 위하여 주·지방·인디언자치정부에 의하여 부과되는 비용은 연방정부가 재정지원을 보장하자는 것이다. 한마디로 재정지원 없는 연방위임의 강제를 제한하고, 연방정부와 주, 지방, 인디언자치 정부와의 파트너십을 강화하고자 하는 취지였다.

UMRA의 주요내용

재원 없는 권한위임 개혁법은 '미래의 재원 없는 권한위임에 관한 의회 절차의 합리적 개정', '연방 기관의 규제 조치에 대한 새로운 절차의 추가', '기존의 재원 없는 권한위임의 유용성을 평가' 등이다.

첫째, 의회예산처(Congressional Budget Office)는 5천만 달러를 초과하고, 재정지원 없는 정부 간 위임에 대한 주 정부 및 지방정부, 인디언 자치정부의 비용과 2억 달러를 초과하는 민간 부문의 위임에 따른 비용을 측정해야 한다.

위임의 소요비용이 5천만 달러가 초과할 경우, 연방의회는 지출결의를 하거나 증세하거나 복지지출수혜수급권(entitlement)을 신설해야 한다. 그렇지 않으면 의원들이 새로운 권한위임에 대하여 무효를 주장할 수 있다. 다만 이 주장을 기각하려면 별도의 과반수 의결이 필요하다.

또한 정부로부터 재정지원을 받아야 한다는 내용으로 의회가 의결하기 전에 비용정보를 제공해야 한다. 만약 정보제공이 없거나 법안이 위임과 관련하여 재정지원이 없다면 법안의 추가고려사항에 대한 의사진행상의 문제(point of order)가 제기된다. 또한 의사진행상의 문제를 기각하기 위해 과반수 이상의 찬성표가 필요하다.[2)]

이에 따라 의회예산처(CBO)에서 주 및 지방정부(SLTGs) 및 민간부문이 수행하게 될 위임명령의 비용을 측정하고, 연방정부기관이 지방정부 등에게 위임

---

2) 이러한 요구사항은 연방정부 프로그램의 자발적 참여에서 발생하는 연방정부 지원이나 의무조건 조항에 적용되지 않는다(즉, 특정한 대규모 재정지원 프로그램(entitlement programs)을 제외하고는 특별한 절차에 종속될 수 있다). 또한, 개인의 헌법적 권리에 영향을 미치는 규정과 차별금지의 법적권리, 연방지원의 회계 및 감사 요구, 긴급 지원, 국가 안보 또는 긴급 법안은 요구 사항에서 면제된다.

비용을 제시해야 할 뿐만 아니라 최소의 비용 대안을 선정해야 한다.

둘째, 연방기관은 의원들이 연방정부의 규제안에 의견을 반영하는 제도를 허용하는 행정절차를 개발해야 하며, 주 정부, 지방정부 그리고 인디언자치정부 및 민간 부문에서 최소 1억 달러를 초과하는 위임에 대한 서면 분석을 준비해야 하고, 의회예산처에 정보를 제공하고, 규제안이나 시범프로그램에 하위 정부의 의견을 포함하는 계획을 수립해야 한다. 이에 따라 연방위임이 의회예산처(CBO)에 의하여 추정되는 총 예산비용의 한계점을 넘어서는 비용의 사업내용일 경우, 미 의회가 입법 과정에서 재정 없는 권한위임을 줄이도록 하고 있다.

셋째, 기존의 재원 없는 권한위임의 유용성여부를 검토하고, 갈등이 발생하고 있는 위임의 조정, 중복 또는 활용되지 않고 있는 비실용적인 위임의 종결, 공공보건 및 안전과 직결되지 않는 특정 위임의 일시 중단을 위해 정부 간 관계 논의를 위해 자문위원회가 설립되었다.

다만, UMRA는 연방지원의 조항, 자발적인 연방프로그램의 참여에 의한 의무, 독립 규제기관에 의해 제안된 규칙, 일반적 고지절차 없이 제안된 법안, 개별적 헌법상의 권리, 차별, 긴급지원, 보조금 추계 및 회계감사 절차, 국가 안보, 통상 의무 및 사회보장의 특정 요건을 포함하는 규칙, 입법 조항 등에는 적용되지 않는다.

UMRA의 효과

재원 없는 권한위임개혁법(UMRA)이 시행되면서, UMRA는 연방정부의 재정지원 없는 권한위임에 의하여 하위지방정부(SLTGs)에 부과된 재정 부담전가를 제약하는지, 재정없는 권한위임을 엄격하게 제한할 필요가 있는지에 관해 다양한 논의가 되었다.

법안 지지자들은 UMRA가 자율적 재원의 활용차원에서 주 및 지방정부의 권한을 되찾기 위한 하나의 단계로 보았다. 이들은 고비용, 저효율의 정책시행을 야기하는 연방위임이 하위지방정부(SLTGs)에게는 재정부담으로 작용하는 입법 행위이기 때문에 이를 제어할 필요가 있다고 본다. 따라서 주 및 지방 정부는 연방정부의 권한 강화를 견제하기 위해 UMRA의 적용범위를 더욱 확대하고, 연방정부의 재정정책으로 사업을 수행하기를 원하고 있다.

반면 법안 반대론자들은 UMRA가 환경, 보건 및 안전 등 국가 정책수행에 걸림돌로 작용한다고 여기고 있다. 이들은 정부에 의하여 자발적으로 추진되어야 할 정책이 있고, 국가 정책목표를 달성하기 위해 연방정부의 재정 없는 권한위임이 필요하다고 본다.

또한, UMRA 지지론자들이 주장하는 바와 같이 제재효과를 얼마나 있는지에 관해 의문을 제기한다. 진보적 시민단체들의 견해로 UMRA는 정부 부처 간 이해와 소통이 개선되었고, 의회에서 주요 집행명령 선정과정에서 비용정보를 보다 자세히 파악할 수 있게 되었다고 주장한다. 그러나 공중보건, 안전, 노동자의 권리, 자연 보호, 장애우 등 예외적인 경우는 추가할 필요가 있다고 주장하고 있다.

Dilger(2013)에 의하면 UMRA는 긍정적인 영향력이 있었지만 다소 제한적 범위의 성과를 이루었다고 주장하는데, 주/지방(지역) 정부 관계자 및 학계 측의 주장으로 이를 입증하고 있다. 이들의 관점에서는 연방정부가 지속적인 권한 행사를 위해 "당근"과도 같은 늘어난 정부지원금과 "채찍"과도 지원금 충족요건을 활용한 것으로 인식하고 있다.

UMRA의 시사점

재원 없는 권한위임 개혁법은 연방정부에 의하여 하위지방정부에 부과되는 연방정부의 위임소요비용이 5천만 달러를 초과할 경우 연방정부에 의하여 재정지원을 받아야 한다고 규정하고 있다.

또한 한계비용의 책정은 의회 내에서 연방위임명령의 비용편익 추정에 대한 논의를 바탕으로 국가재원을 분배 및 소요권한배분에 대한 연방정부와 하위정부 간 역할조정의 문제로 비화시켰다.

이렇듯 연방위임명령의 제정목적과 시행취지에 대한 논의보다는 연방정부가 주 및 지방정부에게 일정 부문의 역할 위임과 분담 강화를 적용하는 과정에서 재정책임에 보다 엄격한 규정을 적용함으로써 연방 및 지방정부 간 재정지출의 책임공방으로 논의가 귀결되도록 하고 있다.

따라서 연방위임명령의 소요비용추계를 담당하는 의회예산처의 역할과 비용책정 모형개발이 매우 중요하게 인식되었고, 연방정부의 재정자원을 확보하는 가운데 정치적 목표와 기대를 달성하려는 의회 정치권과 실제 이들 사업을 집행, 해당 비용을 부담해야 하는 지방정부 간 연방위임의 비용추계에 대한 정치적 논란과 갈등이 나타나고 있다.

전반적으로 연방정부가 위임명령에 대한 권한을 행사하는 과정에서 지방정부에 대한 연방정부의 재정지원 기준(한도)을 지정함으로써 연방정부의 재정책임을 강조하고 연방명령 적용에 대한 연방정부의 권한 행사를 제어하는 효과가 있는 것으로 판단된다.

일부의 시각이지만 연방정부의 재원 없는 위임명령은 주권 침해로 이해될 수도 있다. 왜냐하면 주 및 지방정부가 혁신적인 정책으로 자율적인 지역사회 발전을 저해할 수 있기 때문이다. 반면, 시민들의 최소 생활기준을 보장할 서비스 제공 의무를 갖는 연방정부로서는 주정부의 행위를 제약하고, 그 집행을 간섭할 수밖에 없다. 한마디로 주 및 지방정부는 국가적인 관점에서 바람직한 공공서비스 제공에 소홀할 수 있다는 점에 근거하고 있는데, 주정부가 생각하는 필수 정부 서비스가 연방정부의 기준과는 다를 수도 있기 때문이다.

결국, UMRA은 정부 간 관계(IGR)에서의 균형유지의 연장선으로 지속적 갈등이 있을 것으로 판단된다. 다만, 연방정부와 주 및 지방정부 간 파트너십은 상호 의사소통과 관련되는데, 지방정부의 입장에서 재원없는 권한위임에 대한 공동 목표의 공유와 상호 존중에 근거한 행정비용에 대한 대화를 가능하게 함으로써 책임있는 연방주의로 나아가는 토대가 된다는 측면에서 중요한 의의가 있다고 할 것이다.

향후 전망

재원 없는 권한위임은 무책임한 의회 행태를 어느 정도 통제할 수 있다. 지방정부가 재원 없는 권한위임이라고 해서 무조건 반대하는 것은 아니다. 하지만 어떠한 연방위임명령이라 할지라도, 이는 분화된 국가정치체제에서 정부 간 관계를 조정하고 관리하는 중요한 요소이자 핵심 부분이라 할 수 있다. 따라서 위임명령비용에 대한 과도한 관심집중은 연방위임명령의 유용하고 창의적인 측면을 약화시킬 수 있다는 인식이 필요하다.

과거 재원 없는 권한위임에 대한 헌법·법률상의 금지는 예시된 목적을 달성하지 못하였고, 배상요건도 거의 이행되지 않았다. 특히, 보상프로그램은 행정적으로 복잡하고, 정치적으로는 논쟁거리가 되며, 과도한 재정지출을 유도하는 등 실제로 잘 작동되지는 않았다.

이들 명령에 의하여 영향받는 부문의 효과에 관해 논의되면서 주정부와 지방정부가 연방정부의 협력자적 역할이 강조되고 있다. 이러한 현상들은 향후 보다 책임 있는 연방정부구조로 전환되는 과정으로 평가되고 있다(Kelly, 1995; 139).

근래 들어 UMRA에 근거하여 재원 없는 권한위임이 다소 저지되었고, 연방위임에 대한 특정 금지 사항은 이들 제도운영에 대한 의미 있는 담론들을 전개시켰다고 평가된다. 향후 연방위임에 대한 현실적 고민은 국가 수준에서 주정부와 지방정부 간 파트너십, 소위 파트너십 연방주의(partnership federalism) 간 어떻게 제도를 안정화시킬 것인가에 관한 논의가 지속되어야 할 것이다.

3. 재원 없는 권한위임 적용을 위한 과제

현재 대통령직속 지방자치발전위원회는 지방일괄이양법을 제정하려고 추진 중에 있다. 1990년대 일본은 사무를 지방에 일괄이양하는 법을 제정하고 지방으로 사무를 넘겨 이제는 지방자치 선진국으로 발돋움했다는 점을 강조하고 있으며, 주된 내용은 사무와 권한이 중앙에 집중되어 있다는 관점에서 지방정부로 사무를 이양해야 한다는 것이다. 특히 “국가 총사무 가운데 지방사무의 비중이 36% 정도(현재 32%)로 높아지고 장기적으로 이 비중을 40%까지 끌어올리는 것이 목표”라고 밝힌다.

다만 아쉬운 점이 있다면 재원 없는 권한위임에 관한 내용은 다루어지지 않고 있다. 사무만 넘긴다고 해서 문제가 해결될 것 같지는 않다. 지방자치발전위원회에서 사무배분에 관해 다양한 논의의 이면에 재원배분에 관한 논의는 이루어지지 않고 있다.

재원 없는 권한위임에 관안 논의는 우선 중앙부처(기획재정부와 행정자치부) 차원에서 확산되어야 할 필요가 있을 것이다.

◀)) 일괄이양법/재원 없는 권한위임(방지)법안 제정

일괄이양법을 제정하면서 동시에 재원 없는 권한위임법이 제정되어야 할 것이다. 가장 현실적인 대안은 재원 없는 권한위임법을 먼저 제정할 필요가 있다. 차선의 대안으로 일괄이양법과 재원 없는 권한위임법을 동시에 제정할 필요가 있다. 재정지원 없는 권한위임법이 제정되면 중앙정부의 비효율적 재정정책을 저지할 수 있을 것이다.

미국 CBO와 같은 지방재정부담 등과 관련된 비용추계 관련조직 신설

국회예산정책처에서 재정사업에 관해 일부이지만 비용추계를 하고 있다. 향후 건전재정을 위해 보조금 관련 지방재정부담에 관해 반드시 비용추계를 할 필요가 있다. 이를 뒷받침하기 위해 비용추계 전문조직을 설립할 필요가 있을 것이다.

지방재정부담심의위원회(지방재정법 제27조의 2)의 내실화

현재 국무총리소속의 지방재정부담심의위원회가 구성되어 있다. 다만 지방재정부담과 관련하여 유의한 정책제안을 하지 못하고 있다. 원래 입법의 취지는 지방정부의 의견이 적극 반영가능하도록 하기 위함인데 실상은 그러하지 못하다. 프랑스의 경우와 같이 교부금 및 보조금 분배체계의 중립기관인 '지방재정위원회'(지방재정협의회)를 설치하여 지자체와 갈등을 최소화할 필요가 있다.

실무위원회(지방재정부담심의위원회 운영규정(행정안전부 훈령(제207호) 제6조)의 기능강화

지방재정부담심의위원회 운영규정은 아래와 같이 규정하고 있는데, 아래 법리적 내용에 근거하여 실무위원회의 기능이 더욱 강화되어야 할 것이다.

제2조(기능) 위원회는 지방재정법 제27조의2 제1항에 따라 다음 사항 중 위원회의 위원장이 상정하는 주요 안건을 심의한다.

1. 법 제26조에 따른 지방자치단체의 부담을 수반하는 주요 경비에 관한 사항
2. 국가와 지방자치단체 간 세목조정 중 지방재정상 부담이되는 중요 사항
3. 국고보조사업의 국가와 지방자치단체 간, 시·도 및 시·군·자치구 간 재원분담 비율 조정에 관한 사항
4. 지방자치단체 재원분담에 관련된 법령 또는 정책 입안 사항 중 행정자치부장관의 요청에 따라 국무총리가 부의하는 사항
5. 지방세 특례 및 세율조정 등 지방세 수입에 중대한 영향을 미치는 지방세 관계 법령의 제정 · 개정에 관한 사항 중 안전행정부장관의 요청에 따라 국무총리가 부의하는 사항
6. 그 밖에 지방자치단체의 재원분담에 관한 사항으로 안전행정부장관의 요청에 따라 국무총리가 필요하다고 인정하여 부의하는 사항

[부록] 보조금관리에 관한 법률 시행령

[별표 1] <개정 2014.12.30.>
보조금 지급 대상 사업의 범위와 기준보조율(제4조제1항 본문 관련)

사업	기준보조율(%)	비고
1. 일반여권 발급	100	
2. 119구조장비 확충	50	
3. 민방위 교육훈련 및 시설·장비 확충	30	
4. 재해 위험지역 정비	50	
5. 소하천 정비	50	
6. 농어업기반 정비	80	
7. 배수 개선	100	
8. 방조제 개수·보수		
가. 국가관리	100	
나. 지방관리	70	
9. 가뭄대비 농업용수 개발	80	
10. 토양개량사업	70	
11. 축산분뇨처리시설 지원		
가. 정착촌 구조 개선	70	
나. 개별시설	30	
다. 공동자원화시설(퇴비화 · 액비화 (液肥化) 시설)	50	
라. 공동자원화시설(에너지화시설)	30	
12. 농어촌자원 복합산업화 지원		
13. 연근해어선 감척(減隻)	50	
	연안: 80	농공단지조성 지원 사업은 정액 보조
14. 농기계임대사업	근해: 100	
	50	
15. 농업소득보전고정직접지불	100	
16. 유기질비료 지원	정액	
17. 농어업인 영유아 양육비 지원	50	
18. 소규모 바다목장	50	
19. 농가경영안정 재해 대책비(공공시설)	국가관리: 100	
	지방관리: 50	
	한국농어촌공사관리:	
20. 녹비작물(綠肥作物) 종자대금	70	
21. 친환경농업기반 구축	50	
가. 친환경농업지구 조성	30	
나. 광역친환경 농업단지 조성	계속: 40	
	신규: 30	
22. 광역클러스터 활성화	50	

23. 농산물유통 개선	40	
24. 공단폐수종말처리시설	수도권: 50	수도권(「수도권정비계획법」 제2조제1호에 따른 수
	그 밖의 지역: 70	도권을 말한다)은 수익자부담 50%
	일반: 50	
25. 농공단지폐수종말처리시설	추가: 70	「산업입지 및 개발에 관한 법률 시행령」 제3조제2
	우선: 100	항제1호에 따른 농어촌지역의 구분에 따라 지원
	30	
	서울특별시, 시·군:	
	30	
26. 쓰레기 매립시설	광역시: 40	서울특별시·광역시는 공동시설만 지원, 시·군의 공
27. 쓰레기 소각시설	도서지역: 50	동시설은 50% 지원
28. 상수도시설 확충 및 관리	70	
29. 농어촌폐기물 종합처리시설	정액	
30. 비위생매립지 정비	50	
31. 하수처리장 확충	10	
가. 광역시	50	
나. 광역시(총인처리시설)	50	
다. 시지역(읍 이상)	70	
라. 군지역(면 이하)	80	
마. 주한미군공여구역, 방폐장 주변지역	50	
	70	
32. 분뇨처리시설 확충	광역시: 30	
33. 농어촌마을 하수도 정비	도청소재지: 50	
34. 하수처리수 재이용사업	일반 시 · 군: 70	
35. 가축분뇨공공처리시설 설치		
가. 광역시	60	
나. 광역시(군지역)	80	
다. 시·군·구	80	
라. 지역단위 통합관리 센터(전지역)	70	
36. 국가지원 지방도 건설	정액	
37. 시 관내 국도대체 우회도로 건설	정액	공사비만 해당(용지보상비 제외)
38. 경전철 건설	정액	공사비만 해당(용지보상비 제외)
39. 항만배후도로 건설	정액	
40. 해양 및 수자원 관리	50	내역사업 중 연안보전사업은 보조율 70%
41. 대중교통 지원	90	내역사업 중 화물차공영차고지건설 지원 사업은 70%
42. 지역거점 조성 지원	100	내역사업 중 혁신도시 비즈니스센터 지원사업은 보조율 50%
43. 화물자동차 휴게소 건설 지원	30	
44. 지방하천 정비	50	
45. 해양보호구역 관리	70	
46. 도시철도 건설	서울: 40	민간투자 경량전철건설사업은 제외
	지방: 60	
47. 산림병해충 방제		

가. 약제대금	100	
나. 기타	50	
48. 산불방지 시설·장비 확충 및 운영	40	
49. 조림사업(造林事業)		
가. 장기수(長期樹)	70	
나. 큰 나무	50	
50. 숲 가꾸기	50	
51. 사방사업	70	
52. 산림휴양·녹색공간 조성	50	
53. 임산물(林産物) 유통구조 개선	50	
54. 임산물 생산기반 정비	20	
55. 산림경영자원 육성	80	
56. 임도시설	70	
57. 산림서비스 증진	50	
58. 농업전문인력 양성교육	50	
59. 시·군농업기술센터 육성·운영 및 시설장비 보강	50	
60. 원원종(原原種) 및 원종 생산	100	
61. 지역농촌지도사업 활성화	50	
62. 지역전략작목 산학연 협력사업	100	
63. 지역농업특성화기술 지원	50	
64. 문화시설 확충 및 운영	40	문예회관 건립지원 사업은 정액보조, 농어촌 공공 도서관 건립사업은 보조율 80% 용지매입비 제외
65. 관광자원 개발	50	
66. 전국체육대회 운영	50	용지매입비 제외
67. 국제경기대회(동계대회 포함) 지원		용지매입비 제외
가. 도로(동계)		지방은 재정자주도(財政自主度)에 따라 차등 지원
나. 경기장	50(70)	
68. 체육진흥시설 지원	30	
69. 전국체전시설 지원	30	
70. 청소년시설 확충	30	
71. 지역문화산업 육성 지원	서울: 30 지방: 70~88	
72. 문화유산 관광자원화	50	
73. 국가지정문화재 보수·정비	50	
74. 지방의료원 기능 강화	70	
75. 선천성대사이상검사 및 소아환자 관리	50	
76. 한센환자 보호시설 운영	서울: 30 지방: 50	
77. 한센양로자 지원	서울: 50 지방: 70	
78. 국가예방접종 실시	50	
	서울: 30	

	지방: 50	
79. 방과 후 돌봄서비스	서울: 30 지방: 50	
80. 기초생활보장수급자 생계급여	서울: 50 지방: 80	해당 회계연도의 전전년도 최종예산에서 가. 사회복지비 지수가 25 이상이면서 재정자주도가 80 미만인 기초자치단체는 10%p 인상 나. 사회복지비 지수가 20 미만이면서 재정자주도가 85 이상인 기초자치단체는 10%p 인하
81. 기초생활보장수급자 주거급여	서울: 50 지방: 80	해당 회계연도의 전전년도 최종예산에서 가. 사회복지비 지수가 25 이상이면서 재정자주도가 80 미만인 기초자치단체는 10%p 인상 나. 사회복지비 지수가 20 미만이면서 재정자주도가 85 이상인 기초자치단체는 10%p 인하
82. 기초생활보장수급자 자활급여	서울: 50 지방: 80	해당 회계연도의 전전년도 최종예산에서 가. 사회복지비 지수가 25 이상이면서 재정자주도가 80 미만인 기초자치단체는 10%p 인상 나. 사회복지비 지수가 20 미만이면서 재정자주도가 85 이상인 기초자치단체는 10%p 인하
83. 기초생활보장수급자 해산급여·장제급여	서울: 50 지방: 80	해당 회계연도의 전전년도 최종예산에서 가. 사회복지비 지수가 25 이상이면서 재정자주도가 80 미만인 기초자치단체는 10%p 인상 나. 사회복지비 지수가 20 미만이면서 재정자주도가 85 이상인 기초자치단체는 10%p 인하
84. 기초생활보장수급자 교육급여	서울: 50 지방: 80	
85. 기초생활보장수급자 의료급여	서울: 50 지방: 80	
86. 노숙인재활시설 및 노숙인요양시설 운영	서울: 50 지방: 70	
87. 장애인 의료비, 장애인 자녀 학비 지원	서울: 50 지방: 80	
	서울: 50	

88. 장애수당·장애아동수당	지방: 70	
89. 영유아보육료 및 가정양육수당 지원	서울: 35 지방: 65	해당 회계연도의 전전년도 최종예산에서 가. 사회복지비 지수가 25 이상이면서 재정자주도가 80 미만인 기초자치단체는 10%p 인상 나. 사회복지비 지수가 20 미만이면서 재정자주도가 85 이상인 기초자치단체는 10%p 인하
90. 저소득 한부모가족 지원	서울: 50 지방: 80	
91. 사회복지보장시설 및 장비 지원	50	재가노인복지시설 개수·보수 제외
92. 어린이집 기능 보강	50	용지매입비 제외 「국민기초생활 보장법」에 따른 보장시설의 신축·증축·개축만 해당(용지매입비 제외)
93. 화장시설·봉안시설·자연장지·화장로	70	용지매입비 제외
94. 긴급복지지원	서울: 50 지방: 80	화장로 개수·보수는 50%
95. 보육돌봄서비스, 육아 종합지원서비스 제공, 어린이집 교원 양성 지원, 어린이집 지원 및 공공형어린이집	서울: 20 지방: 50	해당 회계연도의 전전년도 최종예산에서 가. 사회복지비 지수가 25 이상이면서 재정자주도가 80 미만인 기초자치단체는 10%p 인상 나. 사회복지비 지수가 20 미만이면서 재정자주도가 85 이상인 기초자치단체는 10%p 인하
96. 아동통합서비스 지원·운영	정액	서울특별시는 그 외 지방자치단체의 3분의 2 수준으로 지원
97. 장애인활동 지원	서울: 50 지방: 70	
98. 장애인연금	서울: 50 지방: 70	
99. 지역자율형사회서비스 투자사업	서울: 50 지방: 70 성장촉진지역: 80	
100. 농어촌보건소 등 이전·신축	사업비의 3분의2	
101. 농어민 지역실업자 직업훈련	80	
102. 사회적기업 육성	75	내역사업 중 사업개발비지원사업은 70%
103. 지방과학문화시설 확충사업	50	
104. 가족관계등록사무	100	
105. 위험도로구조 개선	50	
106. 교통사고 잦은 곳 개선	50	회전교차로 설치 시범사업은 정액 지원
107. 어린이 보호구역 개선	50	
108. 안전한 보행환경 조성	50	
109. 지역특성화산업 육성 지원	50	
110. 전통시장 및 중소유통물류기반 조성	60	
111. 경제자유구역 기반시설	50	
112. 하수관로 정비	광역시: 30 도청 소재지: 50	가. 개량의 경우 광역시는 10%, 도청 소재지는 20%, 시·군은 30%

	시·군: 70	나. 특별자치시와 특별자치도는 도청 소재지의 기준보조율에 따른다.
113. 비점오염저감사업	일반: 50 비점오염원관리지역: 70	
114. 우수저류시설 설치	50	
115. 그 밖에 국가와 지방자치단체 상호 간에 이해관계가 있고 보조금의 교부가 필요한 사업	사업 수행의 근거 법령·성격에 따라 정률(100%, 80%, 70%, 50%, 40%, 30%, 20%) 또는 정액 보조	기획재정부장관이 수립한 예산안 편성지침에 대상사업 명칭과 기준보조율을 분명하게 밝히거나 매년 예산으로 정한다.

CHAPTER
05

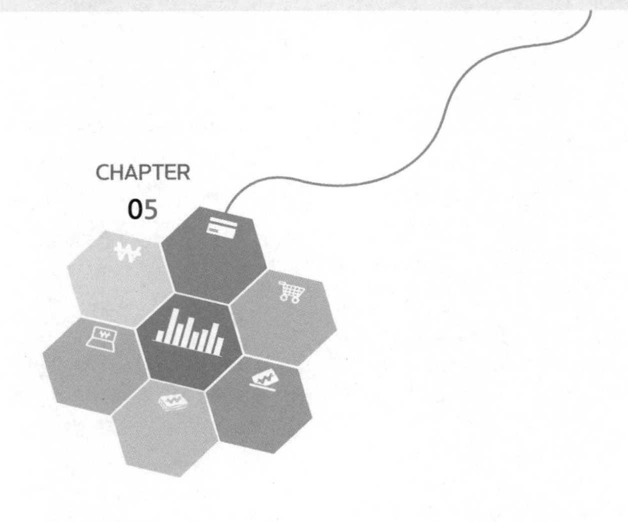

채무지속가능성 분석(DSA)/중기채무전략(MTDS)

전 세계적으로 국가채무가 지속적으로 증가되고 있어 재정건전성에 대한 우려가 커지고 있다. 이에 IMF는 거시재정정책의 일환으로 해당 국가의 재원조달 능력과 채무수준 유지 및 관리 여력에 대한 체계적인 분석기법을 제시하고 있는데, 그 핵심이 바로 채무지속가능성분석(DSA, Debt Sustainability Analysis, 이하 DSA)이다. 이 방법론은 지난 10여 년간 IMF에 의해 꾸준히 발전되어 왔고, 공공부문 채무통계 작성지침(Public Sector Debt Statistic, 이하 PSDS)에서도 부채분석도구로 활용되고 있다.

DSA는 현재의 부채상황은 물론 향후 취약성에 대해 면밀히 분석하여 사전적으로 지속가능성에 대한 문제를 예방하는 데 중요한 역할을 하고 있다. 또한 MTDS는 공공부채의 포트폴리오 관리 측면에서 전략적 접근방법이다. 우리나라에 적용가능성과 향후 활용가능성에 대한 다양한 논의가 필요하지만, 이 장에서는 DSA와 MTDS에 관해 소개하고자 한다.

DSA방법론에 대하여 논의하기 전에 공공부문의 범위와 그 하위기관을 설명하면 다음 <그림 5-1>과 같다. 공공부문은 일반정부부문(중앙정부, 주정부, 지방정부), 비금융공기업 및 금융공기업부문의 공기업을 포괄한다.

그림 5-1 **공공부문의 범위**

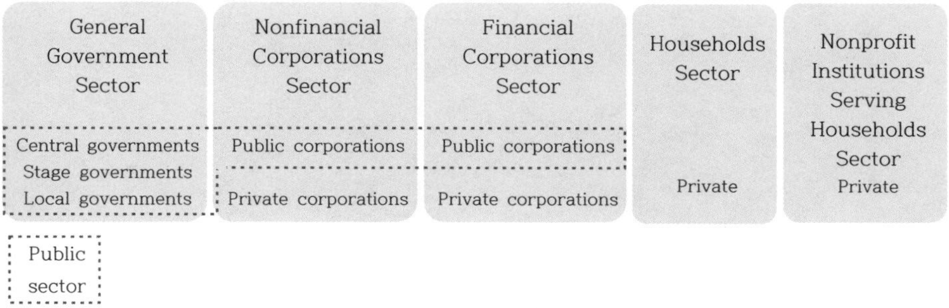

General Government Sector	Nonfinancial Corporations Sector	Financial Corporations Sector	Households Sector	Nonprofit Institutions Serving Households Sector
Central governments Stage governments Local governments	Public corporations	Public corporations		
	Private corporations	Private corporations	Private	Private

Public sector

자료: GFSM (2014). p.19.

정부재정통계(Government Finance Statistics, 이하 GFS)에서는 더 세부적인 분류를 하고 있는데 <그림 5-2>와 같다. 중앙정부에 국한하여 설명하면, 예산상 정부, 예산외 정부, 사회보장기금을 포괄한다. 대안적으로 사회보장기금은 주정부 및 지방정부에 포함할 수도 있고, 주정부 및 지방정부에 예산상정부, 예산외 정부, 사회보장기금이 각각 존재할 수도 있다.

1. DSA 기본구조

IMF DSA의 기본 구조는 위험 평가를 통해 국가별 위험 수준을 결정하는데, 그 위험 수준에 따라 저위험 국가와 고위험 국가로 구분한다. 저위험 국가는 기본 DSA 분석만을 실시하고, 고위험 국가는 기본 DSA 분석과 더불어 위험요소 분석을 추가적으로 수행해야 한다.

위험 평가는 공공부채 수준(public debt), 총 공공 필요 자금(public gross financing needs), 예외적으로 IMF 기금 활용 여부(exceptional access to Fund) 등의 세 가지 요소로 평가한다. 다만 세 가지 항목 중 어느 한 가지가 다음 기준을 초과할 경우 고위험국가로 분류된다.

첫째, GDP 대비 공공부채 수준은 현재 수준에서는 50% 초과여부, 전망치는 60% 초과여부를 기준으로 한다.

둘째, GDP 대비 총 공공 자금 비율이 현재 수준에서 10% 초과여부, 전망치는 15% 초과여부를 기준으로 한다.

그림 5-2 **공공부문과 그 구성요소**

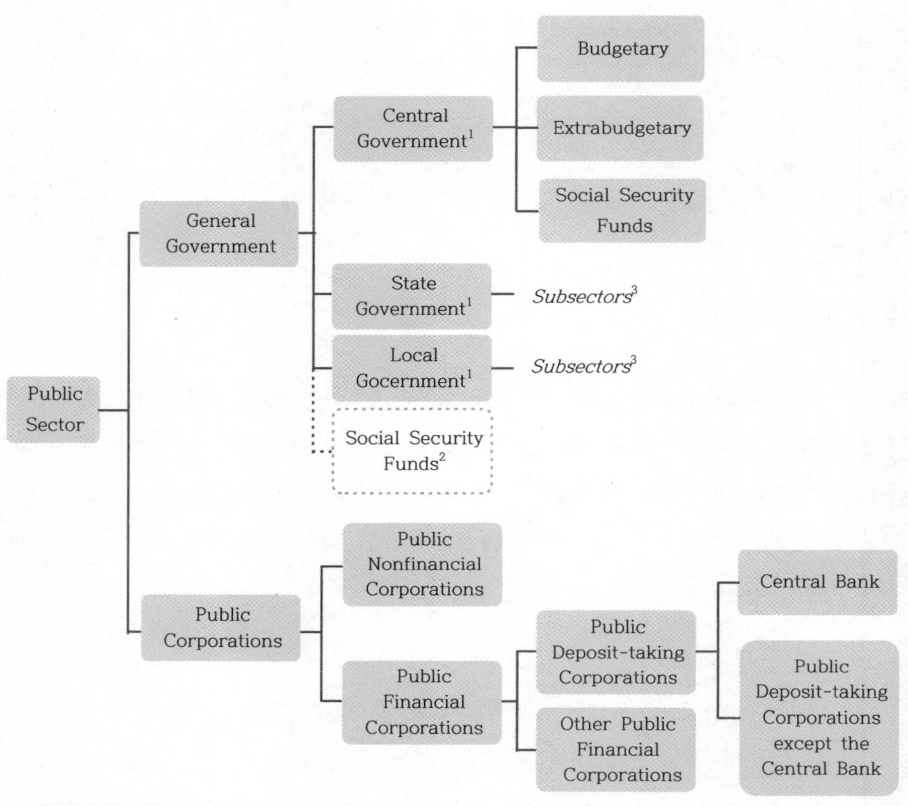

1. 사회보장기금포함
2. 대안적으로 사회보장기금은 박스(점선)에 표시된 것처럼 하위부문으로 분리될 수 있음
3. 예산단위, 예산 외 단위, 사회보장기금은 주(State) 및 지방정부에 존재할 수 있음

주: <그림 8-1>에 한글 표가 있음

자료: GFSM (2014). p. 20.

셋째, 예외적인 IMF 기금 활용을 기준으로 하는데, 지원 요청 여부 또는 현재 IMF 기금 사용여부이다.

기본 DSA는 실질 GDP 성장률, 인플레이션, 이자율, 환율 등의 해당 국가의 거시경제 변수와 재정수입과 지출의 차이로 나타나는 기초재정수지(primary fiscal balance), 현재 총공공부채 저량, 그 밖의 부채유발 요소 등의 재정관련 변수 전망치를 활용하여 GDP 대비 총공공부채 비율 전망하고 각 구성요소별 기여도를 분석하게 된다.

그림 5-3 **DSA 구조 흐름도**

위험평가(Risk Assesment)

1. 공공부채(GDP 대비 공공부채 현재치 50% 초과여부, 전망치 60% 초과여부)
   - *current* public debt to GDP ratio exceed *50 percent* or not
   - *projected* public debt to GDP ratio exceed *60 percent* or not
2. 총 공공필요자금(GDP 대비 총공공 필요자금비율 현재치10% 초과여부, 전망치 15% 초과여부)
   - *Current* public gross financing needs exceed *10 percent* or not
   - *Projected* public gross financing needs exceed *15 percent* or not
3. 예외적 IMF 기금사용(IMF지원요청, 현재 IMF 기금사용)
   - seeking for exceptional access to Fund
   - currently having access to exceptional Fund

위험수준(Risk Level)

저위험국가(LOW SCRUTINY Country)

고위험국가(HIGH SCRUTINY Country)

채무지속가능성분석(Debt Sustainability Analysis)

저위험국가:

1. 기본 DSA(basic DSA)
   - 기본시나리오(baseline scenario)
   - 대체시나리오(alternative scenario)
2. 추가사항(other)
   - 우발부채(contingent liabilities)
   - 개별시나리오(customized scenarios)

고위험국가:

1. 기본 DSA(basic DSA)
   - 기본시나리오(baseline scenario)
   - 대체시나리오(alternative scenario)

2.위험요소분석
(Risk Identification Analysis)
   - 기본시나리오 현실적합성 평가
(realism of baseline scenario)
   - 채무프로파일 취약성분석
(vulnerability of debt profile)
   - 거시재정위험에 대한 민감도 분석
(sensitivity to macro-fiscal risks)
   - 우발부채(contingent liabilities)

3. 위험요소 보고(Risk Reporting)
   - heat map
   - fan charts
   - write-up

자료: IMF. (2013). p.6.

시나리오는 기본 시나리오(baseline scenario)와 각 변수들의 시계열 평균치를 이용하여 전망하는 역사적 시나리오(historical scenario), 기초재정수지를 첫 번째 전망치로 고정하고 분석하는 기초재정수지 불변 시나리오(constant primary balance secnario)로 구성된다.

고위험 국가로 분류 시 (1) 기본 시나리오 현실 적합성, (2) 부채상환 방법에 대한 취약성, (3) 거시재정 충격에 따른 민감도 분석, (4) 우발부채 분석, (5) Fan Chart를 이용한 확률적 충격 분석 등 위험요소를 상세하게 분석해야 한다. 그 내용은 <그림 5-3>과 같다.

2. DSA 적용 시 고려사항

DSA를 적용할 때 공공부문은 일반정부를 기준으로 적용할 것을 권고하고 있다. 그렇다면 이미 설명한 바와 같이(<그림 5-1> 및 <그림 5-2>, GFS and PSDS), 예산상의 중앙정부(the budgetary central government)나 중앙정부(central government)에 국한하여 재정통계를 구축하는 국가들의 경우에는 한계로 작용한다. 왜냐하면 공공기관(state-run financial entities)이 포함되지 않기 때문이다. 다만, IMF에서 고위험 공공기관(high-risk public enterprises)도 포함할 것을 권고하고 있지만 국가별 해당 자료를 구축하는 데 한계가 있을 수 있다.

그렇다면 고위험 공공기관의 범위는 어느 범주까지 포함할 것인지에 관해 논의가 되어야 할 것이다. 다만 우리나라의 경우 공공기관 중장기채무관리계획을 작성하고 있는 41개 공공기관이 이에 해당할 여지는 있을 것이다.

한편 장기지출압력(long-term spending pressure)을 고려해야 한다. 여기는 연금이나 건강보험 등이 고려대상인데, IMF에서는 이를 직접 고려하지 않고 있다. 더욱이 총부채를 중심으로 분석하고 있다. 다만, 해당국가의 금융자산이나 정부자산에 세부자료가 있을 경우 순부채로 분석가능하다. 또한 우발부채는 제외하고 있는데 고려되어야 할 부분이다.

또 다른 한편 분석 및 전망기간은 과거 11년간 자료를 바탕으로 공공부채 추이분석(fan chart)과 현재 시점 기준으로 향후 5년 공공부채를 전망하도록 하고 있는데, 과거 11년간 자료를 신뢰할 수 있는가도 고려되어야 할 부분이다.

3. 기본 DSA(Basic DSA)/부채 동학(Debt Dynamics)[1]

표 5-1 **부채 동학**

변 수	설 명
D_t^f	the stock of foreign currency-denominated debt at the end of period t
D_t^d	the stock of domestic(local) currency-denominated debt at the end of period t
e_{t+1}	the nominal exchange rate(LC/USD) at the end of period t+1
i_{t+1}^f	the effective nominal interest rate on foreign currency-denominated debt in period t+1
i_{t+1}^d	the effective nominal interest rate on domestic(local) currency-denominated debt in period t+1
T_{t+1}	total public sector revenues in local currency(LC) in period t+1
G_{t+1}	total grants to the public sector in local currency(LC) in period t+1
S_{t+1}	public expenditures **excluding interest payments** in local currency(LC) in period t+1
PB_{t+1}	primary (fiscal) balance in period t+1 $PB_{t+1} = T_{t+1} + G_{t+1} - S_{t+1}$
O_{t+1}	other identified debt-creating flows in period t+1 (i) privatization receipts (ii) recognition of contingent liabilities (iii) debt relief (iv) other specific terms such as bank recapitalization
RES_{t+1}	a residual ensuring that the identity holds. In order to minimize the residual the user should ensure that there is consistency between the definition of the stock and flow variables.

자료: IMF (2013). p.39.

공공부채 수준

$$
\begin{aligned}
D_{t+1} &= (1+i_{t+1}^f)(e_{t+1} \cdot D_t^f) + (1+i_{t+1}^d)D_t^d - PB_{t+1} + O_{t+1} + RES_{t+1} \\
&= \left(\frac{e_{t+1}}{e_t}\right)(1+i_{t+1}^f)(e_t \cdot D_t^f) + (1+i_{t+1}^d)D_t^d - PB_{t+1} + O_{t+1} + RES_{t+1} \\
&= (1+\epsilon_{t+1})(1+i_{t+1}^f)(e_t \cdot D_t^f) + (1+i_{t+1}^d)D_t^d - PB_{t+1} + O_{t+1} + RES_{t+1}
\end{aligned}
$$

1) 아래의 모든 내용은 IMF.(2013) 부록 Debt Dynamics를 참고하라.

이때 $PB_t = T_t + G_t - S_t$ and $1+\epsilon_{t+1} = e_{t+1}/e_t$

$t+1$기 공공부채 수준은 $t+1$기 t기 공공부채 수준, 기초재정수지 및 우발부채와 같이 공공부채를 유발시킬 수 있는 다른 요인으로 구성된다. t기 공공부채는 해외부채(D_t^f)와 국내부채(D_t^d)로 구성되며, 각 부문의 부채는 해당 국가의 이자율을 고려하여 이자를 지급한다. 또한, 총부채를 원화로 나타내기 위해 해외부채에 $t+1$기 환율을 적용한다.

명목표시 GDP대비 (공공)부채 비율

$$d_{t+1} = \frac{(1+\epsilon_{t+1})(1+i_{t+1}^f)}{(1+g_{t+1})(1+\pi_{t+1}^d)} d_t^f + \frac{(1+i_{t+1}^d)}{(1+g_{t+1})(1+\pi_{t+1}^d)} d_t^d - pb_{t+1} + o_{t+1} + res_{t+1}$$

이때 $Y_{t+1} = (1+g_{t+1})(1+\pi_{t+1}^d) Y_t$ and $d_t^f = \frac{(e_t \cdot D_t^f)}{Y_t}$

GDP 대비 부채 비율을 나타내기 위해 양변을 $t+1$기 GDP, Y_{t+1}로 나눈다. 따라서 GDP 대비 부채 비율은 $d_t = D_t/Y_t$로 나타난다. t기간의 총부채 수준과 GDP로 표현된다. (우변)에서 t기 부채 부문은 $(t+1)$기 GDP 수준으로 나누고 시점을 맞추기 위해 Y_{t+1}은 Y_t로 나타난다. 또한 Y_{t+1}과 Y_t는 둘 다 명목 GDP이기 때문에 두 변수간 관계는 실질GDP 성장률과 인플레이션률로 나타낼 수 있다.

$$Y_{t+1} = (1+g_{t+1})(1+\pi_{t+1}^d) Y_t$$

한편, GDP대비 해외 부채비율은 환율변화, 해외 명목이자율뿐만 아니라 실질 경제 성장률과 물가상승률에 의해 결정된다. GDP대비 국내 부채비율은 국내 명목이자율과 실질 경제성장률, 물가상승률에 의해서 결정된다. 기초재정수지와 기타 부채 유발요인, 잔차 부분은 시점이 통일되어 있기 때문에 비율로 표시가 가능하다.

명목표시 GDP대비 (공공)부채 비율변화

$$d_{t+1} - d_t = \frac{1}{\rho_{t+1}} \left[(i_{t+1} - \pi_{t+1}(1+g_{t+1}))d_t + \epsilon_{t+1}(1+i^f_{t+1})d^f_t - g_{t+1}d_t \right] \\ - pb_{t+1} + o_{t+1} + \left[\rho_{t+1}(d^f_t + d^d_t - d_t) + res_{t+1} \right]$$

이때, $i_{t+1} = (d^f_t / d_t) i^f_{t+1} + (d^d_t / d_t) i^d_{t+1}$ and $\rho_t = (1+g_{t+1})(1+\pi^d_{t+1})$

GDP대비 부채비율의 변화를 나타내기 위해 GDP대비 부채비율 변화식의 양변에 t기 GDP대비 부채비율을 차감한다. GDP대비 부채비율 변화분은 실효이자율부분, 환율부분, 실질성장률 등으로 구분되는데, 위의 식에 근거하여 실효이자율, 환율, 실질성장률과 현재 GDP대비 부채 비율 그리고 GDP대비 기초재정수비 비율 전망치로 GDP대비 부채비율을 전망한다.

실질표시 GDP대비 (공공)부채 비율변화

$$d_{t+1} - d_t \\ = \frac{1}{1+g_{t+1}} \left(\left[r^f_{t+1} \frac{d^f_t}{d_t} + r^d_{t+1} \frac{d^d_t}{d_t} \right] d_t - g_{t+1} d_t + \xi_{t+1} r^f_{t+1} d^f_{t+1} \right) - pb_{t+1} + o_{t+1} \\ + \left[(1+g_{t+1})(d^f_t + d^d_t - d_t) + res_{t+1} \right]$$

이때, $1 + i^d_{t+1} = (1 + r^d_{t+1})(1 + \pi^d_{t+1})$, $1 + i^f_{t+1} = (1 + r^f_{t+1})(1 + \pi^f_{t+1})$, and $1 + \xi_{t+1} = (e_{t+1}/e_t)((1+\pi^f_{t+1})/(1+\pi^d_{t+1}))$

명목 표시 GDP대비 공공부채 비율 변화를 실질 GDP대비 공공부채비율로 전환된다. 실질표시 GDP대비 공공부채 비율변화는 고위험 국가에 대해서 실시하는 Fan chart 분석에서 거시 경제 변수들 간 상호관계를 고려하여 분석할 때 사용하게 된다.

실질표시 GDP 대비 부채 비율 변화분은 실질이자율, 실질환율, 실질성장률 등 세 가지 부분으로 구분된다.

기여도 분석

$$d_{t+1}-d_t=\frac{1}{\rho_{t+1}}\left[(i_{t+1}-\pi_{t+1}(1+g_{t+1}))d_t+\epsilon_{t+1}(1+i^f_{t+1})d^f_t-g_{t+1}d_t\right]$$
$$-pb_{t+1}+o_{t+1}+\left[\rho_{t+1}(d^f_t+d^d_t-d_t)+res_{t+1}\right]$$

이때, $i_{t+1}=(d^f_t/d_t)i^f_{t+1}+(d^d_t/d_t)i^d_{t+1}$ and $\rho_t=(1+g_{t+1})(1+\pi^d_{t+1})$

기본 DSA는 GDP대비 공공부채 변화전망과 GDP대비 기초재정수지 변화 뿐만 아니라 실효 이자율, 환율, 실질 성장률 등이 GDP 대비 공공부채 변화에 미치는 정도는 어떠한지? 기여도를 분석하는 부분으로 구성된다.

기여도 분석은 위의 식에 있는 5가지 부분의 변화가 GDP 대비 공공부채 변화에 기여도를 그래프와 수치로 분석한다.

표 5-2 기여도 분석

변 수	기 여 도
$(i_{t+1}-\pi_{t+1}(1+g_{t+1}))d_t$	실효이자율(effective interest rate)
$\epsilon_{t+1}(1+i^f_{t+1})d_t$	환율(exchange rate)
$g_{t+1}d_t$	실질 성장률(real GDP growth)
pb_{t+1}	기초재정수지(primary balance)
o_{t+1}	다른 부채 유발 요인(other identified debt-creating flows)

DSA 사용되는 변수는 거시경제변수와 재정관련변수로 구성된다. 거시경제변수는 실질 GDP 성장률, GDP 디플레이터, 이자율, 환율 등이고, 재정관련변수는 재정수입(government revenues and grants), 이자지출을 제외한 정부지출(non-interest government expenditures), 현재 총공공부채 저량(the current stock of gross debt), 그 밖에 부채 유발 요소로 구성된다.

기본 DSA의 내용에는 기본시나리오, 역사적 시나리오로, 기초재정수지불변 시나리오로 구분된다. 기본시나리오(baseline scenario)는 위에서 언급된 바와 같이 거시경제 및 재정 관련 변수에 대한 기본적인 전망치를 이용하여 GDP 대비 총 공공부채(debt-to-GDP ratio) 변화분을 전망하고, 각 요소들의 기여도를 분석한다.

표 5-3 기본 DSA 보고내용

	구 분	내 용
1	기본 시나리오하 거시경제 및 채무 변수	• 명목 총공공부채(Nominal gross public debt) • 공공자금조달(Public gross-financing needs) • 실질 GDP 성장률 • 물가상승률(GDP deflator) • 명목 GDP 성장률 • 실효 이자율(Effective interest rate): 전기 마지막 시점 이자지급액/총부채액
2	최근 위험 등급, EMBI*, CDS** spread와 같은 시장 지표	• 국가 spreads (Sovereign Spreads) - 미국 채권 대비 채권 spread(Bond spread over U.S. Bonds), CDS spread • 위험 등급(Risk Rating): Moody's, S&Ps, Fitch
3	기본 시나리오하 동태적 채무분석	• 총공공부문 부채 변화분(Change in gross public sector debt) • 부채유발 요소 분석(Identified debt-creating flows) (i) 기초수지(Primary deficit) - 재정수입(Revenue and grants) - 재정지출(Primary(non interest) expenditure) (ii) 자동화 부채 변화(Automatic debt dynamics) - 이자율-성장률 차이 - 실질 이자율 부문 - 실질 GDP 성장률 (iii) 그 밖의 부채 유발 요소(Other identified debt-creating source) - 민간수입(Privatization receipts), 우발부채(Contingent liabilities), 기타 요소(Other debt-creating flows) • 잔차(Residuals)
4	채무 안정화 기초재정수지	• 실질 GDP 성장률과 실질 이자율, 그 밖의 부채 유발 요소 등을 전기 전망치로 고정시켰을 때 부채 비율
5	만기구조와 국채와 외채 구성비율	• 만기별 구성비: 단기 채권 vs. 중장기 채권 • 국채와 외채 비율
6	시나리오별 부채비율 비교	• 기본 시나리오 • 역사적 시나리오 • 기초재정수지불변 시나리오 • 그 밖의 시나리오

* : EMBI: Emerging Markets Bond Index
** : CDS: Credit Default Swap

그림 5-4 기본 DSA 예제

Debt, Economic and Market Indicators [1/]

	Actual			Projections						As of March 26, 2013		
	2002-2010	2011	2012	2013	2014	2015	2016	2017	2018	Sovereign Spreads		
Nominal gross public debt	39.4	55.4	62.3	71.9	76.4	77.2	77.1	76.7	76.3	Spread (bp) 2/		550
Public gross financing needs	-0.8	4.8	4.5	20.3	20.1	20.2	27.4	32.2	19.2	CDS (bp)		575
Real GDP growth (in percent)	1.3	-2.9	1.4	-1.5	-3.3	0.3	2.1	1.9	1.9	Ratings	Foreign	Local
Inflation (GDP deflator, in percent)	2.9	0.9	1.0	1.0	1.0	1.3	1.3	1.4	1.6	Moody's	Aa3	Aa3
Nominal GDP growth (in percent)	4.2	-2.0	2.4	-0.5	-2.3	1.7	3.4	3.4	3.6	S&Ps	AA	AA-
Effective interest rate (in percent) [3/]	5.1	4.0	3.7	5.4	5.2	5.2	5.4	5.6	5.8	Fitch	AA	A

Contribution to Changes in Public Debt

	Actual			Projections							
	2002-2010	2011	2012	2013	2014	2015	2016	2017	2018	cumulative	debt-stabilizing primary balance [7/]
Change in gross public sector debt	1.6	7.65	6.93	9.6	4.5	0.9	-0.1	-0.4	-0.4	14.0	
Identified debt-creating flows	-0.4	7.71	5.28	9.6	4.5	0.8	-0.1	-0.4	-0.5	14.0	
Primary deficit	-0.8	4.8	4.5	-1.8	-1.1	-1.8	-1.7	-2.1	-2.2	-10.6	1.7
Revenue and grants	26.6	26.5	27.7	29.8	28.5	28.4	28.1	28.0	27.9	170.8	
Primary (noninterest) expenditure	25.9	31.3	32.3	28.0	27.4	26.6	26.5	26.0	25.8	160.2	
Automatic debt dynamics [4/]	0.3	2.9	0.8	3.7	5.6	2.7	1.5	1.7	1.7	16.8	
Interest rate/growth differential [5/]	0.3	2.9	0.7	3.7	5.5	2.6	1.5	1.6	1.6	16.6	
Of which: real interest rate	0.8	1.5	1.4	2.8	3.1	2.9	3.0	3.1	3.0	18.0	
Of which: real GDP growth	-0.5	1.4	-0.7	0.9	2.4	-0.3	-1.6	-1.4	-1.4	-1.3	
Other identified debt-creating flows	0.0	0.0	0.0	7.8	0.0	0.0	0.0	0.0	0.0	7.8	
Privatization receipts (negative)	0.0	0.0	0.0	0.0	0.0	0.0	0.0	0.0	0.0	0.0	
Contingent liabilities	0.0	0.0	0.0	0.0	0.0	0.0	0.0	0.0	0.0	0.0	
Other debt-creating flows (specify)	0.0	0.0	0.0	7.8	0.0	0.0	0.0	0.0	0.0	7.8	
Residual [6/]	2.1	-0.1	1.7	-0.1	0.1	0.0	0.1	0.0	0.1	0.2	

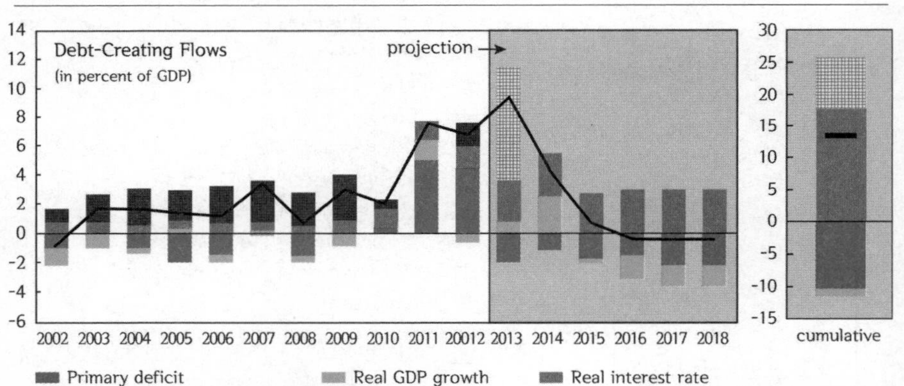

자료: IMF (2013). figure 2. p.16.

역사적 시나리오(historical scenario)는 실질경제성장률, 기초재정수지, 실질 이자율을 시계열 평균을 설정하여 분석하고, 나머지 변수들은 기본 시나리오와 동일하게 설정하여 분석한다.

기초재정수지 불변 시나리오(constant primary balance scenario)는 기초재정수지를 첫 번째 전망치로 고정하고, 다른 변수들은 기본 시나리오와 동일하게

그림 5-5 기본 DSA 예제-대안 시나리오 및 공공부채의 구성

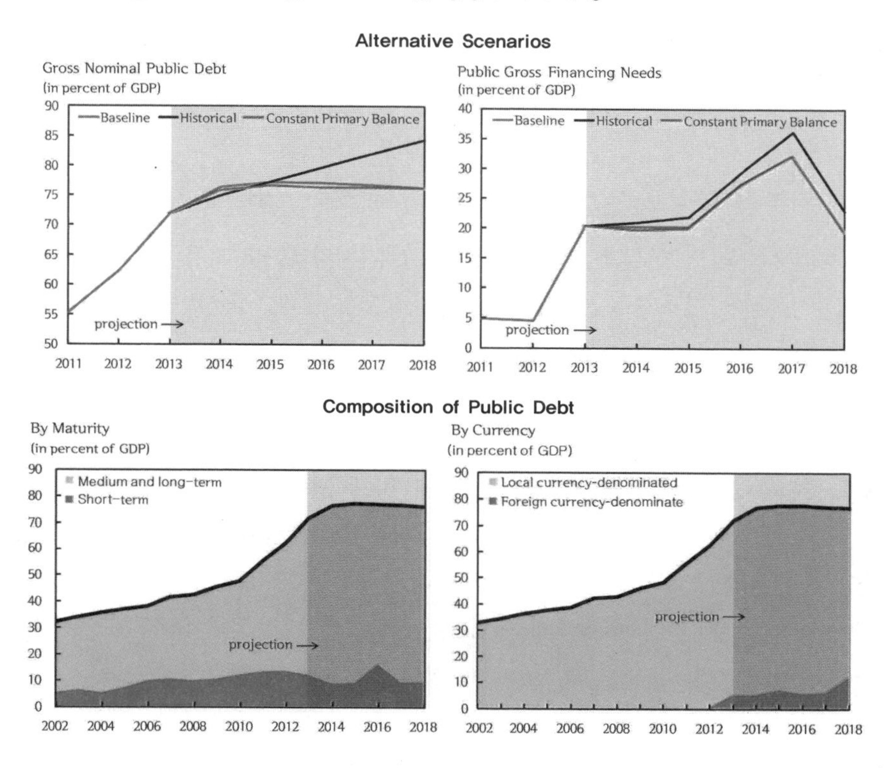

자료: IMF.(2013). figure 2. p.17.

설정하여 분석한다. 또한 그 밖의 시나리오는 개별 국가 거시경제 및 재정상황을 반영한 시나리오 분석과 우발부채(contingent liability) 시나리오로 구분하여 분석한다.

지금까지 설명한 기본 DSA 보고내용의 예제는 <그림 5-4>와 <그림 5-5>와 같다.

4. 고위험 국가 위험 분석 및 확장된 DSA

<그림 5-3>에서 이미 설명한 바와 같이, 위험 평가(risk assesement) 후 저위험 국가로 분류되면 기본 DSA와 추가 사항을 분석하면 되지만, 고위험 국

가로 분류되면 추가적으로 위험요소 분석과 위험요소 보고를 해야 한다. 위험요소 분석은 기본 시나리오 현실 적합성 평가, 채무프로파일(부채 상환) 취약성 분석, 거시재정 위험에 대한 민감도 분석, 우발부채 분석이 필요하고, 위험요소 보고는 Heat map과 Fan Chart를 작성하여 보고해야 한다.

기본 시나리오 현실적합성 평가(Realism of the baseline scenario)

기본시나리오 현실적합성 평가는 주요 거시경제 및 재정변수들에 대한 현실적합성 평가, 기초재정수지에 대한 현실적합성 평가, 경기변동적 요인을 고려해야 한다. 주요 거시경제 및 재정 변수들에 대한 현실적합성 평가는 경제성장률과 인플레이션율, 기초재정수지 등에 대한 전망치와 관측치 차이를 분석하여 전망치의 신뢰성 평가하는데, 과거 전망치와 관측치를 통한 예측오차의 중간값, 예측오차의 중간값에 대한 국가간 비교를 하게 된다.

기초재정수지 현실적합성 평가는 경기중립(경기변동 요소가 조정된) 기초재정수지(cyclically－adjusted primary balance) 적합성 평가와 재정부문 조정 전망치(projected fiscal adjustment)에 대한 과거 자료를 바탕으로 조정부분을 평가하

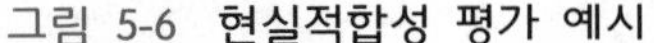

그림 5-6 현실적합성 평가 예시

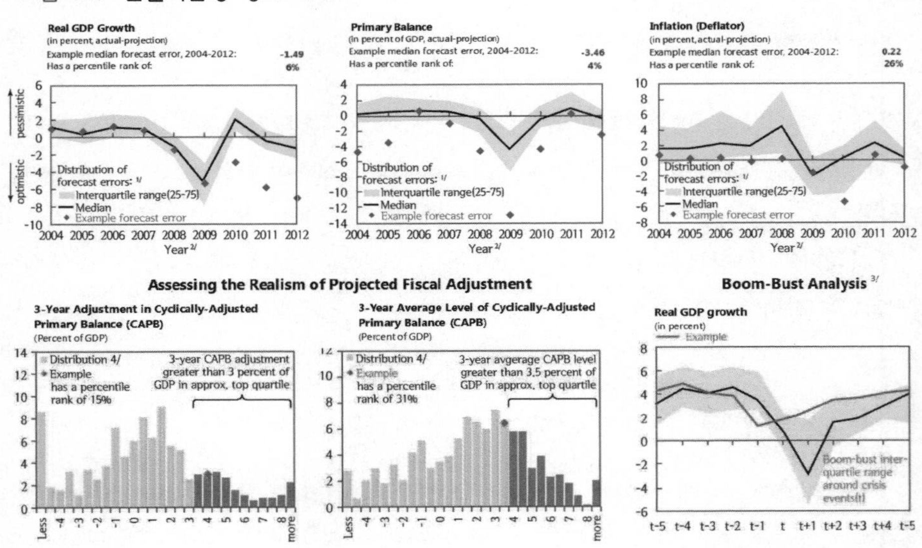

자료: IMF.(2013). p.21.

는데, 경기변동요소가 조정된 기초재정수지가 3년간 GDP의 3%를 초과하거나, 3년 연속 경기변동요소가 조정된 기초재정수지의 평균 전망치가 GDP의 3.5%를 초과하는 경우 현실적합성이 낮다고 할 수 있다.

경기 변동적 요인을 고려해야 하는데, 경기가 호황인 경우 경제성장률이 높게 평가할 수 있고, 반대인 경우 경제성장률이 낮게 평가될 수 있기 때문에, 기본 시나리오 성장률과 경기변동을 고려한 성장률과 비교해야 한다. 특히, 호황 여부를 판단하는 근거는 아웃풋 갭(output gap)[2]이 3년 연속 양인 경우와 GDP 대비 신용의 3년간 누적치가 개도국(EMs)일 경우 15%, 선진국(AEs)일 경우 30%를 초과하는 경우이다.

부채상환 방법에 대한 취약성(Vulnerability of the debt financing profile)

취약성 평가는 채무부담 지표(debt burden indicators)와 부채 프로파일 위험지표(debt profile risk indicators)로 평가한다. 채무부담지표는 GDP대비 총 정부부채가 개도국일 경우 60%, 선진국일 경우 70%를 초과하는지 여부를 기준으로 한다. GDP대비 총공공부문 자금조달 요구량은 개도국일 경우 15%, 선진국일 경우 20%를 초과하는지 여부를 기준으로 한다.

표 5-4 **채무부담 지표**

채무부담 지표 (debt burden indicators)	개도국 (EMs)	선진국 (AEs)
총 정부 부채(GDP 대비) (Gross government debt percent of GDP)	≥ 60%	≥ 70%
총 공공부문 자금조달 요구량 (GDP 대비)* (Gross public sector financing requirements, percent of GDP)	≥ 15%	≥ 20%

*: 경상수지 + 단기 외부 민간과 공공 부채 상환액

자료: IMF. (2013). p.44~45.

부채프로파일 위험지표는 <표 5-5>와 같다.

2) 실질 국내총생산(GDP) 성장률과 잠재 성장률의 차이를 설명하는데, 플러스(+)일 경우 인플레이션 가능성이 마이너스(−)일 경우 디플레이션 가능성이 크다.

표 5-5 부채 프로파일 위험지표

부채 프로파일 위험지표(debt profile risk indicators)	개도국 (EMs)	선진국 (AEs)
채권 스프레드* (Bond spreads(basis points))	–	≥ 800
EMBI 글로벌 스프레드 EMBI global spreads(basis points)	≥ 800	–
외부 자금 조달 필요량(GDP 대비) (External financing requirements(percent of GDP))	≥ 20%	≥ 35%
외국인 보유 채무 비율** (Debt held by non-residents(share of total))	–	≥ 60%
외환 공공부채 비율 (Public debt in foreign currency(share of total))	≥ 80%	–
원래 만기 단기 공공 부채 연간 변화분 (Annual change in the share of short-term public debt at original maturity)	≥ 1.5	≥ 2

* : 비슷한 만기일의 미국이나 독일 채권 스프레드 대비 채권 스프레드
** : 개도국의 경우 해당 자료에 대한 제약이 많기 때문에 외환 공공부채 비율로 대체한 것이나 해당 자료가 존재하면 사용 가능
자료: IMF. (2013). p.45~46.

우발부채(Contingent liability)

앞 장에서 설명한 바와 같이 우발부채는 미래 특정사건이 발생하기 전까지는 부채가 아닌 의무사항으로 상환의무와 규모가 불확실성이 존재한다. 다만 명시적 우발부채로 분류하고 있는 보증(파생금융상품형태의 보증, 표준화보증, 일회성 보증)과 기타(잠재적 법정청구권, 손실부담약정, 미납자본금 등)는 확정부채로 이어질 개연성이 높고, 암묵적 우발부채로 분류하고 있는 사회보장(미래의 사회보장급여에 대한 암묵적 순의무)과 기타(지방정부에 대한 지원, 공공부문의 무보증 채무, 보증실패에 대한 보증 등)도 확정부채로 이어질 개연성이 높다.

우발부채는 지속재정가능성에 지대한 영향을 미치기 때문에 고위험 국가뿐만 아니라 저위험 국가에서도 분석할 필요가 있다. 우발부채는 은행, 준정부기관, 공기업 또는 민간 기업에 대한 명시적(explicit) 혹은 암묵적(implicit)인 보증으로 인해 발생 가능하며, 이러한 적자를 "숨은 적자(hidden deficit)"라고 보고 있다 (IMF, 2013: 25).

IMF의 DSA는 금융위기(banking crisis)에 초점을 맞추고 있으며, 금융위기

에 대한 전조(trigger)와 그 판단 여부를 예대비와 GDP 대비 신용으로 하고 있다. 예대비(loan-to-deposit ratio)는 현재 연도의 총고객 예금에 대한 총대출비율을, GDP 대비 신용(credit-to-GDP ratio)은 GDP대비 민간 부문의 3년 누적 수준의 퍼센트 변경을, 명목 주택 가격(nominal housing price)은 추후 5년간 명목주택가격의 평균성장의 평균변화를 기준으로 한다.

거시재정 충격에 따른 민감도 분석

거시재정 충격은 기초재정수지, 실질경제성장률, 이자율, 환율로 평가하고 있으며, IMF에서 제시하는 최소한의 기준으로 개별국가 사정에 따라 추가적인 위험 요소를 고려할 것을 권장하고 있다.

거시재정 스트레스 테스트(Macro-fiscal stress tests)는 <그림 5-7>과 같다.

표 5-6 **거시재정 충격**

	위험 요소	충격의 크기와 기간	다른 요소들과의 교호작용
1	기초 재정 수지	최소충격은 (i) 계획된 누적 조정치의 50% (ii) baseline 재정수지에서 10년 관측치 1/2 표준편차를 뺀 값 (i) 또는 (ii) 중 작은 값 선택	추가 차입은 수지악화 GDP 1%당 25 기준포인트만큼 이자율 증가
2	실질 경제 성장률	2년치 실질 경제 성장률의 1 표준편차만큼 감소	• 기초재정수지 악화 - 재정수입의 GDP 비율 baseline과 동일 - 재정지출 수준 불변으로 재정지출의 GDP 비율 증가 • 기초재정수지 악화로 이자율 상승 • 인플레인션 감소 (실질 성장률 1% 포인트 감소 시 인플레이션율 0.25% 포인트 감소)
3	이자율	(i) 10년간 실질 이자율의 최대값과 전망 실질 이자율 평균값과의 차이만큼 명목 이자율 상승 (ii) 200 baseline point만큼 증가	
4	환율	실질환율 과대평가 추정치 혹은 10년간 환율의 최대치	• 인플레이션에 대한 환율전가 고려 개발도상국: 탄력성 0.25 선진국: 탄력성 0.03

자료: IMF. (2013). p.22.

그림 5-7 **거시재정 스트레스 테스트**

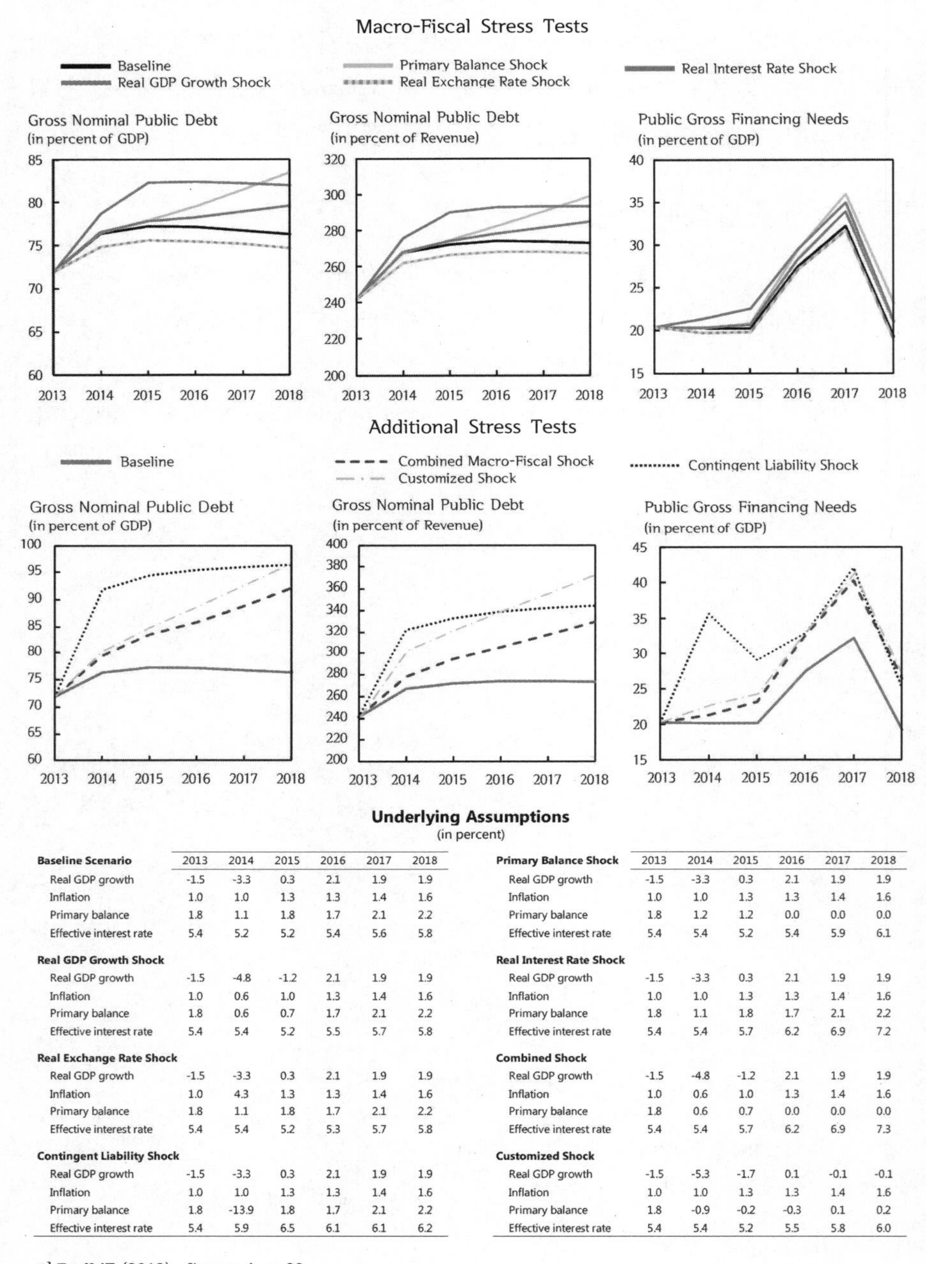

Underlying Assumptions
(in percent)

Baseline Scenario	2013	2014	2015	2016	2017	2018
Real GDP growth	-1.5	-3.3	0.3	2.1	1.9	1.9
Inflation	1.0	1.0	1.3	1.3	1.4	1.6
Primary balance	1.8	1.1	1.8	1.7	2.1	2.2
Effective interest rate	5.4	5.2	5.2	5.4	5.6	5.8
Real GDP Growth Shock						
Real GDP growth	-1.5	-4.8	-1.2	2.1	1.9	1.9
Inflation	1.0	0.6	1.0	1.3	1.4	1.6
Primary balance	1.8	0.6	0.7	1.7	2.1	2.2
Effective interest rate	5.4	5.4	5.2	5.5	5.7	5.8
Real Exchange Rate Shock						
Real GDP growth	-1.5	-3.3	0.3	2.1	1.9	1.9
Inflation	1.0	4.3	1.3	1.3	1.4	1.6
Primary balance	1.8	1.1	1.8	1.7	2.1	2.2
Effective interest rate	5.4	5.4	5.2	5.3	5.7	5.8
Contingent Liability Shock						
Real GDP growth	-1.5	-3.3	0.3	2.1	1.9	1.9
Inflation	1.0	1.0	1.3	1.3	1.4	1.6
Primary balance	1.8	-13.9	1.8	1.7	2.1	2.2
Effective interest rate	5.4	5.9	6.5	6.1	6.1	6.2

Primary Balance Shock	2013	2014	2015	2016	2017	2018
Real GDP growth	-1.5	-3.3	0.3	2.1	1.9	1.9
Inflation	1.0	1.0	1.3	1.3	1.4	1.6
Primary balance	1.8	1.2	1.2	0.0	0.0	0.0
Effective interest rate	5.4	5.4	5.2	5.4	5.9	6.1
Real Interest Rate Shock						
Real GDP growth	-1.5	-3.3	0.3	2.1	1.9	1.9
Inflation	1.0	1.0	1.3	1.3	1.4	1.6
Primary balance	1.8	1.1	1.8	1.7	2.1	2.2
Effective interest rate	5.4	5.4	5.7	6.2	6.9	7.2
Combined Shock						
Real GDP growth	-1.5	-4.8	-1.2	2.1	1.9	1.9
Inflation	1.0	0.6	1.0	1.3	1.4	1.6
Primary balance	1.8	0.6	0.7	0.0	0.0	0.0
Effective interest rate	5.4	5.4	5.7	6.2	6.9	7.3
Customized Shock						
Real GDP growth	-1.5	-5.3	-1.7	0.1	-0.1	-0.1
Inflation	1.0	1.0	1.3	1.3	1.4	1.6
Primary balance	1.8	-0.9	-0.2	-0.3	0.1	0.2
Effective interest rate	5.4	5.4	5.2	5.5	5.8	6.0

자료: IMF.(2013). figure 4. p.23.

표 5-7 **국가별 위험 예측지표**

	위험 지표 (Indicative benchmarks)
Emerging Market(EMs)	
Private sector credit-to-GDP	≥ 15%
Loan-to-deposit ratio	≥ 1.5%
Advanced Economy(AEs)	
Private sector credit-to-GDP	≥ 30%
Loan-to-deposit ratio	≥ 1.5%
Nominal housing price	≥ 7.5%

자료: IMF. (2013). p.25

지금까지 설명한 전조(trigger) 지표들은 <표 5-7>의 지표수준에서 금융위기 발생 가능을 예측하고 있다.

Fan chart 작성

Fan chart는 개도국(우리나라 포함) 26개 국가와 그리스, 아일랜드, 포르투갈 선진국이 작성하고 있다. 먼저 과거 11년치 관측 데이터를 가지고 실질GDP 성장률, 실질실효이자율, 기초재정수지, 실질환율의 평균값과 분산-공분산 행렬(variance-covariance matrix)을 추정한다. 추정된 평균값과 분산-공분산 행렬을 이용하여 4개 변수들 간의 결합 정규분포(joint normal distribution)를 구성한 후 해당 분포에서 각 변수들을 6,000번 확률 추출한 후, 추출된 확률값 중에서 추출번호에서 일의 자리 수가 같은 확률값들 가지고 6년치 확률 변수를 구성하여 1,000개의 시뮬레이션을 만든다.

이에 관해 간략히 설명하면 일의 자리수(1, 1001, 2001, 3001, 4001, 5001) 묶음을 연도별(2013, 2014, 2015, 2016, 2017, 2018)의 확률변수로 구성하게 된다. 실질변수로 표시된 debt-to-GDP ratio 동태식과 위에서 추출된 실질 성장률, 실질 이자율, 기초재정수지, 실질환율 값을 이용하여 debt-to-GDP ratio의 전망치를 계산하게 되고, 1,000개의 전망치를 활용하여 fan chart를 작성한다.

그림 5-8 Heat Map

Debt level 1/	Real GDP Growth Shock	Primary Balance Shock	Real Interest Rate Shock	Exchange Rate Shock	Contingent Liability Shock
Gross financing needs 2/	Real GDP Growth Shock	Primary Balance Shock	Real Interest Rate Shock	Exchange Rate Shock	Contingent Liability Shock
Debt profile 3/	Market Perception	External Financing Requirements	Change in the Share of Short-Term Debt	Public Debt Heldy by Non-Residents	Foreign Currency Debt

Evolution of Predictive Densities of Gross Nominal Public Debt
(in percent of GDP)

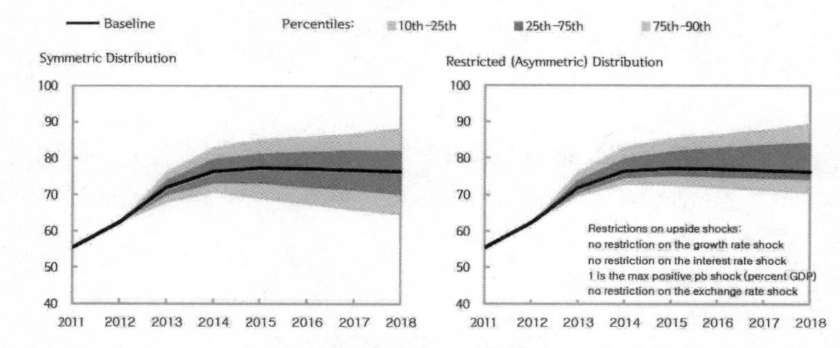

Debt Profile Vulnerabilities
(Indicators vis-à-vis risk assessment benchmarks)

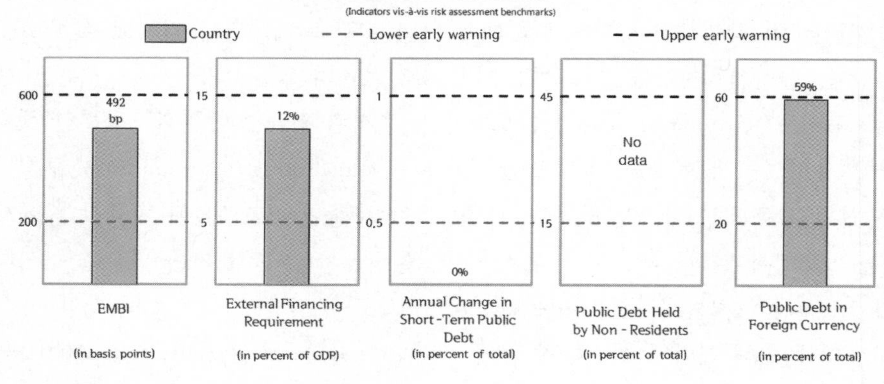

자료: IMF.(2013). p.33.

5. 중기채무전략(MTDS)

개요

1990년대와 2000년대 후반의 금융위기 경험이후 공공부채의 포트폴리오 관리의 필요성이 제기되고 있다. 포트폴리오 관리는 외부 충격에 대한 내성에 큰 영향을 미치기 때문에 적절한 부채관리전략으로서 중요성이 더욱 부각되고 있다. 특히 1990년대 환율의 변동성, 암묵적 우발부채, 원자재 가격 등의 변화가 부채에 큰 영향을 주었고, 일부 국가의 경우(아르헨티나, 브라질, 인도네시아, 러시아 등) 환노출(currency exposure)이 부채 증가의 결정적 요인으로 작용하였다. 특히, 암묵적 우발부채는 기존부채의 포트폴리오의 취약성을 악화시킴과 동시에 그 부채로 인해 정부재정에 악영향을 미칠 수 있다.

중기채무전략(이하 MTDS)을 통해 다양한 재원조달 수단 간 상대적인 위험과 비용에 대한 명확한 인식이 필요하고, 여타 거시정책과의 연계를 고려함으로써 부채지속가능성을 유지해야 한다. 이는 국내 채권시장 발전에도 도움을 줄 수 있다.

IMF－WB(2009)에 따르면 중기채무전략은 "비용－위험 간 대체관계에 대한 정부의 선호를 반영한 부채포트폴리오를 구성하기 위해 정부가 중기적 시계에서 실행하려는 계획"으로 정의하고 있다. MTDS는 부채 상환과 관련된 비용이 재정에 미치는 영향의 변동성을 고려하고, 부채 포트폴리오의 위험노출(risk exposure) 관리에 중점을 두고 있다. 특히, 부채의 구성에 따라 비용과 위험이 어떻게 변하는지를 파악하고 있으며, 채무관리자(DM, debt manager)는 정량적 방법을 통한 시나리오 분석을 통해 다양한 부채관리 전략의 대안들이 재정에 미칠 수 있는 잠재적인 위험을 정량화한다.

원칙적으로는 비금융 공공부문(non－financial public sector) 부채를 대상으로 하고 있으나, 일반적으로 중앙정부의 직접부채(direct liabilities)를 대상으로 한다. 우발부채(contingent liabilties)는 제외하고 있는데, 우발부채는 DSA 및 MTDS의 강건성(robustness)에 큰 영향을 줄 수 있기 때문에, 적절한 시나리오 분석을 통해 고려할 필요가 있다.

이렇듯 MTDS는 여러 위험요인들을 적절히 고려하고 정부의 재정수요를 어떻게 충족시킬 것인가를 충분한 정보에 근거한 선택(informed choice)을 가능케 하는 체계(framework)이다.

MTDS가 공식적으로 도입되면 다음과 같은 장점이 있다.

첫째, 비용과 위험의 대체관계(trade-off) 평가가 가능하다. 또한 부채관리에 있어 명확한 중기 목표를 제시하고 다양한 비용과 위험측면을 고려하면서 의사결정이 가능하다.

둘째, 금융 위험요인들을 파악하고 모니터링함으로써 새로운 재원조달 방안을 모색할 수 있다.

셋째, 재정관리와 통화관리 간 조정(coordination)이 용이하기 때문에 다양한 목표 간 제한요인들을 조화시킬 수 있고, 부채관리에 관한 투명성과 책임성을 제고할 수 있다.

넷째, 채무관리자의 선택에 영향을 미치는 제한요인(constraints)을 파악하는데 도움을 준다.

다섯째, 효과적이고 투명한 MTDS는 국내 채권시장 발전에 도움을 주고, 투자자, 채권자, 신용평가사들과의 관계를 원만하게 함으로써 잠재적으로 부채상환에 필요한 비용(cost)을 낮출 수 있다.

여섯째, 공식적이고 명확한 MTDS는 금융감독에 대한 폭넓은 지지를 형성하는 데 도움을 주고, 지배구조나 책임성을 강화할 수 있어 투명성(transparency)이 보장된다.

거시경제체계와 MTDS의 상관관계는 <그림 5-9>와 같다.

부채규모는 일반적으로 재정정책에 의해 결정된다. MTDS는 중기적 시계를 고려할 때, 실질적인 중기재정체계(medium-term fiscal framework)를 설정할 때 가장 효과적인 전략이 된다. 이미 설명한 바와 같이 DSA도 중기재정체계에 포함된 재정정책과 이에 따른 부채수준이 장기적으로 지속가능한지에 대해 평가하는 것이다.

특히, IMF-WB의 채무지속가능성체계(DSF, Debt Sustainability Framework)는 분석을 위한 중요한 수단으로 전망의 현실성을 평가하기 위한 대안 시나리오들을 포함하고 있다. 이 체계는 기본적으로 기초수지와 성장률 전망이 다른 경우 부채비율의 변화를 살펴보고, 거시 변수들에 충격이 부채에 미치는 영향을 bound test를 통해 점검한다.

그림 5-9 **주요 상관관계**

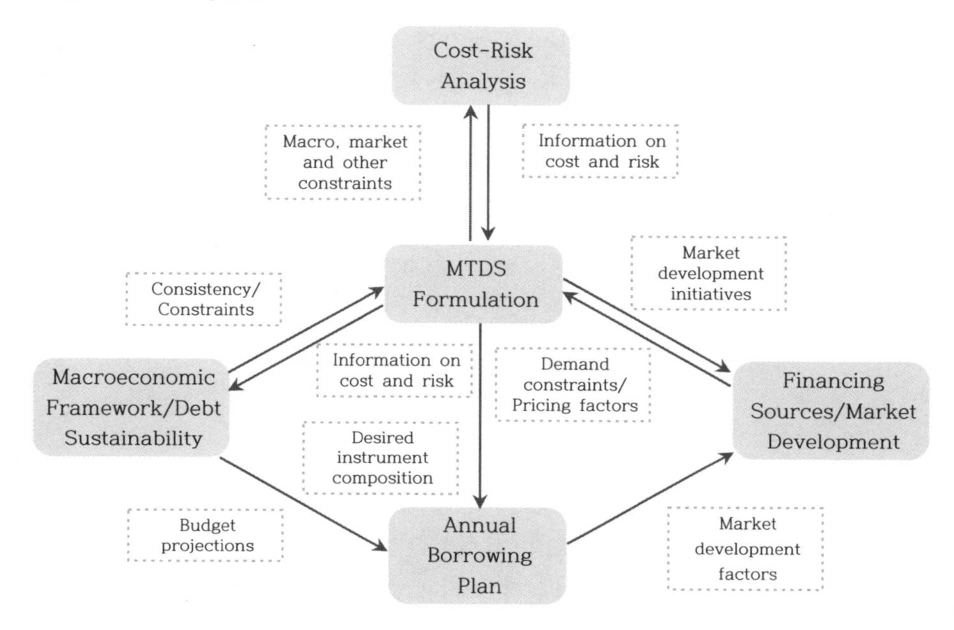

자료: IMF-WB (2009). p.9.

MTDS는 이러한 채무관리 전략들의 비용과 위험에 대한 자세한 분석을 채무지속가능성 체계에 제공할 수 있는 수단으로 활용이 된다. 한마디로 MTDS을 통해 재정계획을 강화할 수 있다.

MTDS에 영향을 미칠 수 있는 요인들은 통화정책의 기조 및 수단, 조직체계, 통화정책의 신뢰성 등이다. 예컨대, 통화정책의 신뢰성 하락은 인플레이션 위험에 따른 위험프리미엄을 상승시키기 때문에 장기 국내 부채의 비용을 상승하는 결과를 초래한다. 또한 자금유입으로 인한 유동성을 조절하기 위한 불태화 정책(sterilization policy)은 중앙은행의 대규모 채권발행으로 이어지고, 준재정적자(quasi-fiscal deficit)가 증가하기 때문에 고려되어야 한다.

한편, 환율정책과 그에 따른 국제수지의 변화, 그리고 실질환율의 변화가 MTDS에 영향을 미친다. 따라서 외화차입 등을 위해 국제수지와 연관하여 환율정책의 조정이 필요하다.

더욱이 자본차입은 국내 채권시장의 발전정도나 정부차입이 민간에 대한 구축효과가 얼마나 큰 지 등에 영향을 받으므로 다양한 전략선택이 중요한데, MTDS가 그 역할을 할 수 있다.

또 다른 한편, 연간차입계획(annual borrowing plan)은 MTDS와 일관성을 유지해야 하고, 정부 현금흐름의 근본적인 변동성을 고려해야 한다. 특히, 차입의 시기와 규모는 현금수요의 전망, 시장 성격, 채권자의 행태는 물론 국내시장에서 안정적·규칙적 채권발행 목표 등을 고려할 필요가 있다. 다만 정부의 현금관리와 전망의 질적 측면이 중요하고, MTDS가 중앙은행의 유동성에 영향을 미치기 때문에 정보를 공유할 필요가 있다.

6. MTDS 수립을 위한 조직체계

MTDS 수립을 위한 조직체계는 중기거시체계나 재정·통화정책가 일관성 있어야 하고 명확한 목표를 포함하여 적절한 체계를 갖추어야 한다. 그 요소는 (1) 적절한 법적 체계, (2) 효과적인 조직체계(institutional arrangement), (3) 포괄적·효율적인 부채 기록이다.

법적 체계(legal framework)

정부를 대신해 차입, 새로운 국채발행, 투자, 거래를 담당하는 기관의 권한을 명확하게 규정해야 한다. 부채관리의 목적을 제시함으로써 책임성을 강화하고, 보고나 감사필요성 등 법적 체계를 제시해야 한다.

조직체계(institutional arrangement)

관리구조(governance structure)가 모든 관련 기구들의 역할과 책임에 대해 명확하게 기술하고 있어야 한다. 특히, 부채관리에 관한 의사결정의 책임이 누구한테 있는지 명확히 해야 한다.

부채 기록(debt recording)

채무관리자는 부채포트폴리오의 분석을 위해서 충분한 정보가 필요하다. 또한 데이터베이스를 구축하는 것이 어렵기 때문에 체계적인 부채 기록이 필요하다.

7. MTDS 수립단계

일반적으로 MTDS의 수립은 다음과 같은 일정한 단계를 거친다. 다만 각 단계가 명확히 구분되는 것은 아니고 순서가 바뀌는 것도 가능하다.

(1단계) 공공부채관리의 목표 및 중기채무전략의 범위 설정

공공부채관리의 목표(objectives)와 범위(scope)를 명확히 할 필요가 있다. 부채관리의 목표가 법적 문서 등을 통해 명확하게 규정되지 못하는 경우, 채무관리자는 가장 높은 권한을 가진 기관(예를 들어, 재무부)의 목표에 합치되도록 부채관리를 할 필요가 있고, 문서화될 필요가 있다.

부채관리의 목표는 정부가 필요로 하는 재원을 적절한 시점에 충당하는 데 문제가 없어야 한다. 따라서 위험요인을 신중하게 고려함과 동시에 저비용을 추구해야 한다. 또한 MTDS의 범위에 대한 명확한 정의가 되어 있어야 한다. 일반적으로 중앙은행의 채무는 제외하나, 최소한 중앙정부의 국내·외 직접 채무는 모두 포괄해야 한다.

구체적인 범위는 채무관리자의 결정으로 특정 포트폴리오의 위험노출 정도에 영향을 주는 정도에 따라 달라지는데, 정보의 가용범위의 확대와 조직체계의 변화에 따라 범위도 점차 확대될 수 있다.

(2단계) 현행 부채관리전략 파악, 기존 부채의 비용 및 위험 분석

현재의 부채관리전략을 파악하는 것은 대안전략을 분석하기 위한 기초 작업이다. 전체 부채의 구조와 위험요인들에 대한 철저한 이해가 필요하고, 채무관리자는 부채포트폴리오에 관한 세부 자료(규모, 통화별, 채권자별, 수단별 등)를 수집해야 하며, 이를 활용해 부채상환이나 가정변화에 따른 효과를 쉽게 파악할 수 있도록 해야 한다. 또한 효과적인 부채기록시스템을 마련하고, 제반 분석에 필요한 자료를 손쉽게 획득할 수 있도록 해야 한다.

채무관리자는 부채총량을 비용과 위험 등의 기준으로 정량적 분석을 해야 한다. 이를 위해 비용과 위험에 대한 명확한 정의가 선행되어야 한다. 또한 다양한 지표들을 활용하여 취약 요인을 파악하는데, 위험성의 정도는 위험요인(risk factor)(예, 이자율이나 환율의 추세), 변동성의 정도 및 위험노출(risk exposure)(예,

국내부채비율, 단기부채비율 등)에 영향을 준다. 따라서 비용지표, 위험지표, 위험노출지표, 기타지표를 간략히 논의하면 다음과 같다.

첫째, 비용지표는 이자비용과 자본이득/손실을 조정한 이자비용이 있다. 먼저 이자비용은 명목이자비용으로 명목이자지불이나 쿠폰지급의 직접적인 영향을 파악하지만 자본이득/손실을 파악하기 어렵다. 국내통화가치 이자비용(I_t^*)은 환율(e_{jt}), 외화표시 이자지급(I_{jt}^{FX}), 국내통화표시 이자지급(I_t^{DX})으로 산출이 된다.

$$(I_t^* = \sum_{j=1}^{m} e_{jt} I_{jt}^{FX} + I_t^{DX})$$

실질이자비용은 물가변동에 따른 영향 보정으로 산출이 되고, GDP대비(또는 정부수입) 명목이자비용, 평균이자비용은 부채 단위당 평균이자비용 개념으로 일반적으로 비가중평균(non-weighted average)을 활용한다.

$$\bar{i}_t = \frac{I_t^*}{D_t} = \frac{\sum_{j=1}^{m} e_{jt} I_{jt}^{FX} + I_t^{DX}}{\sum_{j=1}^{m} e_{jt} D_{jt}^{FX} + D_t^{DX}}$$

다음으로, 자본이득/손실을 조정한 이자비용은 명목 조정이자비용과 실질조정이자비용이 있다. 명목 조정이자비용은 환율변동 등 자본이득/손실에 따른 영향을 조정한 비용이고, 실질조정이자비용, GDP대비(또는 정부수입) 자본이득/손실조정 이자비용이다.

$$C_t^* = I_t^* + \sum_{j=1}^{m} \left(D_{t-1,j}^{FX} \Delta e_{tj} \right)$$

둘째, 위험(risk)은 정부 부채포트폴리오의 노출과 구체적인 위험요인들의 함수이다. 노출(exposure)은 의사결정에 따라 내생적으로 결정되지만, 위험요인들은 채무관리자의 통제를 벗어난 외부적 요인에 의해 결정되는 노출로 구성된다.

채무관리자의 책무는 부채포트폴리오의 위험노출을 줄임으로서 정부 부채포트폴리오의 변동성을 줄여야 한다. 위험지표들은 부채상환비용의 예상치 못한 증가에 관해 기준선 시나리오의 비용과 특정 충격과 연결된 시나리오에서의 비용과의 차이로 측정한다.

셋째, 시장위험요인에 대한 노출 지표는 이자율 위험, 리파이낸싱(Refinancing (roll-over) 위험, 환율위험으로 구성된다. 먼저, 이자율 위험은 고정이율부채의 만기나 변동이율부채의 이자율 재조정 시 부채포트폴리오의 시장이자율에 대한 취약성을 의미한다. 이자율위험은 전체 부채포트폴리오에서 특정시점에 이자율을 재조정하는 부채 비율로 정의된다. 부채포트폴리오의 이자율 재조정 평균이란 부채 포트폴리오의 이자율의 시간 가중평균으로 정의된다.

$$ATR_t = \frac{\omega^f \sum_{t=1}^{T} A_t^f \cdot t + \omega^v \sum_{s=1}^{S} D_{t,s}^v \cdot s}{D_t}$$

이때, 총 변동이자율부채(D_t^v), 고정이자율부채잔여분(A_t^f), ω^f, ω^v는 고정과 변동이자율 부채의 비율을 의미한다.

그 다음으로, 리파이낸싱 위험은 만기 부채 전환 시 지나치게 높은 이자율을 직면하게 될 위험으로 현 부채의 상환 프로파일으로 특정시점 이내에 상환기일이 돌아오는 부채 비율, 특정시점 이내에 상환기일이 돌아오는 부채에서 유동자산을 제외한 전체 부채대비비율, 재정수입대비 상환필요 부채 비율, 평균 만기 시간(부채포트폴리오의 모든 원금들에 대해 만기까지의 시간을 가중평균한 것)을 의미한다.

또한 환율위험은 전체 부채에서 외화표시 부채 비율, 외환보유고 대비 외화표시 부채 비율, 외환별 보유고 대비 부채 비율의 가중평균을 의미한다.

넷째, 기타지표는 전체 부채의 순현재가치를 의미한다.

(3단계) 잠재적 자금원 파악, 비용과 위험 분석

채무관리자는 특정 수단(예, 국제 금융시장을 통한 조달)의 활용에 법적 또는 재무자문서비스(financial advisory service)와 같은 간접비용이 필요한지를 고려해야 한다. 그 반대로 특정 수단이 추가적 혜택(예, 자문서비스, 프로젝트 관리 지원 등)을 제공함으로써 차입 비용을 일부 차감할 수 있는지도 고려해야 한다.

더불어 잠재적 조달 원천들로부터의 차입규모에 어떤 제한이 있는지, 가용성에 변화를 가져오는 어떤 조건이 있는지에 대한 파악이 필요하다. 특히, 어떤

재원조달 수단이 가능하게 되는지, 재원조달을 위해 특정 수단의 사용이 가능한지 등을 결정해야 한다.

(4단계) 재정, 통화, 대외, 시장 등 중요 정책분야의 위험요인 및 기준선 전망파악

채무관리자는 거시경제체계와 채무관리의 결정과 어떻게 연결되는지에 대한 명확한 이해가 필요하다. 특히, 재정정책과 관련하여 향후 기초수지의 예상 변화와 이것에 기초한 주요 가정들을 명확히 알고 있어야 한다. 그 주요가정은 정부수입과 지출 전망, 경제성장률 등이다. 또한 통화정책이나 통화당국의 향후 통화정책 기조나 환률, 수지 전망을 공유할 필요가 있다. 통화당국의 전망은 대외 채무지속가능성분석에 포함된 암묵적 전략이 포함되어 있고, 통화 당국의 외환보유고 목표 등과 연결되어 있기 때문이다.

또한, 채무관리자는 기준선 전망을 결정하게 되는데, 이는 수익률곡선(yield curve)과 기타시장요인들(기존채무의 연장이나 새로운 채무계약의 비용에 영향을 주는 요인들)에 의해 영향을 받기 때문이다. 기준선이 결정되면, 채무관리자는 다른 기관들과 협조하에 재원의 필요규모와 비용에 영향을 미칠 수 있는 적절한 위험 시나리오를 파악해야 한다. 이때 위험시나리오들은 최소한 채무지속가능성체계(DSF)에서 제기된 내용을 포함해야 한다.

(5단계) 중요한 장기 구조적 요인 검토

채무관리자는 경제정책 결정기관과 협력을 통해 적절한 부채구성에 영향을 주는 경제의 장기 구조적 특성들을 파악해야 한다. 왜냐하면 그 구조적 특성들이 부채구성에 많은 영향을 미치기 때문이다. 그 특성은 원자재 의존도와 관련 가격에 대한 취약성, 양허성 자금의 지속에 대한 장기 전망, 실질 실효환율의 장기 추세, 장기 물가상승 추세 등이 있다. 따라서 경제정책 결정자는 이러한 구조적 특성들의 시간에 따른 변화방향을 파악해야 하고, 채무관리자는 그 구조적 특성을 전략설정에 적절히 반영할 필요가 있다.

(6단계) 비용-위험의 대체관계(trade-off) 고려, 대안전략 평가 및 순위 결정

중기채무전략의 결정은 여러 대안 전략들을 비용과 위험 측면의 성과를 통해 평가해야 한다. 이를 위해 채무관리자는 적절한 전략을 파악하고, 기초수지나 시장이자율 등의 시나리오를 평가하고, 추가적으로 스트레스 평가도 수반되어야 한다.

채무관리자는 기존의 부채관리 전략을 기초로 이미 파악된 중요한 변동요인들을 완화시킬 수 있는 방향으로의 전략과 부채구성을 고려할 필요가 있다. 만약 대안전략 평가를 위한 특정 정량적 방법이 없는 경우, 채무관리자는 부채와 그 구성의 특성이 4단계에서 파악된 위험요인을 어떻게 완화시킬 수 있는지를 고려할 필요가 있다.

반면, 대안전략 평가를 위한 적절한 정량적 방법이 있는 경우, 일반적으로는 특정 시계에서 서로 다른 시나리오에서의 비용과 위험을 정량적으로 비교하면 된다. 시계의 선택은 경제안정성을 고려하여 결정하는데, 경기가 안정적인 경우, 상대적으로 짧은 기간의 평가도 위험성에 대비한 평가가 가능하다고 할 수 있다.

또한 시나리오 분석은 특정 충격 혹은 위험 상황의 영향을 평가하는 단계로 상당히 중요한 과정이다. 이 분석은 (4단계)에서 파악된 모든 대안적 시나리오를 분석하고, 채무지속가능성분석(DSA)의 결과를 반영할 필요가 있다.

다만 집행 가능성을 파악하기 위해 (3단계)의 평가도 같이 고려해야 한다. 이를 통해 좀 더 폭넓은 범위에서의 정책 이슈들을 파악하고 가능한 전략들을 선택하는 것이 효과적이다. 채무관리자는 주요 전략들의 성과를 평가한 후 소수의 대안전략들을 선택하여 다른 정책당국과 논의할 필요가 있다.

(7단계) 재정당국 및 통화당국과 후보(candidate) 부채관리전략 영향 검토

후보전략은 그 비용 및 위험 특성을 고려하여 재정정책 당국과 검토해야 하고, 채무지속가능성에 미치는 영향을 평가해야 한다. 통화정책 측면은 중앙은행과 검토해야 하고, 외환이나 비거주 재원규모는 환율이나 민간의 구축효과에 영향을 줄 수 있기에 통화당국과 검토해야 한다.

채무관리자가 선택한 중기채무전략은 이와 관련된 금융·통화시장 당국과

함께 검토할 필요가 있는데, 특히, 자본시장의 발전, 금융안정성에 미치는 영향 평가, 은행시스템의 노출에 대한 규제 필요성 등을 논의함으로써 제안된 중기채무전략의 적절성 여부를 고려해야 한다.

만일 부채관리전략이 기준 거시경제 변수 가정에 큰 영향을 미치는 경우, 서로 간 상관관계를 동시에 고려한 접근이 필요하다. (4단계)에서의 기준선 전망을 적절히 변경하여 (6단계)의 전략 분석을 재조정하고, 이를 반복해 볼 필요도 있다.

(8단계) 중기채무전략 제출, 합의 확보

채무관리자는 부채책임관리기관에 대안전략 분석을 포함한 중기채무전략을 승인받아야 한다. MTDS는 재무부의 최고의사결정을 통해 승인되어야 하고, 이후 공식화된 전략이 집행되도록 채무관리자에게 명시적 의무가 주어져야 한다.

일단 MTDS가 합의되면, 전략문서의 하나로 발간·배포되어야 하고, 채무관리자는 연간 차입계획을 수립하는데 중기채무전략과의 일관성을 유지하여야 한다. 특히, 차입계획의 집행 중 중기채무전략의 달성에 영향을 미치는 요인을 주기적으로 감독하고 평가하는 것은 효과적인 위험관리의 중요한 요소이다. 따라서 주기적 또는 주요 거시/시장 조건이 크게 변동하는 경우 중기채무전략은 추가적으로 재검토가 되어야 한다.

8. 정책적 함의

이미 설명한 바와 같이 DSA와 MTDS는 일반정부를 대상으로 할 것을 권고하고 있다. 다만 고위험 공공기관을 포함할 것을 권고하고 있어 범 정부차원에서 DSA, MTDS를 작성하는 것도 대안일 수 있다. 다만 여기서는 중앙정부와 지방정부(지방공기업 포함), 공공기관을 구분하여 논의한다.

일반정부 부문의 DSA, MTDS작성

중앙정부, 지방정부, 고위험 공공기관을 포괄하여 작성할 필요가 있다. 그 방법은 GDP대비 공공부채 비율 등이 기준을 적용하고, 고위험 공공기관(예, 공공기관 중장기 재무관리계획 작성기관 41개 공공기관)을 포괄하여 작성할 필요가 있

중앙정부(안)
- DSA+MTDS
- GDP 대비 공공부채기준

지방정부(안)
- DSA, MTDS
- 예산대비 채무비율(국고보조금 제외)
- 지방공기업(도시개발공사를 포함 여부)

공공기관(안)
- DSA+MTDS
- 자산대비부채비율
- 공공기관 중장기재무관리계획작성기관(41개 공공기관 또는 준정부기관)

다. 다만 IMF보고는 고위험 공공기관의 포함여부는 고려할 필요가 있다. 위험수준평가는 저위험국가에 해당하는 기본시나리오와 추가사항(우발부채 등)을 기준으로 채무지속가능성을 분석하고 우발부채에 관한 사안이 심도 있게 논의되어야 할 것이다.

함축하면, 일반정부 차원에서 DSA+MTDS를 적용하고, 중앙정부 차원에서는 DSA+MTDS, 지방정부차원에서는 협의의 DSA, MTDS, 공공기관 차원에서는 DSA+MTDS의 적용을 고려할 필요가 있다. 다만 DSA와 MTDS를 적용하기 위해 다양한 시뮬레이션이 필요할 것이다. 다만, DSA와 MTDS의 적용에 관한 세부적인 대안논의는 추후과제로 남겨둔다.

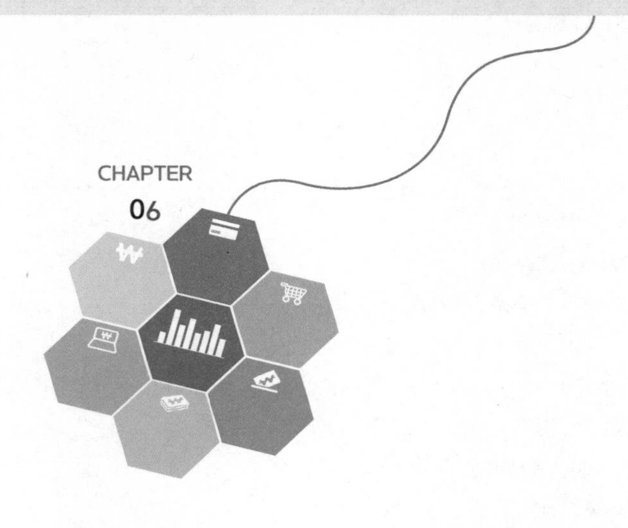

우발부채(Contingent liabilities) 관리가 필요한 이유?

지속가능한 재정운영이 세간의 화두가 되고 있다. 공무원 연금개혁도 근본적으로는 지속가능재정운영과 직결된다. 최근 들어 정부재정통계체계가 크게 변화하고 있는데, 그 변화는 우발부채 등에 관해 체계적인 논의가 되고 있다는 점이다.

과거 복식부기 회계방식이 구체화되기 전에는 우발부채가 그리 중요한 요인으로 주목받지 못했다. 우발부채가 중요하게 부각되기 시작한 것은 복식부기 회계방식의 활용으로 미래의 의무까지 포괄하기 때문이다. 현금주의방식인 GFS 1986에서 복식부기 방식인 GFS 2001로 개정되었지만, 우발부채는 여전히 광의적으로 정의되고 있었다. 다시 말해 GFS 2001에서는 우발계약의 범주로 우발부채와 우발자산을 구분하고 있을 뿐 구체화되지는 못했다.

그러나 GFS 2014로 재개정되면서 우발부채 항목은 아주 정교하게 구체화되었다. 다시 말해 최근 개정된 GFS 2014에서는 우발부채를 명시적 우발부채와 암묵적 우발부채로 구분하여 체계적인 논의가 되고 있다. 이는 공공부문부채통계(PSDS)에서도 동일하게 적용되고 있다.

중앙정부의 적용례를 살펴보면, 국가결산보고서상 우발부채의 상당액을 차지하고 있는 공무원·군인연금충당부채는 부채로 인식하고 있다. 반면, 사회보장급여성의 국민연금과 사학연금충당부채는 그 규모마저 보고되지 않고 있다. GFS 2014 기준에 의하면 국민연금 등 충당부채는 사회보장급여(미래 사회보장급여에 대한 암묵적 순의무)로 부기항목으로 보고하도록 되어 있다.

한편, 지방자치단체의 적용례를 살펴보면 우발부채의 개념적 논거마저 정확하지 않다는 판단이 든다. 지방자치단체 재무보고서상 우발부채 내역을 살펴보면, 한마디로 재무보고서에 우발부채 내역을 표시만 하고 있을 뿐 우발부채 개념과는 거리가 멀다. 그 단적인 예는 예산외 의무부담행위 등인데, 내역의 중복(동어반복) 등이 노출된다. 따라서 우발부채에 관한 체계적인 논의 후 새로운 분류기준에 맞게 적용할 필요성이 제기된다.

우발부채에 관한 논의는 기업회계에서 출발하였다. 다만, 기업에서는 우발부채의 규모가 그리 크지 않아 중요하게 다루어질 필요가 상대적으로 낮다. 반면, 정부부분의 우발부채규모는 그 규모가 크고 중요한 만큼 체계적인 관리가 되어야 함에도 불구하고 그러하지 못했고, 지금까지 등한시 된 연구주제이다. 따라서 기존에 정의되었던 우발부채의 개념을 좀 더 세분화된 분야(GFS 2014)로 구체화할 필요가 있다.

1. 우발부채의 정의

한국채택국제회계기준(K-IFRS)(2011)에 의하면 '우발부채'는 부채의 인식기준을 충족하지 못하기 때문에 부채로 인식하지 아니한다. 당해 의무이행을 위해 자원이 유출될 가능성이 높지 아니하거나, 당해 금액을 신뢰성 있게 추정할 수 없기 때문에, 부기항목에 기재하도록 되어 있다. 과거에 우발부채로 처리하였더라도 그 이후 상황변화로 인하여 자원의 유출가능성이 매우 높아지고, 금액을 신뢰성 있게 추정할 수 있는 경우 충당부채로 인식해야 한다.

우발부채는 "과거사건에 의하여 발생하였으나 기업이 전적으로 통제할 수 없는 하나 또는 그 이상의 불확실한 미래사건의 발생 여부에 의해서만 그 존재가 확인되는 잠재적 의무"나 "과거사건에 의하여 발생하였으나 당해 의무를 이행하기 위하여 경제적 편익을 갖는 자원이 유출될 가능성이 매우 높지 아니한 경우, 또는 당해 의무를 이행하여야 할 금액을 신뢰성 있게 추정할 수 없는 경우”로 정의하고 있다.

국가회계편람(2014)에 의하면 ‘우발부채’에 관해 재무제표에 인식하는 경우, 주석으로만 인식하는 경우, 또는 고시하지 않는 경우로 구분하고 있다.

첫째, 재무제표에 인식하는 경우, 재정상태표 일 현재 우발손실의 발생이 확실하고, 우발손실 금액을 합리적으로 추정할 수 있을 때 재정상태표상 부채로 인식하고, 우발손실을 재정운영 순원가(net cost)에 반영하게 되어 있다. 또한 재정상태표 일 현재 국가회계실체에 의무의 이행을 회피할 수 없는 계약 등 법적(의제)의무가 존재하고, 소송이 불리하여 향후 손실을 부담할 가능성이 매우 높으며, 법규가 제·개정되어 추후 의제의무가 발생하는 경우를 포함하여 경제적 편익을 갖는 자원의 유출가능성이 매우 높은 때로 규정하고 있다.

둘째, 주석으로만 공시하는 경우, 재정상태표 일 현재 우발손실의 발생가능성이 확실치 않고, 우발손실의 발생은 확실하나 그 손실금액을 합리적으로 추정할 수 없을 때이다. 다만 그 손실금액을 합리적으로 추정할 수 있다면 가능하다면 부채로 계상해야 한다.

셋째, 공시하지 않는 경우, 우발손실의 발생가능성이 거의 없는 한, 부기항목으로도 공시하지 않는다.

한편, 지방자치단체 회계기준에 관한 규칙(2014) 제59조(우발상황)에 의하면 ‘우발부채’는 우발상황(contingency)으로 설명하고 있는데, “미래에 어떤 사건이 발생하거나 발생하지 않음으로써 궁극적으로 확정될 손실 또는 이득으로서 발생여부가 불확실한 현재의 상태나 상황”으로 정의하고 있다. 우발부채는 “과거사건이 발생하였으나 전적으로 통제할 수 없는 하나 또는 그 이상의 불확실한 미래사건의 발생여부에 의해 그 존재가 확인되고, 과거사건이나 거래의 결과로 현재의무이지만 당해 의무를 이행하기 위해 자원이 유출될 가능성이 매우 높지 않거나, 또는 가능성은 매우 높으나 당해의무를 이행하여야 할 금액을 신뢰성 있게 추정할 수 없는 경우”로 부채로 인식하지 않고 있다. 한국채택국제회기준을 그대로 원용하고 있다.

또한 국제공공부문회계기준(IPSAS) 19에서는 충당부채와 우발부채에 관해 세부적으로 구분하고 있는데, 그 구분은 <표 6-1>과 같다.

표 6-1 **충당부채와 우발부채의 구분**

과거사건의 결과로 경제적 편익을 갖는 자원이 유출될 수 있는 다음의 경우: (a) 현재의무, (b) 실체가 전적으로 통제할 수는 없는 하나 이상의 불확실한 미래사건의 발생여부에 의하여서만 그 존재가 확인되는 잠재적 의무		
자원유출 가능성이 높은 현재 의무 존재	자원유출 가능성은 있지만 높지 않은 잠재적 의무 또는 현재의무 존재	자원유출 가능성이 희박한 잠재적 의무 또는 현재의무 존재
충당부채 인식	충당부채로 인식하지 않음	충당부채로 인식하지 않음
충당부채 공시	우발부채 공시	요구되는 공시사항 없음

자료: IPSAS(2013). p.632.

그림 6-1 **의사결정 트리(충당부채 vs.우발부채)**

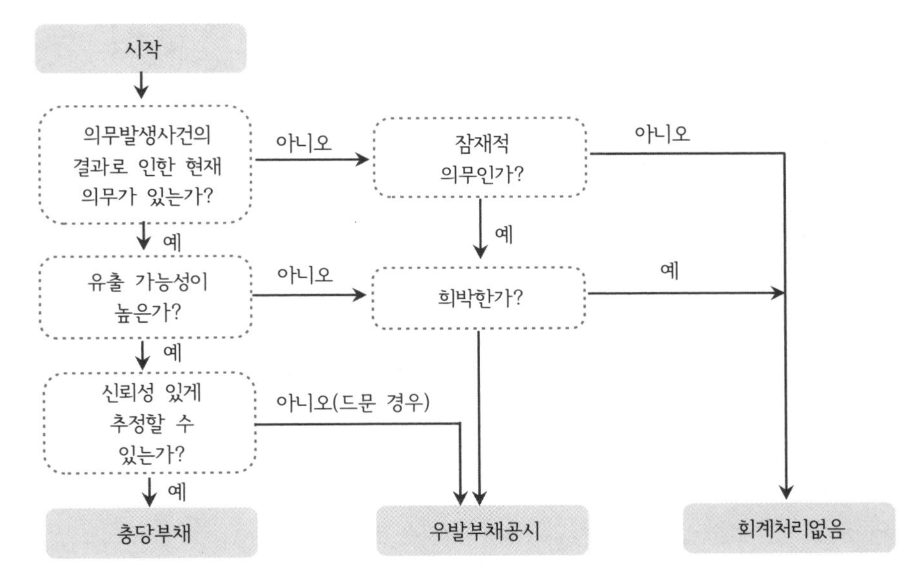

자료: IPSAS(2013). p.635

윤태화·박종성(2008: 168)는 충당부채와 우발부채의 차이에 관해 자원유출 가능성(가능성이 매우 높음(80% 이상), 가능성이 어느 정도 있음, 가능성이 거의 없음)과 금액추정가능성(신뢰성 있게 추정가능, 추정불가능)으로 구분하고 있다. 이 구분은 종전에 설명한 IPSAS의 구분을 그대로 원용한 듯하다(<표 6-1> 및 <그림 6-1> 참고).

그러나 가능성 80%에 관해 심각하게 고민해야 할 부분이 있다. 바로 확률적 개념을 적용하는 것인데, 확률개념을 적용하면 일응 타당하겠지만 합리성이

표 6-2 **polackova의 부채 분류**

부 채	직접부채(Direct)	우발부채(Contingent)
명시적 부채 (Explicit)	• 지방정부채무(차입금 및 국채) • 임금 및 연금의 체납액 • 예산상의 지출 • 법적 구속력을 가지는 정부지출 (공무원 임금 및 연금)	• 지방정부 및 공공·민간기관(개발은행 등)의 차입에 대한 정부보증 • 다양한 형태의 융자에 대한 포괄적 정부보증(모기지론, 학자금대출, 농업대출, 중소기업대출) • 정부발행 거래 및 환율보증 • 민간투자에 대한 정부보증 • 정부보험제도(예금보험, 사적 연금펀드소득, 곡물보험, 홍수보험, 전쟁위험보험)
암묵적 부채 (Implicit)	• 법적 의무가 없는 미래 공적 연금급여 • 법적 의무가 없는 사회보장급여 • 법적 의무가 없는 미래 의료지출 • 미래 공공투자사업의 반복적(다년도) 비용	• 정부보증을 받지 않은 지방정부, 또는 공공·민간기관의 채무불이행 • 민영화된 공기업의 부채 청산 • 은행파산(정부보험지원) • 정부보증을 받지 않은 연금기금, 고용기금, 또는 사회보장기금(소액투자자 보호)의 파산 • 중앙은행의 채무불이행(외환계약, 통화방어, 국제수지안정) • 급격한 해외자본이탈에 따른 구제금융 • 자연환경복구, 재해구호, 국방지출 등

자료: polackova.(1999).

오히려 떨어질 경우가 있다. 예컨대, 우발부채로 구분된 지급보증액이 100만원이라 가정할 때 위험비율이 80%이고, 또 다른 하나는 지급보증액이 10조인데 위험비율 1%라고 하자. 이럴 경우 어떻게 위험을 추정해야 할 것인지에 관해 논의가 있어야 할 것 같다. 다만 여기서는 논외로 한다.

<표 6-2>에 설명하고 있듯이, polackova(1999)는 부채에 관해 '직접부채'와 '우발부채', '명시적 부채'와 '암묵적 부채'로 구분하고 있다. '직접부채'는 앞으로 어떤 일이 벌어지든지 정부가 져야 할 재정 부담이고, '우발부채'는 특정의 불확실한 사건이 발생했을 때의 재정 부담이다. '명시적 부채'는 법률 또는 계약에 의해 정해진 재정 부담이고, '암묵적 부채'는 법적 관점에서 정부가 반드시 져야 할 책임이 있는 것은 아니지만 국민들의 기대와 정치적 압력에 부응하기 위한 재정 부담으로 설명하고 있다.

GFS 등에 근거한 우발부채 개념의 변천

우발부채는 한국채택국제회계기준, 국가회계편람에서 정의하고 있지만 동일한 내용이다. 따라서 GFS에 근거하여 우발부채에 관한 개념정의가 필요하다. GFS 개념을 적용하면 그 의미를 훨씬 더 구체화할 수 있어 유의미한 접근이다. GFS 2001에 따르면 우발계약(contingent contract)은 기관단위(institution unit)에게 조건부 금융청구권을 창출하는 계약을 의미한다. 이때 조건부란 적시된 조건이 발생할 때에만 청구권이 성립한다는 것을 의미한다. 우발계약은 당사자들의 미래 행동에 영향을 미칠 수 있는 권리 또는 의무를 부여하며, 이를 통해 당사자들의 미래 행동에 영향을 미치게 된다. 따라서 우발계약은 금융정책 및 분석에서 중요한 의미를 지니기 때문에 중요한 우발계약은 부기항목으로 기록되어야 한다(GFSM. 2001, 7.146).

또한 우발계약은 우발자산과 우발부채를 발생시키게 되는데, 정부단위의 우발채무는 흔히 정부가 제3자의 지급을 보증한 것으로, 예컨대 차입자의 채무를 불이행하면 정부가 그 차입금을 상환해야 한다. 즉, 우발계약을 우발부채의 발생원인으로 본다.

우발부채의 또 다른 예는 신용장, 융자한도(line of credit), 정부계약의 상대방인 다른 단위에게 제공된 조세채무 면책특권 가운데 예상치 못한 조세채무에 대한 면책특권, 다른 단위가 정부에 대해 청구한 손해배상금 가운데 아직 법원에서 확정되지 않은 것 등이다. 우발자산의 예는 정부가 다른 단위에 대해 청구한 손해배상금 가운데 아직 확정되지 않은 것 등이다(GFSM. 2001, 문단 7.147).

모든 우발자산 또는 우발채무가 수취 또는 지불되어야 할 경제적 편익의 순가치로 쉽게 계량화될 수 있는 것은 아니다. 예컨대, 정부가 보증한 차입금의 명목가치는 모두 파악될 수 있겠지만, 보증인으로서 정부가 미래에 지급해야 할 금액의 현재가치는 각 융자금액의 채무불이행 확률과 시점에 좌우된다. 따라서 우발계약을 어떻게 처리할 것인가에 대해 구체화된 지침을 제공하기는 불가능하지만, 최소한 우발계약의 성격과 이들의 가치 추정치는 제공되어야 한다(GFSM. 2001, 문단 7.148).

그 밖에도 파생금융상품과 같은 상당수의 금융계약에서 계약은 일방 또는 쌍방에게 조건부 성격을 띠지만 이러한 계약은 거래가능하기 때문에 그 자체로서 가치를 지닌다. 따라서 이러한 계약 일체는 금융자산 및 부채로 인식되어야 한다(GFSM. 2001, 문단 7.149).

이렇듯 GFS 2001에서는 우발부채에 관해 세부적인 내용을 논의하지 않았다. 그러나 최근 개정된 GFS 2014에서는 우발부채의 범주에 관해 상세하게 논의하고 있고, 공공부문부채통계(PSDS)에서도 동일하게 다루어지고 있다. 더불어 IMF(2013) & IMF−WB(2009)에서 개발중에 있는 채무지속가능성분석(DSA)과 중기채무전략(MTDS)에서도 우발부채가 중요시되고 있다.

GFS와 동일하게 PSDS에서도 '우발부채'는 '명시적(explicit) 우발부채'와 '암묵적(implicit) 우발부채'로 구분하고 있다. 우발부채는 미래에 특정한 사건이 발생하기 전까지는 부채가 아닌 의무사항으로, 상환의무 및 그 규모에 불확실성이 존재한다(PSDS 문단 4.5; PSDS 문단 4.7).

명시적 우발부채는 규정된 조건 발생 시 경제적 가치의 지급을 요구하는 법적 또는 계약에 의거한 금융협약인 반면, 암묵적 우발부채는 법적 혹은 계약에 의거해 발생하는 것이 아니라 특정 조건이나 사건이 발생되어야 부채로 인식한다.

2. GFS 2014에 근거한 우발부채 구분

'명시적 우발부채'는 '보증'과 '기타 명시적 우발부채'로 구분되고, '암묵적 우발부채'는 '미래의 사회보장급여에 대한 암묵적 순의무' 및 '기타 암묵적 우발부채'로 구분된다. 명시적 우발부채의 하위 범주인 '보증'은 '금융상품형태의 보

표 6-3 **우발부채의 구분/종류**

우발부채	구분	종 류
명시적 (explicit)	보증	**파생금융상품형태의 보증**: 파상금융상품은 금융자산 및 부채에 포함하지만 채무에 포함하지 않음 (기말 포지션으로 추정) **표준화보증**: 유사한 성격의 소액을 대량으로 발행하는 보증으로 부채에 포함(예, 학자금융자, 주택담보융자 등) (비율로 추정) **일회성보증**: 개별적으로 집행되어 위험을 정확히 추정하기 힘든 보증으로 융자(채무상품)에 대한 보증과 기타 일회성보증(신용한도, 약정 등)으로 구분
	기타	잠재적 법정청구권(계류 중인 소송사건), 손실부담약정, 미납자본금 등
암묵적 (implicit)	사회보장	미래의 사회보장급여에 대한 암묵적 순의무
	기타	지방정부에 대한 지원, 공공부문의 무보증 채무, 기타 공공부문 보증실패에 대한 보증, 환경부채, 자연재해 등 구호비용

그림 6-2 **거시경제통계상 부채 구분**

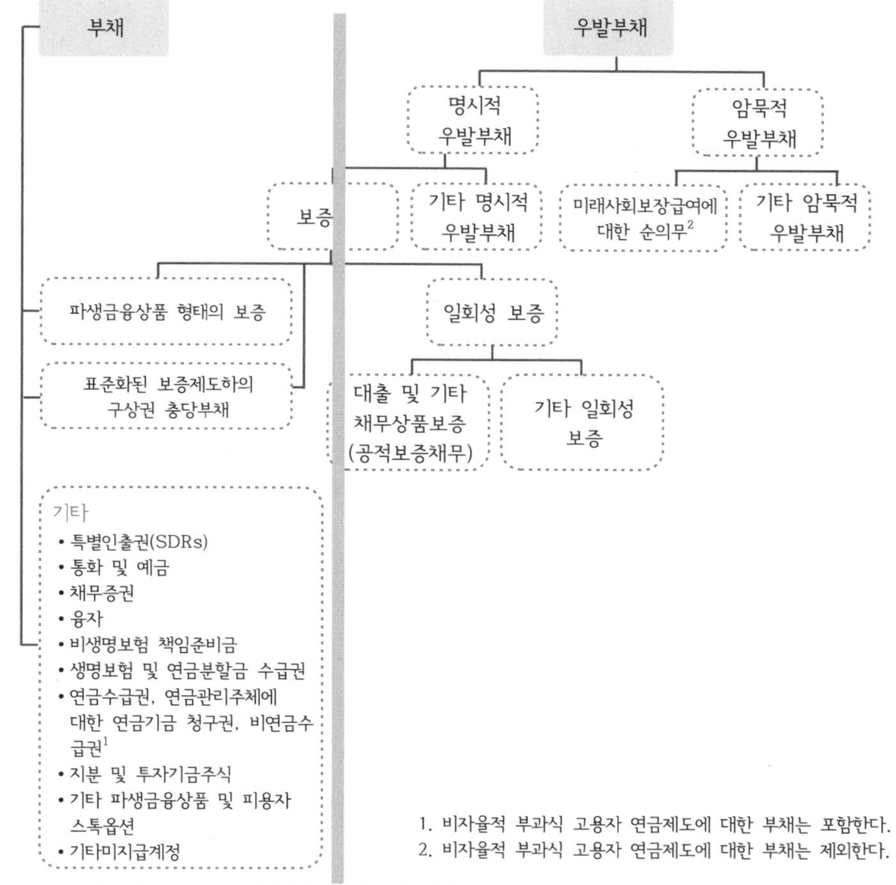

주: PSDS (2011) figure 4.1 기타란에는 기타 미지급계정(other accounts payable)이 포함되어 있지 않음
자료: GFSM (2014). p.220.

증', '표준화보증', '일회성보증'으로 구분되고, 일회성보증은 '대출 및 기타채무상품보증'과 '기타 일회성보증'으로 구분된다(GFSM, 2014).

<그림 6-2>는 거시경제통계에서 부채와 우발부채를 개괄적으로 구분한 도해이다. 명시적 우발부채는 보증이 가장 보편적인 형태이지만, 그 외에도 다양한 형태가 있다. 그러나 모든 보증이 다 우발부채는 아니다. 예를 들어 파생금융상품과 표준화된 보증제도하에서 설정하는 충당부채 형태의 보증은 대차대조표[1](balance sheet)상의 부채이다. 반면에 일회성 보증은 우발부채에 해당한다. 일회성 보증은 채무상품이 매우 특수하여 그 채무와 관련된 위험정도를 정확하

게 계산하는 것이 가능하지 않은 유형의 보증으로 구성된다. 표준화된 보증과는 대조적으로 일회성 보증은 개별적이며, 보증인은 보전요구의 위험성에 대해 신뢰할 수 있는 추정을 할 수 없다(GFSM 2014, 문단 7.257). 따라서 대부분의 경우 '일회성 보증'은 보증인의 우발부채로 간주된다. 일회성 보증하 부채는 보증을 요구하지 않는 경우 또는 요구할 때까지는 보증인이 아닌 채무자에게 지속적으로 귀속된다. 대출 및 기타 채무상품 보증(공적보증채무)은 일회성 보증의 다른 유형과는 다르다. 이는 보증인이 기타 공공부문과 민간부문단위 기존 채무의 원리금 상환을 보증하기 때문이다. 기타 일회성 보증의 경우, 자금이 실제 제공되거나 선급될 때까지 금융부채/자산은 존재하지 않는다(GFSM 2014, 문단 7.258~260).

'대출 및 기타 채무상품 보증', 또는 지급의 '일회성 보증'은 한 당사자가 다른 당사자의 미지급에 대한 위험을 부담하는 확약이다. 보증인은 채무자가 채무불이행하는 경우에만 지급을 하도록 요구된다. 대출 및 기타 채무상품 보증은 공공부문단위와 민간부문단위의 채무부채로 정의되는 공적보증채무로 구성되는데, 이에 대한 이자지불은 공공부문단위가 계약상으로 보증한 것이다.

'기타 일회성 보증'은 신용보증(신용한도와 차입약정 등), 조건부 "신용의 가용성" 보증, 그리고 조건부 신용보증을 포함한다. 신용한도와 차입약정은 인출되지 않은 자금을 미래에 사용할 수 있도록 해주는 보증으로, 이러한 자금이 실제로 제공되기 전까지는 금융자산/부채가 존재하지 않는다.

한편 '미래 사회보장급여 암묵적 순의무'는 퇴직급여(고용관련 연금[2]이 아닌)와 의료보장급여 같은 사회보장급여에 대해서는 거시경제통계시스템에 어떤 부채도 인식되지 않는다. 미래사회보장급여를 지급하는 암묵적 순의무는 계약상의 의무가 아니므로 대차대조표에 기록되지 않는다(GFSM 2014, 문단 7.252). 또한 현행법과 규정에 의해 이미 획득하였으나 미래에 지급되는 사회급여의 현재가치는 피용자 고용관련 연금의 부채와 유사한 방법으로 계산되어야 한다. 이 금액에서 사회보장제도 기여금의 현재가치를 차감한 값은 정부단위가 미래에 지급하는 사회보장급여의 암묵적 순의무에 대한 표시이다(GFSM 2014, 문단 7.261).

1) 정부부문에서는 재정상태표라 부르기도 한다.

2) 고용관련 연금급여란 공무원·군인연금 등 법적 계약형태를 의미한다.

3. 중앙정부의 우발부채 관리

우발부채 구분

<표 6-4>에 설명하고 있듯이, 국가결산보고서 재무제표상 우발부채로 인식하고 있는 항목은 국가의 보증, 보험, 연금충당부채, 소송사건, 담보제공자산, 보증채무 등이고, 이를 주석으로 공시하고 있다. 특히 3번은 장기충당부채와 우발부채를 혼용하여 사용하고 있음을 알 수 있다. 다만, 추후 세부적인 논거를 들어 설명하겠지만 공무원연금충당부채와 군인연금충당부채는 장기충당부채(우발부채)에서 제외하여 기타부채(연금수급권)로 기록하는 것이 타당할 것이다.

표 6-4 국가결산보고서 재무제표상 우발부채 분류

No	내역	내용	분류 결과	코드*
		(GFS 2014기준)		
1	계류중인 소송사건(피고)**	법률에 의한 의무	기타 명시적 우발부채	5
2	담보제공자산(채권최고액)	금융계약	일회성 보증	5
3	파생금융상품(부채)	파생상품 계약	파생금융상품형태의 보증	3, 5
4	퇴직급여충당부채	고용계약	기타 명시적 우발부채	3
5	공무원연금충당부채	고용계약	기타부채 (연금수급권)	3*
6	군인연금충당부채	고용계약	기타부채 (연금수급권)	3*
7	보험충당부채	보험계약	**표준화 보증 또는 일회성 보증**	3
8	보증충당부채	보증계약	**표준화 보증 또는 일회성 보증**	3
9	퇴직수당충당부채	고용계약	기타 명시적 우발부채	3
10	기타의기타장기충당부채	명시적	기타 명시적 우발부채	3
11	기타부채(사회보험사업)	사회보장	미래 사회보장급여에 대한 암묵적 순의무	8
12	보증채무***	보증계약	일회성 보증	5
13	지급보증(원화)	보증계약	일회성 보증	5
14	지급보증(외화)	보증계약	일회성 보증	5
15	최소운영수입보장	계약	기타 명시적 우발부채	5
16	공공손실부담	법률	기타 명시적 우발부채	5
17	공공금융비용 지원	약정	기타 명시적 우발부채	5

*: 코드는 국가결산보고서상 Ⅲ. 재무제표의 주석번호를 의미함.
특히, 3번 코드는 '장기충당부채'를, 5번 코드는 '우발부채'를, 8번 코드는 '기타 중대한 영향을 미치는 사항'으로 규정하고 있는데, 3번 코드는 장기충당부채와 우발부채가 혼용되어 있음. No. 5-6은 우발부채로 분류해서는 안 될 것으로 판단 됨.

**: 중앙정부의 경우 소송소건(원고)도 제시하고 있음, 반면 지자체는 피고만 제시함.

***: 보증채무는 지급보증 중 보증채무를 의미함.

국가결산보고서 재무제표에는 국가의 보증, 보험, 연금사업에 대한 충당부채는 부채에 반영하고, 소송사건, 담보제공자산, 보증채무 등에 대한 우발부채는 주석으로 공시하고 있다. 다음 <표 6-5>에 설명하고 있는 바와 같이 단순합산 우발부채는 695.6조원(공무원·군인연금충당부채 제외 전 금액)으로 2012년에 비해 163조원이 증가한 수치이다.[3] 세부적으로 그 규모가 크게 증가한 내역은 대 국가 소송사건으로 인한 부채가 지속해서 늘어나고 있다(<표 6-5> No. 1 참고). 퇴직충당부채가 약 50억이 증가하였고(<표 6-5> No. 4 참고), 공무원연금충당부채가 484조원으로 133조원이 증가하였으며(<표 6-5> No. 5 참고), 군인연금충당부채가 111조원으로 33.4조원이 증가하였다(<표 6-5> No. 6 참고). 보증충당부채(표준화보증)는 3.16조원으로 전년에 비해 5,000억원이 증가하였고(<표 6-5> No. 8 참고). 퇴직수당충당부채는 31.4조원으로 전년에 비해 9,000억원이 증가하였고(<표 6-5> No. 9 참고). 기타의 기타장기충당부채는 1.87조원으로 전년에 비해 8,300억원이 증가하였으며(<표 6-5> No. 10 참고), 기타부채(사회보험)는 12조 3,880억원으로 전년대비 500억원이 증가하였다(<표 6-5> No. 11 참고). 민간투자사업과 관련이 되는 최소수입보장(MRG) 금액은 6,700억원으로 전년대비 800억원이 증가하였고(<표 6-5> No. 15 참고), 공공손실부담은 3,400억원으로 전년대비 400억원이 증가하였다(<표 6-5> No. 16 참고). 우발부채를 단순합산하면 695조원에 달한다. 다만 공무원·군인연금충당부채를 우발부채에서 제외하고 부채로 산입할 경우 우발부채의 총규모는 2013년 99조 3,553억원, 2012년 95조 6,944.7억원, 2011년 99조 9,898억원으로 줄어들고 반대로 국가부채는 그에 상응하는 만큼 증가될 것이다. 어찌 보면 숨겨진 부채 또는 숨겨진 적자(hidden deficit)가 2013년 596조 2,553억원, 2012년 436조 9,064억원, 2011년 329조 2,053억원 정도가 된다.

<표 6-5>는 국가결산보고서 재무제표에 제시하고 있는 우발부채 항목별 인식방법과 보증잔액을 설명하고 있다.[4]

첫째, 계류 중인 소송사건은 주석으로 공시하고 있으며, 경제적 편익의 유

---

3) 단순합산에 관해 의미를 부여할 필요는 없다. 왜냐하면 양적 정보라기보다는 질적 정보로 의미를 부여하면 될 것이다.

4) 이하 설명 내용은 FY 2013 국가결산보고서에 근거하여 작성하였다.

표 6-5 국가결산보고서상 충당 및 우발부채 항목별 인식방법과 보증잔액 (단위: 백만원)

No	구분	인식 방법	보증 잔액		
			2013년	2012년	2011년
1	계류중인 소송사건(피고)	주석 공시	9,658,200	9,224,017	5,939,563
2	담보제공자산(채권최고액)	주석 공시	28,337	28,858	28,709
3	파생금융상품(부채)	부채로 인식	1,313,913	1,362,301	1,587,013
4	퇴직급여충당부채	부채로 인식	406,574	359,454	343,350
5	공무원연금충당부채*	부채로 인식	484,389,233	351,428,278	276,963,804
6	군인연금충당부채**	부채로 인식	111,866,156	85,478,163	52,241,558
7	보험충당부채	부채로 인식	681,768	635,376	569,778
8	보증충당부채(표준화보증)	부채로 인식	3,166,617	2,687,359	2,389,758
9	퇴직수당충당부채	부채로 인식	31,456,793	30,501,184	28,796,853
10	기타의기타장기충당부채	부채로 인식	1,871,729	1,048,024	642,142
11	기타부채(사회보험사업)	부채로 인식	12,388,847	11,811,521	11,452,143
12	보증채무	주석 공시	32,978,475	32,783,555	35,057,687
13	지급보증(원화)	주석 공시	3,670,407	3,596,424	12,199,541
14	지급보증(외화)	주석 공시	394,000 (USD394백만)	394,000 (USD394백만)	
15	최소운영수입보장	지급 시 비용, 주석공시	670,360	594,477	435,117
16	공공손실부담	지급 시 비용, 주석공시	343,500	304,000	282,494
17	공공금융비용 지원	지급 시 비용, 주석공시	325,826	363,921	265,660
전체단순합산(공무원 · 군인연금포함)			695,610,735	532,600,912	429,195,170
공무원 · 군인연금충당부채제외			99,355,346	95,694,471	99,989,808

* : 공무원 충당부채 산정방식은 2011년 'ABO', 2012년 'ABO' 2013년 'PBO'방식으로 변경되어 금액 변동
** : 군인연금 충당부채의 산정방식은 2011년 'VBO', 2012년 'ABO' 2013년 'PBO'방식으로 변경되어 금액변동
VBO(확정급여채무): 평가시점에서 연금수급권을 완전히 확보한 수급권자에 지출되고 있는 연금급여의 현재가치, 재직자의 경우 일시퇴직급여를 현재보수기준으로 계산
ABO(누적급여채무): 평가시점에서 연금수급권을 완전히 확보와 상관없이 전체가입자의 예상가입기간에 기초하여 산출한 연금급여와 일시금급여를 현재보수기준으로 계산
PBO(예측급여채무): 평가시점에서 연금수급권 유무에 상관없이 전체가입자의 예상가입기간에 기초하여 산출한 연금급여와 일시금급여를 계상하되, 예상퇴직시 보수기준으로 계산(승진 등 급여상승분 감안)

출 가능성이 높은 경우(즉 2심에서 패소)에 기타의기타장기충당부채로 공시하도록 하고 있다.

둘째, 담보제공자산은 담보로 제공한 자산의 내용, 채권최고액, 담보권자, 차입금액을 주석으로 공시한다.

셋째, 파생금융상품(내역)은 파생상품의 내용 및 기말포지션에 대한 자산,

부채 금액을 부채로 인식한다.

넷째, 퇴직급여 충당부채는 퇴직금 지급 대상자가 퇴직할 경우 지급해야 할 퇴직금을 추정한 금액을 부채로 인식한다.

다섯째 및 여섯째, 공무원 및 군인 연금충당부채는 연금수급자의 경우 장래 연금수급기간동안 지급할 것으로 추정되는 연금을 현재가치로 평가한 금액이며, 연금미수급자의 경우 장래에 지급하여야 할 연금추정지급액 중 재정상태표일 현재 귀속되는 금액을 현재가치로 평가한 금액이다. 연금충당부채 산정은 할인율, 물가상승률, 임금상승률 등 보험수리적 추정에 기반한다. 다만 이미 설명한 바와 같이 우발부채에서 제외할 필요가 있다.

일곱째, 보험충당부채는 국가회계실체가 보험사업(예, 무역보험, 농어업재해재보험)을 제공하는 경우, 보험계약과 관련하여 장래 보험금의 지급이 발생할 가능성이 매우 높고 그 금액을 신뢰성 있게 추정할 수 있을 때 인식한 충당부채이다.

여덟째, 보증충당부채는 국가회계실체가 운영하는 신용보증사업과 관련하여 보증약정에 따라 보증채무를 이행할 가능성이 매우 높고, 그 금액을 신뢰성 있게 측정할 수 있을 때 인식한 충당부채이다. 보증충당부채는 표준화 보증이라고도 부르며, 보증계약의 보증총액은 <표 6-6>과 같다.

표 6-6 **보증 충당부채** **(단위: 백만원)**

구분	2013년	2012년	2011년
신용보증기금	47,436,166	45,442,430	45,481,576
기술신용보증기금	19,706,001	18,138,533	17,315,473
농림수산업자신용보증기금	9,427,471	8,689,454	8,561,523
주택신용보증기금	41,236,559	39,266,764	16,700,839
산업기반신용보증기금	3,353,819	3,087,790	2,649,088
근로복지진흥기금	486,229	482,911	602,096
무역보험기금	3,744,278	3,195,656	3,021,332

아홉째, 퇴직수당충당부채는 퇴직수당 지급 대상자가 미래에 퇴직할 경우 지급해야 할 퇴직수당을 추정하여 부채로 인식한다.

열번째, 기타의기타장기충당부채는 경제적 편익의 유출 가능성이 높은 소송사건(2심패소 확정시) 등을 부채로 인식한다.

열한 번째, 기타부채(사회보험사업)는 국가회계실체가 사회보험사업을 제공하는 경우 관련 법률(고용보험법, 산업재해보상보험법, 임금채권보장기금의 준비금)에 따라 적립한 준비금을 부채로 인식한다.

열두 번째, 보증채무는 국가가 부담하고 있는 지급보증 중 보증채무는 국가재정법상 국가채무에는 포함되지 않지만, 원채무자의 상환능력이 없는 경우 국민의 재정부담을 초래할 수 있어 국가채무에 준하는 관리가 필요한 부분으로, 국가재정법 제92조 제1항에서 “국가가 보증채무를 부담하고자 하는 때는 미리 국회의 동의를 얻어야 한다”고 규정하고 있다. 지급보증의 피 보증기관은 예금보험공사, 한국자산관리공사, 한국장학재단, 한국농어촌공사이다.

열세 번째 및 열네 번째, 지급보증은 원화와 외화로 구분하고 있다. 지급보증은 국가가 부담하고 있는 보증채무 이외의 지급보증 내역으로 보증충당부채를 계상하고 있는 지급보증은 제외한 것이다. 그 예로는 기획재정부(제 2 서해안고속도로(주) 외 33개 업체, 포천미래(주) 외 45개 업체, 삼부토건(주) 외 3개 업체)와 통일부(한국산업단지공단 외 98개 업체)의 지급보증액(원화)과 금융위원회(캠코글로벌 1호－33호 선박투자회사)의 기호구조조정 관련 USD 394백만이 있다.

열다섯 번째, BTO 최소수입운영보장은 환경부, 국토교통부, 해양수산부의 민간투자사업 중 실시협약서 상 최소운영수입을 보장하고 있는 사업(인천공항고속도로 등 20건 사업)에 관한 비용이며, 최소운영수입 보장금을 지급시에 비용으로 인식하고, 해당 내용은 주석으로 공시한다.

열여섯 번째, 공공손실부담은 국토교통부의 공익서비스로 철도산업발전기본법 제32조 및 33조에 따른 공공서비스(공공목적의 운임감면, 벽지노선의 운영 등) 제공으로 발생하는 손실을 법률에 따라 국가가 부담하고 있으며, 부담금 지급시에 비용으로 인식하고 해당 내용은 주석으로 공시한다.

열일곱 번째, 금융비용지원은 수자원공사와 지하철공사로 구분하여 설명이 가능하다. 수자원공사가 4대강 살리기 사업을 추진하기 위하여 2009년부터 8조원 규모로 발행한 회사채에서 발생하는 금융비용을 지원하고 있으며, 지하철부채해소를 위해 지하철 가설동시 발생한 건설비용의 10%에 대한 이자지원 약정과 관련된다. 이렇듯 각종 합의에 따라 공기업, 지자체에 금융비용을 지원하고 있으며, 금융비용 지급시에 비용으로 인식하고, 해당 내용은 주석으로 공시한다.

중앙정부의 우발사항 적용(GFS, PSDS 등)

국가회계실체의 우발상황은 GFS, PSDS의 우발부채 기준에 따라 분류해보면 다음과 같다. GFS 2014의 기준에 따르면 공무원연금충당부채와 군인연금충당부채는 기타부채로 계상하도록 되어 있다, 그렇다면 기존 재정통계방식에서 충당부채와 우발부채를 새롭게 구분할 실익이 있을 것이다. 다시 말해 공무원·군인연금충당부채는 국제비교가능성 차원에서 기타부채(연금수급권)으로 새롭게 분류할 필요가 있을 것으로 판단된다. 공무원연금충당부채 등은 법적 고용계약에 의해 필히 지급되어야 할 직접부채이기 때문에 확정부채로 분류되어야 한다. 그렇다면 문제는 국가의 부채규모는 엄청나게 증가하게 되지만 공공부문부채통계결과에 명시한 것과 동일하게 분류되고 있다(공공부문 부채통계시 기타 부채로 분류하고 있다).

다만, 사학연금충당부채, 국민연금 충당부채는 추계하여 보고하고 있지 않다. 국민연금의 경우, 연금급여를 지급할 의무는 없고, 국가의 보전의무가 법에 명시되어 있지도 않다. 사학연금의 경우에도, 이와 동일한데, 정부의 의제의무를 전제하는 것은 아니지만 재정보전이 되는 만큼 국가부채에는 포함되지 않더라도 국가재정에 미치는 영향이 크기 때문에 GFS 2014 기준에 명시되어 있는 바와 같이 부기항목으로 기록할 필요가 있다.

우발부채의 측정(Contingent Liabilities Measure)

<표 6−4>에 근거하여 GFS 2014에서 분류하고 있는 우발를 부채항목별로 구분하면 다음과 같다.

표 6-7 **명시적 우발부채- 보증 잔액(일회성 보증)** **(단위: 백만원)**

No	구 분	인식 방법	보증 잔액		
			2013년	2012년	2011년
2	담보제공자산(채권최고액)	주석 공시	28,337	28,858	28,709
7	보험충당부채	부채로 인식	681,768	635,376	569,778
8	보증충당부채(표준화보증)	부채로 인식	3,166,617	2,687,359	2,389,758
12	보증채무	주석 공시	32,978,475	32,783,555	35,057,687
13	지급보증(원화)	주석 공시	3,670,407	3,596,424	12,199,541
14	지급보증(외화)	주석 공시	394,000 (USD394백만)	394,000 (USD394백만)	
	단순합산		40,919,604	40,125,572	50,245,473

단순합산하면 약 40조 9196억원에 달한다.

표 6-8 **명시적 우발부채- 기타 명시적 보증잔액** **(단위: 백만원)**

No	구 분	인식 방법	보증 잔액		
			2013년	2012년	2011년
1	계류중인소송사건(피고)	주석 공시	9,658,200	9,224,017	5,939,563
4	퇴직급여충당부채	부채로 인식	406,574	359,454	343,350
9	퇴직수당충당부채	부채로 인식	31,456,793	30,501,184	28,796,853
10	기타의기타장기충당부채	부채로 인식	1,871,729	1,048,024	642,142
15	최소운영수입보장	지급 시 비용, 주석공시	670,360	594,477	435,117
16	공공손실부담	지급 시 비용, 주석공시	343,500	304,000	282,494
17	공공금융비용 지원	지급 시 비용, 주석공시	325,826	363,921	265,660
	단순합산		44,732,982	42,395,077	36,705,179

단순합산하면 약 44조 7,329억원에 달한다.

표 6-9 **암묵적 우발부채 - 사회보장 보증잔액** **(단위: 백만원)**

No	구 분	인식 방법	보증 잔액		
			2013년	2012년	2011년
11	기타부채(사회보험사업)	부채로 인식	12,388,847	11,811,521	11,452,143
-	국민연금부채	x	-	-	-
-	사학연금부채	x	-	-	-
	단순합산		12,388,847	11,811,521	11,452,143

단순합산하면 약 12조 3,888억 원에 달한다. 왜냐하면 원래 우발부채로 계상하던 공무원·군인연금충당부채를 제외하였기 때문이다. 다만 국민연금부채와 사학연금부채는 국가회계실체와 고용계약관계가 성립하지 않기 때문에 정부가 법적 또는 계약상의 명백한 의무는 없다. 다만 국가재정에 미치는 영향이 큰 만큼 합리적 추정과정을 거친 후 부기항목에 기록하고 미래사회보험급여에 대한 암묵적 순의무요약보고서를 제출할 필요가 있다(각주 8참고). 대안차원에서 암묵적 우발부채에 준하여 관리할 필요가 있을 것으로 판단된다.

4. 지방자치단체 우발부채 적용

우발부채 구분

지방자치단체 재무회계 운영규정에는 소송사건과 지급보증의 회계처리 및 BTO 최소운영수입보장에 따른 추가지급금을 우발부채로 정의하고 있고(지방자치단체 재무회계운영규정, 2014), 지방자치단체 재무보고서에서는 계류중인 소송사건, 채무부담행위, 보증채무부담행위(타인의 채무에 대한 지급보증), 예산외 의무부담행위, BTO 계약내역 등을 제시하고 있으며 주석의 형태로 작성하고 있다.

재무회계운영규정(2014)에서 정의하고 있는 우발부채는 다음과 같다.

첫째, 계류중인 소송사건은 "판결결과 지방자치단체가 금전적 의무를 부담하게 되는 소송사건은 우발부채로 처리한다. 다만, 지방자치단체가 소송사건의 1심결과 손해배상금 등을 지급하는 것으로 결정된 경우 우발채무의 실현가능성이 거의 확실한 것"으로 보아 재정상태보고서에 확정부채인 '기타 비유동부채'로 처리한다.

둘째, 지급보증의 회계처리는 "지방공사나 지방공단 등 산하기관에서 발행한 부채는 독립채산제 원칙에 따라 지방자치단체의 부채는 아니지만 이들 산하기관이 채무불이행 상태에 직면했을 경우, 이들 공사와 공단에 대해 행한 보증행위"(예 태백시의 오투리조트)를 의미한다. 다시 말해 "지방자치단체가 타인의 채무보증을 한 경우 보증받은 자가 채무를 불이행할 가능성이 매우 높아 지방자치

표 6-10 우발부채 적용 요약

No	내역	지자체 재무회계운영규정('14)	지자체 재무보고서	비고
1	계류중인 소송사건	√	√	
2	보증채무부담행위 (지급보증)	√	√	
3	채무부담행위		√ (삭제)	우발부채로서 타당성 낮음
4	예산외 의무부담행위		√ (삭제)	보증채무부담행위로 분류
5	BTO 최소수입보장 지급금	√	√	4번과 동어반복 (tautology)

표 6-11 **특·광역시 우발부채 현황(FY 2008~FY 2013)** **(단위: 백만원)**

회계연도	지역이름	소송가액 (부채계상액)	채무부담행위	보증채무부담행위	BTO 지급액
2008	서울특별시	302,185 (4,350)	2,729	0	n/a
2009	서울특별시	293,876 (39,328)	0	0	n/a
2010	서울특별시	78,505 (15,884)	0	0	n/a
2011	서울특별시	3,885 (3,885)	0	0	n/a
2012	서울특별시	145,523 (28,832)	16,701	0	3,400
2013	서울특별시	202,529 (2,055)	50,000	0	87,400
2008	부산광역시	17,745 (2,457)	69,432	0	n/a
2009	부산광역시	58,763 (7,924)	108,305	0	n/a
2010	부산광역시	2,524 (569)	128,553	0	n/a
2011	부산광역시	1,261 (1,047)	155,076	0	n/a
2012	부산광역시	23,723 (1,121)	172,217	0	4,644,700
2013	부산광역시	24,874 (3,911)	119,569	0	1,458,900
2008	대구광역시	4,866	12,000	n/a	0
2009	대구광역시	24,532	7,236	n/a	0
2010	대구광역시	27,882	3,556	n/a	0
2011	대구광역시	43,547	n/a	0	0
2012	대구광역시	7,891	15,000	n/a	10,800
2013	대구광역시	82,979	n/a	n/a	208,909
2008	인천광역시	29,160 (594)	n/a	n/a	0
2009	인천광역시	31,466 (20)	n/a	n/a	0
2010	인천광역시	28,806 (14)	n/a	n/a	0
2011	인천광역시	48,732 (235)	n/a	n/a	0
2012	인천광역시	58,218 (1,413)	n/a	n/a	0
2013	인천광역시	97,697 (12,630)	n/a	n/a	0
2008	광주광역시	1,996 (0)	0	0	0
2009	광주광역시	7,738 (0)	0	0	0
2010	광주광역시	9,804	0	0	0
2011	광주광역시	6,247 (534)	0	0	0
2012	광주광역시	20,402 (814)	32,800	0	0
2013	광주광역시	25,997 (1,547)	0	0	0
2008	대전광역시	1996	26600	n/a	0
2009	대전광역시	4,410	0	162,980	n/a
2010	대전광역시	4,266 (136)	0	181,035	0
2011	대전광역시	2,510 (40)	0	189,541	0
2012	대전광역시	30,761 (854)	0	168,039	0
2013	대전광역시	20,108 (615)	n/a	134,062	620,500
2008	울산광역시	19,412 (0)	n/a	n/a	0
2009	울산광역시	17,870 (0)	n/a	n/a	0
2010	울산광역시	48,663 (841)	n/a	n/a	0
2011	울산광역시	2,237 (400)	n/a	n/a	0
2012	울산광역시	330 (89)	n/a	n/a	0
2013	울산광역시	535 (476)	n/a	n/a	0

자료: 각 지방자치단체 재무보고서 FY 2008 - FY 2013

단체가 보증받은 자의 채무를 상환하여야 할 것이 거의 확실한 경우"에는 재정상태표에 부채로 계상하게 된다.

셋째, BTO 사업 최소운영수입 보장에 따른 지급금은 우발상황에 대하여 실현가능성에 대한 판단없이도 주석에 공시하도록 하고 있다.

지방자치단체 재무보고서에서 정의하고 있는 우발부채는 다음과 같다.

첫째, 계류중인 소송사건은 이미 정의한 바와 동일하다.

둘째, 보증채무부담행위는 지방자치단체가 민간대차의 보증을 포함하여 SOC건설(예 대전 천변고속화도로)을 위해 지급보증을 하는 것을 의미한다.

셋째, 채무부담행위는 지방자치단체가 지출을 전제로 하는 채무로 교환거래의 대가로서 교환거래가 완료되기 전까지는 부채로 계리하지 않는다. 다만 회계적 거래가 발생되지 않고 단지 지방의회의결을 거치는 과정을 거친다. 따라서 우발부채로 정의하고 재무보고서에 기록하는 것은 타당하지 않다.

네 번째, 예산 외 의무부담행위는 부지매입확약, 토지리턴제 등의 부담행위를 계상하도록 하고 있다. 그러나 실제 이와 관련하여 재무보고서에 그 규모를 기록하는 지방자치단체는 전무하다. 사실상 예산외 의무부담행위에 BTO 최소운영수입보장 지급금이 포함되므로 동어반복적이기도 하다. 따라서 예산외 의무부담행위는 삭제하고, 세부내역은 보증채무부담행위(지급보증)에 포함시킬 필요가 있을 것이다.

다섯 번째, BTO 계약내역(BTO 최소운영수입보장 지급금)은 BTO사업으로 인해 발생하는 손실보전금 명목을 계상하고 있다.

5. GFS 2014에 근거한 중앙 및 지방자치단체의 우발부채 관리

중앙정부 및 지방자치단체의 우발부채 분류 재검토

표 6-12 **중앙정부 및 지방자치단체의 우발부채 분류 검토**

No	내역	중앙정부(GFS분류기준)	지방자치단체	비고
1	계류중인 소송사건(피고)	기타 명시적 우발부채 (2심 패소시)	○	2심 패소시로 변경
2	담보제공자산(채권최고액)	일회성 보증	n/a	
3	파생금융상품(부채)	파생금융상품형태의 보증	n/a	
4	퇴직급여충당부채	기타 명시적 우발부채	+	지자체회계기준에 관한규칙 제55조
5	공무원연금충당부채	기타부채(연금수급권)	n/a	제외 (기타부채로 분류)
6	군인연금충당부채	기타부차(연금수급권)	n/a	
7	보험충당부채	일회성 보증 또는 표준화 보증	n/a	
8	보증충당부채	표준화 보증 또는 일회성 보증	+	지자체 출자기관*

(계속)

No	내역	중앙정부(GFS분류기준)	지방자치단체	비고
9	퇴직수당충당부채	기타 명시적 우발부채	n/a	
10	기타의 기타 장기충당부채*	기타 명시적 우발부채	+	2심패소 확정시
11	기타부채(사회보험)	미래 사회보장급여에 대한 암묵적 순의무	n/a	
12	보증채무	일회성 보증	○	
13	지급보증(원화)	일회성 보증	○	
14	지급보증(외화)	일회성 보증	+	원화와 외화의 구분
15	최소운영수입보장	기타 명시적 우발부채	○	명확한 가이드라인제시
16	공공손실부담	기타 명시적 우발부채	+	
17	공공금융비용 지원	기타 명시적 우발부채	+	

범례: ○: 기존 유지, +: 추가 고려, n/a: 해당사항 없음.

주: 국가회계편람(2014: 622)에 의하면 '장기충당부채'는 '퇴직급여충당부채', '연금충당부채', '보험충당부채', '기타장기충당부채'로 구성된다. 기타장기충당부채는 '보증충당부채', '퇴직수당장기부채', '기타의기타장기충당부채'로 나눠지고, '기타의기타장기충당부채'는 '소송충당부채' 또는 '복구비용충당부채' 등이 있음.

*: 지방자치단체 출자·출연기관의 운영에 관한 법률 제22조에 의하면 출자기관이 사채를 발행하거나, 금융회사 등으로부터 자금(외국차관포함)을 차입하는 경우 그 상환을 보증할 수 있다고 규정하고 있음.

지방자치단체에서는 퇴직금에 충당부채, 보증충당부채, 기타의기타장기충당부채, 지급보증 등은 우발부채로 추가를 고려해야 한다. 특히 최근 지방자치단체가 산하공기업에 지급보증으로 인해 파산위기에 놓였기 때문이다(태백시). 또한 출자기관이 사채를 발행하면 상환보증을 할 수 있게 되어 있다(제주도 출자기관 (주)올인). 재정여건이 열악한 지방자치단체의 재정건전성을 담보하기 위한 대안으로 우발부채관리를 체계적으로 할 필요가 있다.

중앙정부-지방자치단체의 우발부채 관리(안)

표 6-13 **GFS 14기준에 근거한 우발부채 관리(안)**

내역	중앙정부	지방자치단체
계류중인 소송사건(피고)	유지	유지
담보제공자산(채권최고액)	유지	n/a
파생금융상품(부채)	유지	n/a
퇴직급여충당부채	유지	추가
공무원연금충당부채	제외 (기타부채)	n/a
군인연금충당부채	제외 (기타부채)	n/a
국민연금부채	(준)우발부채로 관리*	n/a

(계속)

내역	중앙정부	지방자치단체
사학연금부채	(준)우발부채로 관리*	n/a
보험충당부채	유지	n/a
보증충당부채	유지	추가
퇴직수당충당부채	유지	n/a
기타의기타장기충당부채	유지	추가
기타부채(사회보험)	유지	n/a
보증채무	유지	유지
지급보증(원화)	유지	유지
지급보증(외화)	유지	추가
최소운영수입보장	유지	유지(보완) (정확한 가이드라인제시, 향후 부담추정액 등)
공공손실부담	유지	추가
공공금융비용 지원	유지	추가

주: 추가, 유지, 수정, 폐지 등의 산정은 현재 재무보고서 우발부채 작성기준에 근거함

* : 유발부채로 산정하면 정부의제의무로 되기 때문에 우발부채에 준하여 관리하도록 하고 GFSM 2014 기준에 근거하여 미래사회보장급여에 암묵적 순의무 요약보고서를 제출할 필요가 있음.

<표 6-13>에 제시하고 있듯이, 기존 국가결산보고서/재무보고서(중앙/지방) 항목에서 관리되던 우발부채 항목 중 그대로 '유지'할 필요가 있는 내역은 중앙정부의 경우, 계류중인 소송사건, 담보제공자산, 파생금융상품, 퇴직급여충당부채, 보험충당부채, 보증충당부채, 퇴직수당충당부채, 기타의기타장기충당부채, 기타부채, 보증채무, 지급보증(원화, 외화), 최소운영수입보장, 공공손실부담, 공공금융비용지원 등이다. 지방정부의 경우, 계류중인 소송사건, 보증채무, 지급보증(원화) 최소운영수입보장 등이다.

우발부채에서 '제외'되어야 항목은 중앙정부의 경우, 공무원연금충당부채와 군인연금충당부채이다. 또한 '추가'되어야 할 우발부채 항목은 중앙정부의 경우, 국민연금 및 사학연금충당부채이고, 지방자치단체의 경우, 퇴직급여충당부채, 보증충당부채, 기타의기타장기충당부채, 지급보증(외화), 공공손실부담, 공공금융비용지원 등이다.

6. 정책적 함의

그간 우발부채에 관해 기업회계기준서, 국가회계편람 등에서 광의적 개념으로 다루고 있어 개념정의가 혼란스럽다. 최근 GFS 2014로의 재개정으로 논리적 근거가 마련되었다고 볼 수 있다. 따라서 다음과 같은 기준을 적용할 필요가 있을 것이다.

첫째, GFS 2014 기준에 근거하여 우발부채를 새로운 시각에서 접근할 필요가 있다. 특히, 중앙정부의 국가결산보고서와 지방자치단체의 재무보고서가 우발부채를 달리 적용하고 있는데, 우발부채 산정에 관해 학문적 논거를 새롭게 설정할 필요가 있다.

둘째, 중앙정부와 지방자치단체의 충당부채와 우발부채 각 분류기준을 검토하고 국가결산보고서와 재무보고서의 우발부채 내역을 새로이 설정할 필요가 있다. 장기충당부채 중 일부(보험충당부채, 보증충당부채, 기타의기타충당부채)는 우발부채로 재분류할 필요가 있을 것이다.

셋째, 공무원·군인연금충당부채는 기타부채(연금수급권)로 분류하고, 국민·사학연금충당부채는 암묵적 우발부채에 준하여 관리할 필요가 있다.

추가로 중앙정부는 지방정부가 파산될 시 우발부채가 된다는 점과, 지방자치단체는 산하 공기업은 물론 지급보증한 회계실체들이 파산할 경우 우발부채가 된다. 따라서 우발부채의 중요성을 새롭게 인식할 필요가 있다. Chapter 05에서 설명된 바와 같이 DSA의 세부항목으로 우발부채가 있다. 중앙정부에서는 재정위기단체('심각' 수준)에 근접하는 지방자치단체의 체계적 관리가 필요할 것이다. 더욱 문제는 재정여건이 열악한 기초자치단체(예, 태백시)가 지급보증을 하고 있다는 것이다. 이는 파산의 직접적 원인이 되기 때문에 우발부채관리가 우선되어야 한다. 더 나아가 출자기관 등의 관리도 필요할 것으로 판단된다.

지금까지의 논의에 기초하여 중앙정부와 지방자치단체의 우발부채 관리대안을 제시하면 다음과 같다.

중앙정부 분류(안)

(1안) 공무원·군인연금 충당부채를 우발부채로 분류(현행 유지)

GFS 2014로의 개정에도 불구하고, 제반 정치적 이해관계(예, 국익)를 고려하여 암묵적 우발부채로 유지하는 것도 고려해 볼 수는 있다. 다만 GFS 2014에 따르면 공무원·군인연금부채는 암묵적 우발부채로 분류하기는 제한된다. 그렇다고 명시적 우발부채로 분류하기도 제한된다. 왜냐하면 사회보장급여라기보다 고용관련 연금제도이기 때문이다. 또한 이렇게 분류할 경우 공무원·군인연금 충당부채를 부채로 인식하는 중앙정부 재무제표와 GFS 2014 기준과 상이하게 된다. 따라서 1안은 설득력이 낮다고 볼 수 있다.

표 6-14 **공무원·군인연금/ 국민연금·사학연금의 관리대안**

구분	국가 재무제표*		현행 GFS 통계** (GFS 2001)		GFS 2014		
	부채 여부	항목분류	부채 여부	항목분류	부채 여부	항목분류	
공무원·군인 연금 (고용관련연금)	○	장기충당부채 중 연금충당부채	×	우발부채	×	암묵적 우발부채 (암묵적 순의무)	1안
					○	기타부채 (연금수급권)	2안
국민·사학연금 (사회보장급여)	×	-	×	-	×	암묵적 우발부채에 준한 관리 (정부의제의무 아님)	3안

*: 국가 재무제표상 공무원·군인연금은 연금충당부채로 인식하고 있으나, 국민연금과 사학연금은 부채로 인식하지 않음
**: GFS 2001 통계상 공무원·군인연금은 우발부채로 인식하고 있으나, 국민연금과 사학연금은 우발부채로 인식하지 않음

(2안) 공무원·군인연금을 부채(연금수급권)로 분류(GFS 2014)

GFS 2014에서 고용관련 연금(empoyment-related pensions) 급여는 연금수급권으로 분류하고 있다. 또한 고용관련 연금제도와 사회보장급여를 별도로 구분하고 있다.[5] 고용관련 연금이란 보상 협정의 일환으로 지급받는 것으로 연금수급권에 해당되어 부채로 인식한다. 반면, 퇴직급여(고용관련 연금이 아닌)와 의료보장급여 같은 사회보장급여에 대해서는 거시경제통계시스템에 어떤 부채도 인식되지 않는다.[6] 미래 사회보장급여를 지급하는 암묵적 순의무는 계약상의

5) 사회보장제도와 관련되는 이러한 암묵적 우발부채는 고용관련 연금제도와 관련되는 부채를 제외한다. GFS에서 부과식(unfunded) 정부 피용자 퇴직제도에 따라 발생한 추정의무는 정부 또는 공공부문단위의 피용자에 대한 계약상 부채를 포함시키는 것으로 간주한다(GFS 2014, 문단 4.50).

6) 피용자에 대한 부과식 비자율적 연금제도는 공공부문단위의 대차대조표(따라서 암묵적 우발

의무가 아니므로 재정상태표에 기록되지 않는다(문단 7.252 참조).

이렇듯 GFS 통계기준에 맞춰 연금수급권(부채)으로 처리할 경우, 일반정부 부문의 부채 규모가 크게 증가할 것이지만 국가 재무제표와는 일치된 기준이 적용되는 것이다.

(3안) 국민·사학연금을 암묵적 우발부채에 준한 관리

국민연금·사학연금 충당부채는 암묵적 우발부채로 분류하는 것도 고려해 볼 수 있다. 왜냐하면 국민연금 등은 사회보장급여로 보기 때문이다. 국가재정 지원의 법적 근거는 '국민연금법' 제87조('국고부담')와 동법 100조의 3(연금보험료의 지원) 등을 규정하기 있기 때문이다. 또한 사학연금은 국가와 법적 계약에서 비롯된 것은 아니라 할지라도 '사립학교교직원연금법' 제42조('공무원 연금법')를 준용하고, 동법 46조('국가부담금')와 동법 53조의7(국가의 지원)[7)]을 규정하고 있는 만큼 암묵적 우발부채로 처리하는 것을 고려할 수도 있다.

다만, 국가회계실체와 고용계약관계가 아니고, 연금지급과 관련하여 법적 또는 계약상의 명백한 의무가 없으므로 정부의 의제의무가 있는 것은 아니다. 따라서 암묵적 우발부채로 분류하는 것은 제한된다. 하지만 일부 재정보전이 수반되고, 국가재정에 미치는 영향이 크기 때문에 암묵적 우발부채에 준하여 관리하고, GFS 2014 기준을 적용하여 부기항목에 기록함과 동시에 사회보장급여 암묵적 순의무요약보고서를 제출토록 해야 할 것이다.

또한 GFS 2014 문단 7.194에 의하면 사회보장제도 하의 급여에 대한 거시경제통계시스템의 주 계정에는 어떤 부채도 인식되지 않는다. 미래 사회보장급여에 대한 암묵적 순의무는 사회보장기금이나 기타 분리된 계정의 자산 수준과 상관없이 재정상태표의 부기항목(문단 7.261 참조)으로 기록된다.

(소결) 2안과 3안을 동시 적용

첫째, 공무원·군인연금충당부채는 우발부채항목에서 부채(연급수급권)로

부채의 대차대조표에서는 제외)에 포함되어야 한다(GFS 2014, 문단 7.261).

7) 법률 또는 제도적인 사유로 이 법에 따른 급여를 기금으로 충당할 수 없을 때에는 국가가 그 부족액을 지원할 수 있다.[전문개정 2009.12.31.]

재분류되어야 하고, 현행대로 국가재무제표상 부채로 기록하는 것이 타당할 것이다.

둘째, 국민 · 사학 연금은 사회보장급여 성격을 지니기 때문에 암묵적 우발부채로 고려할 수도 있겠지만, 이미 설명한 바와 같이 국가회계실체와 고용계약관계가 없기 때문에 정부의제의무를 구체화한 것으로 보기는 어렵다. 따라서 암묵적 우발부채에 준하여 관리할 필요가 있고, 정부 재정보전이 수반되기 때문에 미래사회보장급여에 대한 암묵적 순의무 요약보고서를 제출토록 하고, 이를 국가재무제표에는 기록할 필요는 없더라도 부기항목에 기록하도록 할 필요가 있다.[8)]

지방자치단체 분류(안)

지방자치단체는 우발부채의 체계적 관리를 위해 다음과 같은 조치가 필요할 것으로 판단된다.

첫째, 기존의 우발부채분류 방식대로 '유지'할 필요가 있는 내역은 '계류중인 소송사건', '보증채무부담행위(다만 부지매입확약, 토지리턴제 포함)', 'BTO 최소수입보장 지급금'(다만 향후 부담추정액 등 정확한 가이드라인 제시)이다.

둘째, 기존의 우발부채분류에서 '삭제'할 필요가 있는 내역은 '채무부담행위', '예산외 의무부담행위' 보증채무부담행위로 세분화이다.

명시적 우발부채와 미래사회보장급여에 대한 암묵적 순의무 요약보고서

6M6	총 명시적 우발부채
6M61	공적보증채무[1]
6M62	기타 일회성 보증[2]
6M63	기타 미분류 명시적 우발부채
	법적 청구권
	배상금
	미불입 주식자본
6M7	미래사회보장급여에 대한 암묵적 순의무
	미래사회보장급여에 대한 암묵적 의무의 현재가치
	- 사회보장제도의 미래 기여금 현재가치

1. 공적보증채무(융자와 기타 채무상품 보증 같은)의 세부사항은 명목가치 상 만기 및 채무상품의 유형별로 제시하도록 권고된다.
2. 예를 들면, 신용보증과 기타 유사한 우발부채(신용한도 및 차입약정 같은),"신용의 가용성"보증 및 조건부 신용보증 등이 있다.

자료: GFSM, 2014 표 4.6

8) 또한 미래사회보장급여에 대한 암묵적 순의무요약보고서를 작성해야 한다.

셋째, 우발부채로 '추가'분류되어야 할 내역은 '퇴직급여충당부채', '기타의 기타장기충당부채', '보증채무', '공공손실부담', '공공금융비원지원'이다.

중앙정부 및 지방자치단체 우발부채의 관리를 위한 기초를 제공하였다는 점에서 의미가 있다. 특히 공적연금충당부채 설정에 기초를 제공하였다는 점에서 의미가 있다. 여기서는 다루지 않았지만 '확률적 개념'을 적용하여 우발부채를 산정해볼 필요가 있다.

표 6-15 **우발부채 적용 요약**

No	내 역	재무회계운영규정 ('2014)	지방자치단체 재무보고서	비고
1	계류중인 소송사건	√	√	
2	보증채무부담행위* (지급보증)	√	√	부지매입확약, 토지리턴제
3	채무부담행위		√ (삭제)	우발부채로서 타당성 낮음
4	예산외 의무부담행위 (부지매입확약, 토지리턴제 BTO 최소수입보장)		√ (삭제)	보증채무부담행위로 재분류
5	BTO 최소수입보장 지급금	√	√	향후부담추정액 추정등 정확한 가이드라인제시
6	퇴직급여충당부채		+	
7	기타의기타장기충당부채		+	
8	보증채무		+	
9	공공손실부담		+	
10	공공금융비용 지원		+	

*: 지급보증(외화) 추가로 구분 세분화 필요
범례: √: 기존, +: 추가

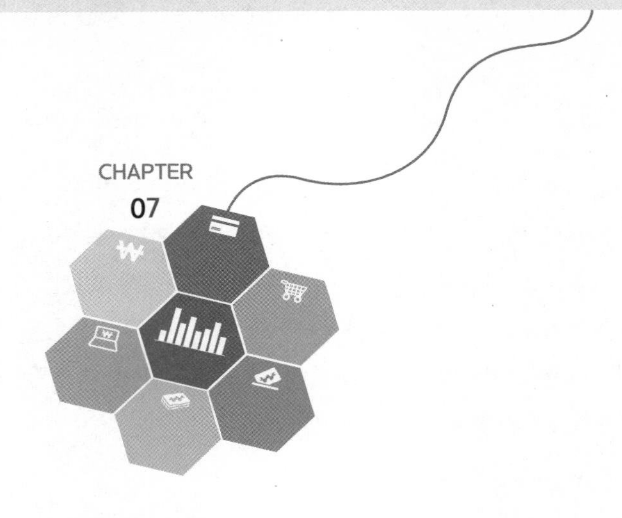

재정관리 시스템 간 연계가 되어야 하는 이유? - d-Brain, e-Hojo, Edufine

효율적인 재정관리를 통한 재정건전성강화는 책임성과 투명성이 담보되어야 하고, 건전한 재정운영의 근간이 된다. 1980년대 이후 OECD 국가들이 재정제도 개혁차원에서 다양한 노력이 전개한 것 것처럼 우리나라는 재정개혁차원에서 다양한 제도의 개혁은 물론 재정관리시스템을 설계 · 구축하여 운영하게 되었다. OECD국가와는 달리 우리나라는 급변하는 글로벌 재정환경에 적절히 대응하기 위함이라 할 수 있다.

우리 정부는 재정개혁의 일환으로 국가통합재정정보시스템(d－Brain)과 지방재정관리시스템(e－호조)을 구축하였고, 지방교육 행 · 재정관리시스템(edufine)을 구축하여 운영중에 있다. 국가통합재정정보시스템은 외국의 시스템과 약간의 차이는 있지만[1] 다른 국가들처럼 정부재정지출관리시스템(PEMS)을 대대적으로 개혁하였다. 근본적인 이유는 국제회계기준에 부합하는 재정운영과 배분의 효율

1) 한국의 디지털예산회계시스템은 세계적으로 유일하면서도 독특한 통합재정정보시스템이라 할 수 있다. 왜냐하면 월드뱅크(world bank)에서 추구하는 통합재정정보시스템의 사상을 모두 포함하고 있어 가장 진보한 시스템이라고 평가받고 있다. 한국의 재정개혁방식은 점진적 개혁방식이 아니라 이른바 빅뱅(Big Bang)방식을 추진하였다.

성을 보장하기 위함이다. 다시 말해 국가재정운용계획, Top－Down 예산제도, 그리고 성과관리예산제도 등 재정개혁을 시스템적으로 뒷받침하기 위해서다.

국가통합재정시스템(d－Brain)이 구축되기 전, 개별 부처는 다양한 재정정보시스템을 활용하고 있었다. 예컨대, 국고금 관리를 위해 재정정보시스템(NAFIS)이, 중기재정계획을 포함하여 단년도 예산편성 등을 개별적으로 관리하기 위해 예산정보시스템(FIMSys)을 운영하였고, 그 밖에 유관기관들이 사용하는 재정정보시스템 등이 있었다. 그러나 이 시스템들은 재정관리시스템이라고 하지만 서로 연계되지 않아 재정관리·배분이 어려운 구조였다고 할 수 있다.

국가통합재정시스템은 개별 시스템들을 통합한 재정관리시스템이라 할 수 있다. 개별 시스템을 통합한 근본적인 이유는 개별 시스템의 운용주체가 달라 시스템 간 연계 부족으로 정보공유가 제한되었고, top－down 예산제도에 근거한 성과관리, 예산총액배분 자율편성, 발생주의 회계방식 등을 뒷받침할 수 있는 시스템이 필요하였기 때문이다.

특히, 이 시스템은 성과정보를 참조하여 국가재정운영계획을 수립하고, 생성된 정보에 기초하여 Top－Down방식으로 단년도 예산이 프로그램에 배분된다. 동시에 프로그램의 운영결과가 발생주의 복식부기 회계제도에 의해 평가되어 성과관리시스템으로 피드백되는 과정을 거치도록 설계되어 있다.

한편 지방재정관리시스템(e－호조)은 그동안 개별 지방자치단체수준에서 개발되어 운영중이던 시스템을 통합하였다. 근본적으로 모든 지방자치단체가 공통으로 활용 가능한 재정관리시스템을 구축하기 위함이다. 이 시스템은 재정운영에 있어 건전성, 투명성을 담보할 수 있도록 하였다. 또한 지방자치단체가 수행하는 사업을 중심으로 한 사업별 예산제도와 발생주의 복식부기회계제도, 국제회계기준(IMF, GFS)에 따른 재정통계 생성, 회계기준변화에 따른 지방재정관리 업무의 재설계 및 표준화(BPR/ISP)를 도모하기 위함이다.

그동안 국가통합재정시스템과 지방재정관리시스템은 다양한 분야에서 긍정적 역할을 해왔다. 그럼에도 불구하고 개별 시스템의 내재된 한계뿐만 아니라 두 시스템 간 최소한 연계마저 되지 않고 있다.[2] 예컨대, 국고보조금의 관리측

2) 두 시스템간의 연계가 무조건 좋은 것은 아니다. 본 연구는 최소한의 연계에 초점을 맞추고 있다. 더불어, Edufine과 연계를 고려해야 한다.

면에서 일부 한계가 노출된다. 그로 인해 중앙정부(주무부처) 차원에서 국가통합재정시스템에 의한 국고보조금관리가 체계적이지 못하다. 또한 광역자치단체와 기초자치단체에서도 지방재정관리시스템(e－호조)을 활용하여 보조금을 관리하고 있지만 보조금의 정확한 집계마저 어려운 실정이다.

게다가 지방재정관리시스템 정보의 활용성 측면에서 다양한 문제점들이 목격된다. 그 중 하나가 원가관리회계인데 시스템상에서 이를 제어하는 데 다소 한계가 있다. 또한 회계공무원들에 의해 자행되는 회계부정을 시스템에서 제어하기 어려운 구조이다.[3] 또한 지방재정관리시스템에 다양한 재정관리기능이 구축되어 있음에도 이를 활용하지 않는가 하면, 일부 지표는 관리기능조차 구축되어 있지 않아 시스템의 합목적성에 문제를 제기할 수 있다.

따라서 합목적적 관점에서 새로운 방향의 재정관리시스템이 설계될 필요가 있다. 다시 말해 시스템을 활용한 효율적 재정관리를 위해 국가통합재정시스템과 지방재정관리시스템의 내재된 한계는 치유할 필요가 있다. 예컨대 지방재정관리시스템에서 자산, 수입, 지출 등의 연계를 고려할 필요가 있다. 더 나아가 지방재정관리(e－호조)시스템의 일부 기능을 보완(구축)하고 이 시스템의 활용을 강제할 운영지침을 마련할 필요가 있다. 부가적으로 지방재정관리시스템에서 관리되고 있는 일부 지표를 활용하여 재정위기 관리(재정분석·진단과 재정위기 사전경보시스템)가 가능하도록 기능보완이 필요할 것이다.[4]

효율적인 재정관리를 위해 다음과 같은 요소들이 고려되어야 한다는 점이 전제되어야 할 것이다.

첫째, 국가통합재정정보시스템(dBrain)과 지방재정정보(e－호조)시스템의 내재적 한계를 치유할 필요가 있다. 효율적 재정관리를 위해 국가통합재정시스템(dBrain)의 내재된 한계(예, 예산관리시스템과 성과관리시스템 간 연계)와 지방재정

---

3) 근본적으로 초기 시스템을 구축할 때 고려하지 못해 벌어진 회계부정사고이다. 이렇듯 기존의 NAFIS등을 설계할 때 안전장치 등이 누락되어 회계부정 사고는 예견되었다고도 할 수 있다. 최근 여러 형태의 회계부정을 제어하기 위해 다양한 관점에서 시스템이 개선되었다. 그러나 일부 시스템과의 연계를 고려되어야 할 문제가 남아있다. 개인정보를 침해하지 않은가? 등의 이유에서 고려중에 있다.

4) 예를 들어 공기업부채비율은 수기로 입력하고 있는데 지방재정관리시스템(e－호조)과 지방공기업경영정보시스템(cleaneye)을 연계(공기업부채비율)하여 지표가 자동으로 생성되도록 만들 필요가 있다.

관리시스템(e-호조)의 내재된 한계(예, 원가관리 등)를 보완할 필요가 있다.

둘째, 지방재정관리시스템에 재정관리를 위해 구축된 기능이 있음에도 활용되지 않는 지표와 애초에 기능이 구축되어 있지 않은 지표를 보완(구축)할 필요가 있다.

셋째, 효율적 재정관리를 위해 지방재정법 시행령 제64조에 근거한 지방재정관리시스템(e-호조)을 구축(일부기능 보완)하고 활용을 강제하기 위해 운영지침마련을 마련할 필요가 있다.

넷째, 지방재정정보시스템(e-호조)을 활용한 재정위기관리가 가능해야 한다. 지방재정관리시스템에서 관리되고 있는 일부 필수지표를 활용하여 재정위기관리(예, 재정분석·진단과 재정위기 사전경보시스템)가 가능해야 한다.[5)]

부가적으로 국가통합재정시스템, 지방재정관리시스템, 지방교육행 · 재정관리시스템의 일부지표(예, 보조금 관리 등)를 유기적으로 연계할 방안을 모색할 필요가 있다. 다시 말해 시스템 간 최소한의 연계(예, 국고보조금 관리)를 고려할 필요가 있다.[6)]

중앙정부는 국가통합재정시스템(dBrain)을 구축하기 전에 개별 재정정보시스템을 구축하여 운영 중에 있었다. 다시 말해 중기재정계획과 단년도 예산편성을 개별적으로 관리하는 예산정보시스템(FIMSys)에, 단식부기 · 현금주의 회계를 처리하는 국가 재정정보시스템(NAFIS)이 있었다. 추가로 유관기관들의 다양한 재정정보시스템이 존재하고 있었다.

새로운 재정관리시스템이 필요하게 된 주된 이유는 시스템 간 상호통합이 되지 않고 분리 · 운영되었기 때문에 국가재원을 효율적으로 배분 · 관리하기 어려운 구조였다. 또한 국가재정법(2006년)의 제정, 국가회계법(2007년)의 제정, 디지털예산 · 회계시스템의 구축(2007년), 국가회계기준의 마련(2009년) 등의 과정을 거치면

---

5) 예를 들어 공기업부채비율은 수기로 입력하고 있는데 지방재정관리시스템과 지방공기업경영정보시스템(cleaneye)을 연계(공기업부채비율)하여 지표가 자동으로 생성되도록 만들 필요가 있다.

6) 이미 설명한 바와 같이 국고보조금의 정확한 규모마저 파악하기 어렵다. 이는 근본적으로 지방자치단체로 하여금 지방비 부담금액 등 다양한 요인에 의해 발생된다. 다만 시스템에서 모듈을 생성하여 보조금이 국가에서 보조된 금액인지? 지방자치단체에서 추가로 부담하여 금액이 늘어난 것인지? 등 제반 원인행위를 알 수 있어야 한다. 심지어 광역자치단체와 기초자치단체 간의 연계마저 되지 않는데 이는 우선 개선되어야 한다.

그림 7-1 **국가통합재정시스템(디지털 예산회계시스템)**

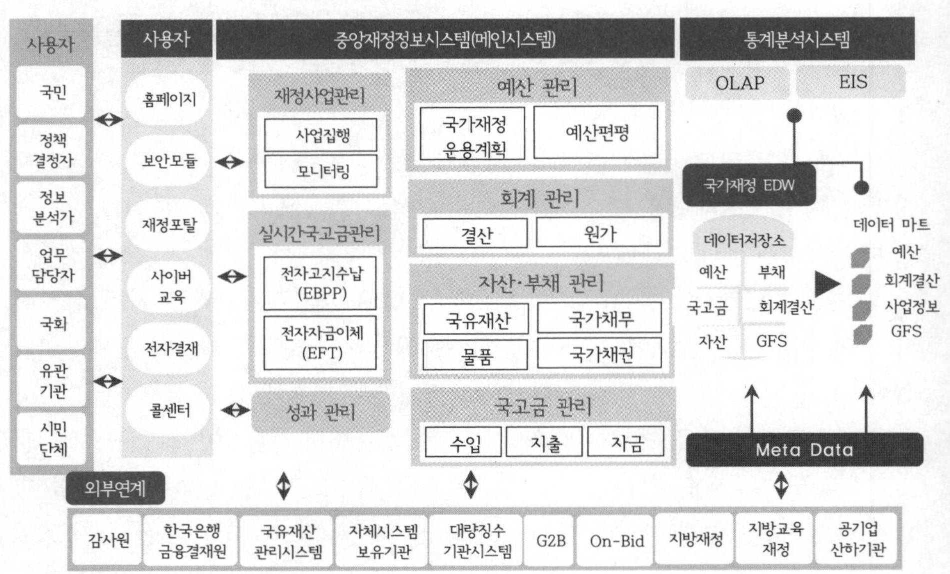

OLAP: On-LineAnalysisProcessing(온라인 분석 처리)
EIS: Executive Information System(경영자 정보 시스템)
EDW: Enterprise Data Warehouse(기업 데이터 웨어하우스)
GF : Government Finance System(정부 재정 시스템)

서 2009년부터 복식부기 · 발생주의 정부회계제도를 전면 도입되었기 때문이다.

발생주의 국가회계가 성과중심의 재정운영을 지원할 수 있도록 프로그램예산제도 등 다른 재정혁신과제 도입과 연계된 국가회계기준, 각종 준칙 및 지침 등의 체계완성과도 관련이 있다.

국가통합재정시스템의 추진과정을 살펴보면, 국가 전체재정을 효율적으로 관리하기 위한 재정정보시스템 구축관련 '국정과제회의'(2004. 4), 디지털예산회계시스템 추진단 및 자문위원회 등 추진체계정비(2004. 5), 프로그램 예산체계도입, 발생주의 · 복식주의 회계제도 도입 등 주요추진 세부과제 선정(2004. 7), 시스템구축을 위한 마스터플랜 수립을 위한 BSP 추진(2004. 7~2004. 12), 시스템 구축을 위한 BPR/ISP수립(2005. 2~2005. 9), 시스템구축 완료(2005. 10~2006. 10), 시스템 시험운영 및 사용자 교육(2006. 11~2006. 12)과정을 거친 후 유지보수 및 안정화 단계에 있다.

최근에는 재정운영표에 프로그램 원가정보를 산출하고 있어 프로그램원가의 왜곡없이 실제 원가에 근접하는 원가관리체제를 구축하였다. 이렇듯 국가회계제도가 실무적으로 원활하게 적용할 수 있도록 계정과목을 정비하고 정보관리항목을 표준화하였기에 시스템을 통한 자동분개가 가능하게 되었다.

1. 국가통합재정시스템

디지털예산회계시스템은 국가재정의 다양한 정보를 통합 관리할 수 있도록 설계·구축되었다. 메인 시스템격인 "중앙재정정보시스템", 다양한 사용자들 간

표 7-1 **중앙재정정보시스템의 구성**

구 분	설 명	업 무
재정사업 관리	프로그램 예산관리를 위한 프로그램(정책사업), 단위사업, 세부사업과 관련된 모든 사업들의 등록, 집행, 모니터링, 성과평가, 및 종료 프로세스를 각 부/처의 사업담당자들이 사업의 라이프사이클 관리를 통합 처리할 수 있도록 구현.	· 사업 등록 · 사업 집행 · 사업 모니터링 · 사업 성과평가 · 사업 종료
예산관리	재정 사업관리 단위시스템으로부터 사업과 관련된 원천 데이터를 받아 총사업비 관리, 예산요구, 심의, 배정, 예산변경 등의 국가 예산업무를 통합적으로 처리하는 시스템. 성과측정이 가능한 프로그램 예산구조를 반영하여 중기사업계획수립, 단년도 예산요구, 기금운용계획 수립, 예산편성, 확정, 배정, 변경 기능을 수행.	· 중기사업계획 수립 · 예산 배정 · 예산 편성 · 재정 집행 · 예비타당성 · 총사업비관리 · BTL/BTO · 재정사업성과관리
국고금 관리	징수결정, 수납, 과/오납반환, 수입마감 등으로 구성되며 채권자 정보 및 고지/수납정보 등의 부과정보를 자동연계하고, 원인행위 및 실시간 모니터링을 지출관리를 통해 실적에 반영.	· 수입 · 지출 · 자금
자산/ 부채관리	자산의 적극적 운용기반을 마련하고 자산관리 업무 전반에 대한 처리 기능(취득, 처분, 감가상각, 건설 중인 자산 관리 등)을 수행. 재정 사업관리, 예산관리, 회계관리 등과 연계되어 원가관리가 가능하도록 구성.	· 국유재산 · 물품 · 채권 · 채무
회계관리	국가의 통합된 회계 정보관리 및 업무 처리를 수행하며, 자동 분개 기반의 업무 처리 자동화를 반영하여 사용자 편의성을 고려. 지방정부 및 산하기관 등을 포함하여 재정정보 관리 분석 체계의 통합적 관리 및 내/외부 데이터 연계를 통한 정보의 공동 이용이 가능하도록 구성.	· 총계정원장/결산 · 원가
실시간 국고금 관리	수입/지출 업무 처리 효율화를 위하여 재정 자금의 전자이체를 실시간으로 처리하고, 재정 관련기관과 금융기관과의 연계 유통경로를 표준화하여 자료 전송을 실시간으로 처리.	· 통합고지/수납 · 국고금이체 (전자자금이체)
성과관리	효율적인 재정관리를 위한 사업수행 성과를 평가하고 개선 방안 도출.	· 재정관리 모니터링 · 재정관리 평가/개선

자료 배득종 외(2012), p.103.

표 7-2 **업무지원시스템의 구성**

구 분	설 명	구 성
홈페이지	재정 사업관리정보, 예산 및 결산정보, 재정지표 등과 같은 재정정보의 대 국민 서비스를 위해 외부 사용자들이 접속하여 정보를 활용할 수 있도록 구성된 접속 프로그램으로써 대국민 참여와 재정배움터를 포함하여 운영.	‣ 디지털예산회계시스템 소개 ‣ 국가 재정 현황 정보 ‣ 중앙재정정보 ‣ 재정 통계/분석정보
보안 모듈	사용자들이 시스템을 편리하고 안전하게 사용할 수 있도록 하며, 시스템에 존재하는 정보를 보호를 위한 보안관리 프로그램으로 구성.	‣ 인증(Authentic) ‣ SSO ‣ PKI
재정 포탈	재정관리의 통합정보를 제공하는 서비스 관련 프로그램들로 구성되며 통합인증관리를 수행하는 프로그램을 포함.	‣ 사용자 관리 서비스 ‣ 메시지 서비스 ‣ 개인 맞춤형 서비스 ‣ 협업정보 서비스 ‣ 공통/포탈관리 서비스 ‣ 재정 업무 서비스
사이버 교육	디지털예산회계시스템과 관련된 사용자들의 정보시스템 사용 교육을 상시적으로 온-라인 교육을 수행하는 프로그램으로서 기초이론 과정과 제도이해 과정 등으로 구성.	‣ 공무원 사이버 교육센터
전자 결재	행정안전부의 전자문서 결재처리를 처리하는 중계 모듈인 "온나라 시스템"을 활용하여 다양한 결재처리를 편리하게 수행할 수 있도록 지원하는 프로그램으로 구성.	‣ 전자 결재 시스템
콜센터	디지털예산회계시스템과 관련된 사용자 편의성 증대 및 건의사항 그리고 문제점 관리를 통한 시스템 개선 프로그램으로 구성.	‣ IVR 서비스 ‣ 인터넷 상담 서비스 및 상담 정보 관리 ‣ 콜센터 운영관리

자료 배득종 외(2012), p.104-105.

시스템을 연결해 주는 "업무 지원시스템", 재정관리와 관련된 다양한 통계를 제공하여 재정 현황분석에 도움을 주기 위한 "통계/분석시스템", 외부 기관들의 정보를 연결하는 "외부연계시스템"으로 구성되어 있다.

중앙재정정보시스템은 크게 재정관리사업, 예산관리, 국고금관리, 자산 및 부채관리, 회계관리, 실시간 국고금관리, 성과관리로 구성되어 있다. 업무지원시스템은 홈페이지, 보안모듈, 재정포탈, 사이버교육, 전자결재, 콜센터 등으로 구성되어 있다.

2. 지방재정관리스템

지방재정관리시스템은 종합적인 정보화 계획과 체계적인 추진체계의 필요에 의해 구축되었다. 2003년까지 개별 지방자치단체들은 업무의 필요성에 따라 예산, 회계, 지방세 등의 응용시스템을 각각 개발·운용함으로써 체계적인 정보화체계는 미흡하였다.

2003년 당시 지방자치단체의 규모별 정보시스템현황이 상이하였는데, 광역자치단체는 예산회계, 세정, 계약자산, 재정분석시스템을 운영하고 있었고, 기초자치단체들은 예산회계, 세정, 계약자산 시스템을 구축하여 운영하고 있었다.

또한 개별시스템의 개발주체가 중앙정부차원에서 보급된 것도 있지만 개별적으로 구축해서 사용하기도 했다. 또한 사용된 OS는 Unixware, 기타Unix, Solaris 등이고, 사용된 언어는 델파이, 파워빌더 등이 있다.

이렇듯 지방자치단체 스스로가 업무를 중심으로 개별 시스템을 구축함으로써 업무 간 연계가 미흡할 뿐 아니라 중복된 업무가 발생하고 있었다. 근본적인 이유는 지방자치단체별로 상이한 프로그램을 활용하기 때문이고, 중앙정부, 광역자치단체, 기초자치단체 상호간 정보공유와 연계가 제한되기 때문이다.

또한, 지방자치단체는 물론 안전행정부 차원에서 지방재정을 평가(분석·진단)할 수 있는 도구가 없었다는 것도 하나의 이유이다. 게다가 발생주의회계, 성과관리, IMF기준통계 등 새로운 제도수용에 따른 시스템의 전면 개선이 필요하였기 때문이다.

즉, IMF, OECD, IBRD 등 국제기구에서 발생주의 회계제도의 적용을 권고함에 따라 기준 마련이 요구되었고, GFSM2001 기준에 근거하여 국가재정통계가 산출될 필요성이 부각되었으며. 중앙정부의 디지털예산회계시스템 구축에 따른 지방재정시스템의 구축이 필요하게 되었다.

추진과정을 알아보면 지방재정정보화를 위한 BPR/ISP 추진(2003.12~2004. 9), 예산, 지출, 자금 등 지방재정 핵심 분야 개발(2005. 5~2006. 3), 지방재정관리시스템 핵심분야 이외 개발(2006. 4~2006.12), 지방자치단체 확산·보급(2006. 7~2007. 7), 지방재정분석시스템 구축(2007. 7~2008. 1), 2002~2007년도분 지방재정통합DB구축(2007. 5~2011.10)이 완료되었고, 현재는 다양한 요구에 따른 시

그림 7-2 **지방재정관리시스템의 구성**

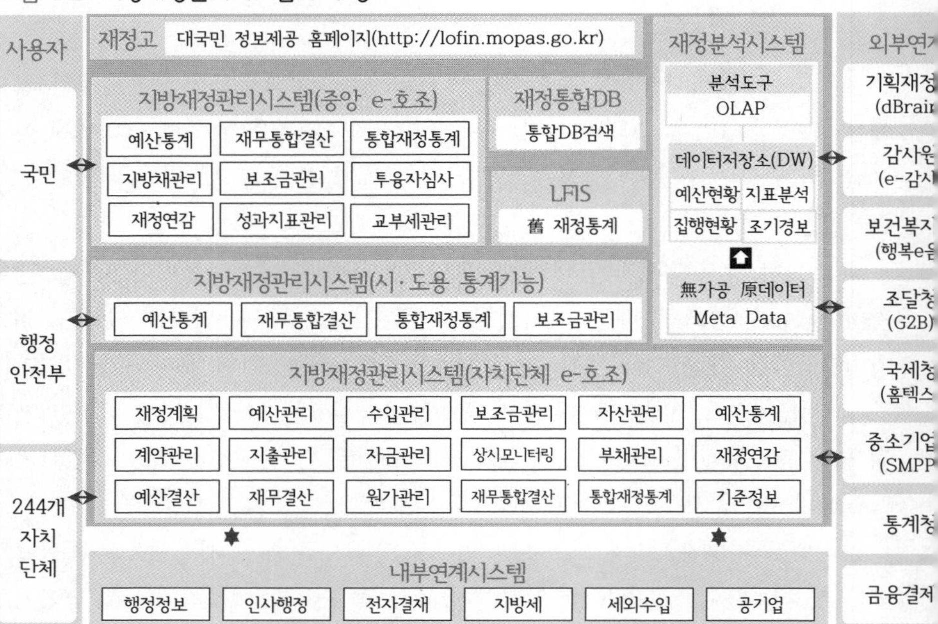

스템 개선과 유지보수를 계속하고 있다.[7)]

지방재정관리시스템은 지방재정의 다양한 정보를 통합 관리할 수 있도록 설계·구축된 디지털예산회계시스템과 유사한 면이 많다. 재정관리를 위한 "지방재정관리시스템", 다양한 통계를 제공하여 재정 현황분석에 도움을 주기 위한 "재정분석시스템", 그리고 외부 기관들의 정보를 연결하는 "내·외부연계시스템"으로 구성되어 있다.

지방재정관리시스템의 구성은 다음과 같다. 중앙 e－호조는 재정계획, 예산관리, 수입관리, 계약관리, 부채관리, 재무결산, 통합재정으로 구성되어 있다. 지방 e－호조는 재정계획, 예산관리, 수입관리, 보조금관리, 자산관리, 예산통계, 계약관리, 지출관리, 자금관리, 상시모니터링, 부채관리, 재정연감, 예산결산, 재무결산, 원가관리, 재무통합결산, 통합재정통계, 기준정보, 사업관리카드 등으로 구성되어 있다.

---

7) 연도별 기능개선을 살펴보면 2009년 212건, 2010년 476건, 2011년 570건, 2012년 810건이다.

표 7-3 **시스템 구조**

대분류	중분류	설명
보통교부금관리	보통교부금 산출관리	보통교부금 산출 보통교부금 산출결과 조회
특별교부금관리	특별교부금 지침관리	특별교부금 지침관리
	보조사업평가항목관리	보조사업 평가항목 관리 시도별 평가점수 조회
	특별교부금사업 예산관리	국가시책사업관리 국가시책사업교부 지역현안사업신청관리 지역현안사업관리 재해대책사업관리 재해대책사업신청관리 재해대책사업관리 평가지원비관리 평가지원비교부 특별교부금 교부통지
	특별교부금사업 집행실적	수요별집행실적목록 시도별집행실적목록 국가시책집행실적 목록 집행실적목록 집행실적조회
	특별교부금사업 변경관리	사업변경신청관리 집행조서관리
국고보조금관리	국고보조사업 예산관리	국고보조사업부서지정 국고보조사업단위업무지정 국고보조사업신청관리
	국고보조사업 집행실적	집행실적조회
	국고보조사업 수행관리	국고보조사업교부관리 국고보조사업내용변경관리 국고보조사업수행보고관리 부진사업통보서 관리 보조사업집행실적보고
	국고보조사업 정산관리	정산보고관리
	지방이양사업관리	지방이양사업 등록 지방이양사업 통지 조회 지방이양사업관리 지방이양사업집행실적조회
목적사업비관리	목적사업 집행실적	목적사업비집행실적조회(예산부서) 목적사업비집행실적조회(사업부서)

통계분석시스템은 재정분석(종합분석, 재정지표, 예산현황, 집행현황, 예산결산, 위기경보, 운영관리, 통합조건검색)과 중앙응용(재정연감관리, 교부세관리, 재정성과관리, 기준정보관리)으로 구성되어 있고, 지방재정통합 DB검색시스템은 자료목록, 원문열람서비스, 수치정보조회서비스, 비교서비스, 자료조회마법사로 구성되어 있다.

외부연계시스템은 중앙연계와 자치단체별 연계체계로 구성되어 있다. 중앙연계는 감사원의 e－감사시스템, 기획재정부의 dBrain, 보건복지부의 행복e음, 조달청의 나라장터, 국세청의 홈텍스와 연계되어 있다. 지방자치단체별 연계는 전국공통 시스템(예, 지방세시스템 등), 금고은행(e－세출시스템)과 지방자치단체(예, 부산광역시 등의 성과관리시스템)와 연계되어 있다.

3. 지방교육 행 · 재정관리시스템(edufine)

지방교육 행·재정관리시스템은 교육선진화를 위한 재정투자 성과관리체계 구축으로 개발되었다. 구축과정을 살펴보면 2005년 BPR/ISP 사업을 시작으로

그림 7-3 지방교육 행·재정관리시스템의 구성

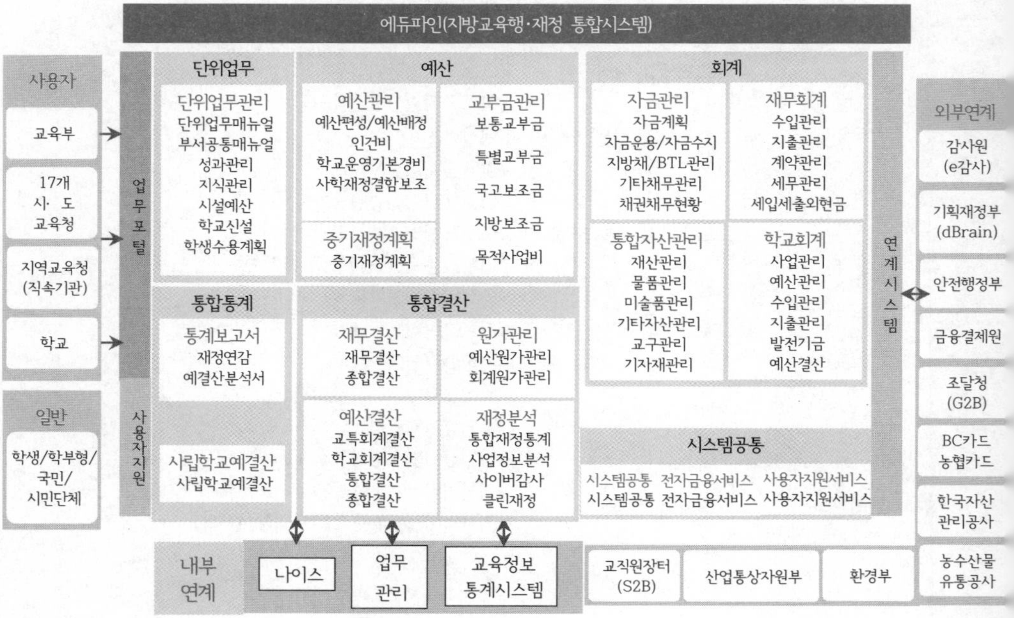

에듀파인(지방교육행·재정 통합시스템)

사용자: 교육부 / 17개 시·도 교육청 / 지역교육청(직속기관) / 학교

일반: 학생/학부형/국민/시민단체

업무포털 / 사용자지원

단위업무: 단위업무관리 – 단위업무매뉴얼, 부서공통매뉴얼, 성과관리, 지식관리, 시설예산, 학교신설, 학생수용계획

예산: 예산관리 – 예산편성/예산배정, 인건비, 학교운영기본경비, 사학재정결함보조 / 교부금관리 – 보통교부금, 특별교부금, 국고보조금, 지방보조금, 목적사업비 / 중기재정계획 – 중기재정계획

회계: 자금관리 – 자금계획, 자금운용/자금수지, 지방채/BTL관리, 기타채무관리, 채권채무현황 / 재무회계 – 수입관리, 지출관리, 계약관리, 세무관리, 세입세출외현금 / 통합자산관리 – 재산관리, 물품관리, 미술품관리, 기타자산관리, 교구관리, 기자재관리 / 학교회계 – 사업관리, 예산관리, 수입관리, 지출관리, 발전기금, 예산결산

통합통계: 통계보고서 – 재정연감, 예결산분석서 / 사립학교예결산 – 사립학교예결산

통합결산: 재무결산 – 재무결산, 종합결산 / 원가관리 – 예산원가관리, 회계원가관리 / 예산결산 – 교특회계결산, 학교회계결산, 통합결산, 종합결산 / 재정분석 – 통합재정통계, 사업정보분석, 사이버감사, 클린재정

시스템공통: 시스템공통 전자금융서비스 사용자지원서비스 / 시스템공통 전자금융서비스 사용자지원서비스

연계시스템

외부연계: 감사원(e감사) / 기획재정부(dBrain) / 안전행정부 / 금융결제원 / 조달청(G2B) / BC카드 농협카드 / 한국자산관리공사 / 농수산물유통공사

내부연계: 나이스 / 업무관리 / 교육정보통계시스템

교직원장터(S2B) / 산업통상자원부 / 환경부

재정혁신과제 도출, 전략계획수립(예산 및 회계개혁, 학교회계 개혁, 정보기반마련) BPR/ISP 추진, 1단계 시스템구축사업: 25개 단위업무(예산관리, 재무회계, 학교회계, 지식관리, 성과관리, 단위업무관리, 교육부 DW도입, 내외부 기관연계)(2006. 5~2007. 2), 2단계 시스템구축사업(통합결산: 예산결산, 재무결산, 통합재정수지; 종합모니터링: 사업정보분석, 자금흐름분석; 원가관리; 통합통계시스템)(2006. 10~2007. 8), 시스템 전면시행(edufine 오픈, 학교회계시스템 오픈)(2008. 1~)에 이른다.

2014년 12월부터 국민과의 소통과 협력 강화를 위한 정부 3.0의 일환으로 지방교육재정 정보(http://www.eduinfo.go.kr, 이하 지방교육 재정알리미)를 공개하고 있다. 지방교육재정 알리미는 17개 시·도교육청 재정 운용과 관련된 총 17개 분야 70여 개 항목에 대해 4년간(2010년부터 2013년까지) 정보를 종합적으로 분석·제공하고 있다. 또한 맞춤형 정보 검색 기능(연도별, 교육청별, 항목별)을 제공하고 있으며, 사용자관점에서 자료 활용도를 높이기 위해 공개된 모든 재정현황 자료는 엑셀파일 및 한글파일로 다운로드 받을 수 있다. 한편 지방교육재정 분석 종합보고서, 교육비특별회계 세입·세출 결산분석 보고서 등을 제공하고 있고, 17개 시·도교육청 홈페이지 및 국민신문고 예산낭비신고센터 등 관련 사이트를 연계하여, 시·도교육청의 예·결산을 직접 확인하고 예산운용에 관한 주민 참여도를 높이도록 설계되었다(교육부 공시자료, 2014.12.8.).

그림 7-4 **지방교육재정 알리미**

이렇듯 국가통합재정시스템과 지방재정관리시스템 및 지방교육 행재정관리시스템은 다양한 제도개선과 병행하여 기능개선을 추진해왔다. 이는 정부를 포함한 다양한 주체들의 다양한 요구에 수용할 수밖에 없었기 때문이다.

이미 언급한 바와 같이 이들 시스템과 관련하여 기능개선에 초점에 맞춘 연구가 수행되어 효율적인 재정관리와 거리가 있다. 어찌 보면 관련연구는 전무한 실정이다. 그만큼 구조적·기능적 측면을 중시해왔기 때문이다.

현재의 시점에서 논의되고 있는 맥락(이슈) 또한 여기서 크게 벗어나지 못하고 있다. 예컨대 지방재정의 전 과정을 통합적으로 수행·관리를 위해 인프라 구축을 포함한 기능개선을 강하게 요구받고 있다.

대개 시스템만 구축하면 모든 것이 해결될 것이라는 만병통치약적 인식이 팽배하다. 그러나 사실은 그렇지 않다. 최근 일부 지방자치단체에서 다양한 회계부정이 발생된 후 사후적 처방차원에서 여러 기능을 개선하기에 이르렀다. 이는 근본적으로 초기에 기능을 구축할 당시 문제점이 예견되었음에도 합리적으로 대응하지 않아 발생된 사례라고 볼 수밖에 없다. 다시 말해 시스템이 합리적이지 못해 회계부정은 애견되고 내재된 한계라는 점이다.

또한 지방재정관리시스템에 재정관리가 가능하도록 기능이 구축되어 있음에도 시스템의 기능을 활용하지 않고 있다. 더욱이 일부 지표는 재정관리시스템에 기능조차 구축되어 있지 않다. 효율적인 재정관리를 위해 일부 구축되어 있지 않은 기능을 구축함과 동시에 기능이 구축되어 있지만 활용되지 않는 기능의 활용을 강제할 필요가 있다. 다시 말해 시스템의 활용을 강제하기 위한 운영지침의 마련이 시급하다.

더불어 지방재정관리(e－호조)시스템을 활용한 재정위기관리가 가능해야 한다. 재정관리(e－호조)시스템에서 관리되고 있는 일부 지표가 재정위기사전경보시스템에서 동일하게 관리되고 있는 지표임을 감안하면 시스템을 활용한 재정위기관리는 효과적이라 판단된다. 다만 일부 필수지표의 연계를 고려할 필요가 있다. 이러한 논거에 근거하여 다음의 사항에 초점을 맞추어 논의한다.

첫째, 우선 국가통합재정관리시스템과 지방재정관리시스템의 내재된 한계를 치유해야 한다. 개별 시스템의 내재적 한계를 치유해야 할 것이고, 두 시스템 간 국고보조금 등 일부 지표의 연계를 고려할 필요가 있다. 특히 지방재정관리시스템에서 수입, 자산, 지출 등의 유기적 연계(통합)를 고려할 필요가 있다. 또

그림 7-5 **논의의 준거틀**

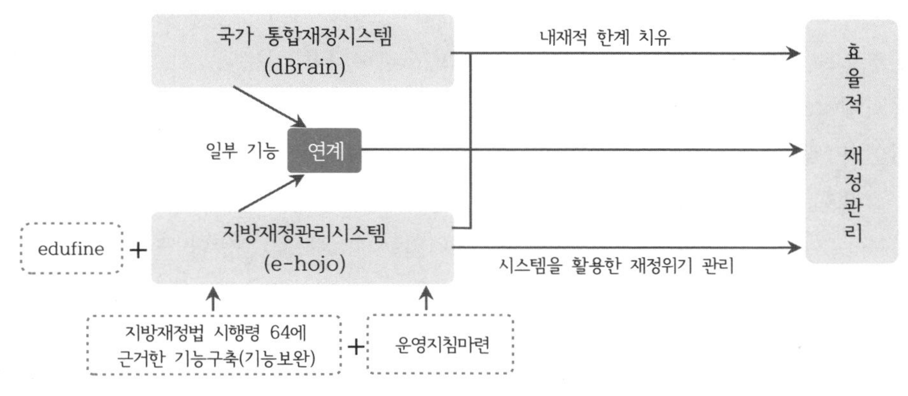

자료: 정성호(2013d), 일부 내용 보완

한 지방재정법 제59조(지역통합재정통계의 작성)에 근거하여 교육재정관리시스템(edufine)과 연계를 고려할 필요가 있다.

둘째, 지방재정법 시행령 64조에 근거하여 지방재정관리시스템을 구축(일부 기능보완)하고, 시스템의 활용을 강제하기 위한 운영지침의 마련이 필요할 것이다.

셋째, 지방재정관리(e－호조)시스템을 활용하여 재정위기관리가 가능해야 한다. 이는 재정위기사전경보시스템의 합목적적 기능을 전제하고 있다. 다시 말해 지방재정관리시스템에서 관리되고 있는 일부지표를 활용하여 재정위기관리가 가능해야 한다는 점이다. 왜냐하면 현재의 재정위기 사전경보시스템은 이른바 사후경고시스템의 성격을 지니고 있기 때문이다.

지금까지의 논의를 바탕으로 준거틀을 구성하면 <그림 7－5>와 같다.

4. 국가통합재정시스템의 한계 및 대안

통합재정정보시스템의 기본방향은 프로그램 예산, 발생주의 회계, 성과관리 등을 통합하기 위한 대안차원에서 구축되었다. 그러나 그동안 국가통합재정시스템이 추구하는 기본방향(목적)과 달리 제도가 운영된 점이 없지 않다. 따라서 예산정보와 결산정보의 연계, 예산정보와 성과정보의 연계, 결산정보와 성과정보의 연계를 고려할 필요성이 있다.

그동안 정부가 '사업'이 아닌 '조직'에 초점을 두어 체계적 사업관리가 되지 않았다고 본다. 그로 인해 시스템 간 유기적 연계가 되지 못함은 물론 분절적인 운영으로 인해 재정관리 측면에서 효율성이 저해되고 있는데, 시스템의 통합은 사업에 초점을 두어야 한다고 본다. 예산과정과 예산, 회계, 성과 등의 유기적 연계가 될 필요가 있다고 본다(강인재·엄태호, 2011).

또한 프로그램별 성과관리를 위해 사업의 전 과정, 예산의 전과정, 회계감사를 실시간 연계하여 처리하기 위해 '단위업무시스템'을 운영할 필요가 있다(윤영진, 2010: 367-369). 같은 맥락에서 예산관리시스템, 회계결산시스템,[8] 사업관리시스템,[9] 성과관리시스템 등은 단위업무 시스템으로 구성되어 있기 때문에 단위업무시스템 간 연계가 아주 중요하다.

근본적으로 시스템을 개선하였음에도 불구하고 과거의 시스템을 개선한 예산관리시스템(FIMSys 근간), 회계결산시스템(NAFIS 근간)과 새로이 개발한 사업관리시스템, 성과관리시스템의 구성요소들이 연계되어 있지 않아 유용한 정보를 생성하지 못하고 있다. 따라서 예산관리시스템, 회계결산시스템, 성과관리시스템의 연계가 필요하다고 할 수 있다.

예산관리정보와 결산관리정보의 연계

예산정보와 결산정보의 유기적 연계는 그 무엇보다 중요하다. 하지만 발생주의 회계제도가 도입되는 과정에서 기존의 예산시스템과 유기적 연계를 고려하지 않아 정보의 정합성이 떨어진다. 그 근본적인 이유는 예산관리시스템과 결산관리시스템이 개별적으로 관리되고 있기 때문이다.

국회예산정책처(2009)는 두 시스템 간 실시간으로 동기화되지 않기 때문에 정합성이 떨어지고 신뢰성마저 제한적일 수밖에 없다고 본다. 특히, 각 부처에

---

8) 회계결산시스템은 재정운영과정 전반의 거래정보(회계장부 및 세입·세출)를 실시간으로 회계처리하여 결산보고서 작성을 지원하는 시스템이다. 즉, 거래정보를 예산과목 및 계정과목에 따라 자동으로 분개한다. 원가관리시스템을 개발하여 수익과 비용 및 총원가와 순원가를 산출할 수 있다.

9) 재정사업의 전 과정(시작부터 종료)을 생애주기 관점에서 관리하는 시스템이다. 즉, 집행실적과 성과 등을 실시간으로 파악할 수 있고, 중기계획, 예비타당성조사, 총사업비, 예산편성, 집행진도, 회계정보 등 다양한 정보를 파악할 수 있다.

서 국고보조금 사업의 집행실적을 유선으로 파악하는 등, 출연금, 연구개발예산 등 다양한 정보의 정합성의 문제를 야기하고 있다.

발생주의 회계제도가 제대로 작동되려면 프로그램 예산에 의해 사업단위별로 예산이 편성되고 집행된 이후 그 결과를 발생주의회계제도에 의한 결산이 작성되어야 한다. 이렇듯 결산정보가 다시 예산으로 환류될 때 비로소 재정운영의 효율성을 제고할 수 있다. 이를 위해 예산관리시스템과 회계결산시스템을 연계해야 한다.

예산과 결산 간 연계 차원에서 회계처리 등 제반절차(과정)를 체계적이고 표준화된 계정과목(COA)을 개선할 필요가 있다. 프로그램 예산제도하에서 프로그램의 내용은 성과목표를 중심으로 재구성할 필요가 있고 예산과목과 계정과목의 대응이 가능하도록 설계해야 한다.

발생주의 예산제도가 하나의 대안이기는 하지만 논의에서 제외한다. 다만 거시적 관점에서 발생주의 예산제도가 도입될 필요는 있다고 본다. 현행 발생주의 계정과목체계인 대분류, 중분류, 회계과목, 그리고 관리과목과 예산과목의 연계를 고려해야 한다. 구체적으로 설명하면 예산과목과 회계과목 간 대응이 가능해야 한다. 즉, 양자의 맵핑(mapping)이 완전하게 이루어져야 하는데, 시스템 간 회계처리의 표준화가 필요하다. 그래야만 예산정보와 결산정보가 연계되어 재정의 건전한 재정운영이 되는지에 관해 정확히 피드백을 할 수 있다.

예산관리정보와 성과관리정보의 연계

통합재정시스템에서는 예산의 관리단위를 '품목단위'에서 '사업단위'로 변경하여 체계적인 사업관리가 가능하도록 설계되었다. 그러나 실제 사업관리시스템(사업등록, 사업진행, 사업종료)에서 성과관리를 위한 사업정보는 제대로 관리되지 못하고 있다. 즉, 예산편성 및 집행에 관한 세부사업 및 세목 단위의 수치정보는 입력되고 있으나 예산안의 상세 자료는 오프라인으로 관리되고 있어 시스템에서 총괄관리가 제한된다. 게다가 프로그램 예산제도의 목적중 하나인 성과정보 및 개별 사업의 부가정보는 각 부처단위에서 적절히 관리되지 않고 있다. 즉, 기본체계만 구축되어 있고 내부적인 활용이 낮다고 할 수 있다.

성과관리의 기본단위는 재원배분과 집행결과의 평가이다. 최근 성과관리시스템이 도입되었으나 사업과 연계되지 못한다는 지적에 대응하기 위해 성과목표는 프로그램에, 성과지표는 단위사업에 대응하는 시도가 있었지만 여전히 문제를 지니고 있다.

다시 말해 단위사업을 성과지표와 연계하는 경우 세부사업이 동일하게 성과지표로 측정되고 있어 세부사업 특성을 반영한 성과관리가 되지 못한다. 특히, 예산편성의 기초가 되는 세부사업이 적절하게 반영되지 못하기 때문에 성과평가의 효과가 제한적이다.

최근 각 부처에서 프로그램 예산에 분류된 8,831개 세부사업을 관리할 수 있도록 개선[10]을 하였지만 예산과 성과관리가 연계되지는 못한다. 따라서 '사업관리시스템'에 세부사업의 정보를 관리해야 하고, 더 나아가 세부사업의 성과지표를 연계시킬 필요가 있을 것이다.[11]

우리나라는 미국의 PART와 유사한 재정사업 자율평가제도를 운영중에 있다. 재정사업 자율평가의 근본 목적은 향후 사업성과를 향상시키기 위함인데 과연 사업성과를 향상시키고 있는지 고민할 필요가 있다. 특히 성과지표의 합목적성에 관한 심각한 고민이 필요할 것이다.

회계결산정보와 성과관리정보의 연계

발생주의 회계제도와 직접연관이 있는 「국가회계기준에 관한 규칙」, 「국가회계처리지침」, 「원가계산준칙」이 완비되지 않은 상태에서 국가재정통합시스템을 운영한 것은 시기적으로 부적절하다는 지적이 있었다(윤용중, 2008: 16). 그로 인해 정부 거래에 대한 적합한 회계처리, 사업원가정보 산출이 불가능하여 재정사업의 성과관리가 제한되었다.[12] 그러나 「국가회계기준에 관한 규칙」 등을 완비한 지금도 문제는 여전히 남아 있다.

현재 「국가회계기준에 관한 규칙」 및 「원가계산준칙」이 마련되었음에도 불

10) 예산관리시스템에서 세부사업별로 예산을 편성하고 집행할 수 있는 구조로 변형하였다. 16개 분야, 66개 부문으로 66개의 분야를 수행하기 위해 771개 프로그램이 운영되고 이 프로그램은 다시 단위사업 3,431개로 구성되고 이 단위사업은 8,831개의 세부사업으로 구성된다.

11) 필자가 H청 재정사업 자율성평가에 참여하여 성과지표를 분석해본 결과 성과지표의 합목적성을 의심하게 된다. 단위사업에서 성과지표를 선정하고 있는데 그마저 객관성과 정합성이 떨어진다. 세부사업에서 성과지표를 선정하되 지표선정에 깊은 고민이 필요할 것 같다.

12) 최근 원가회계를 적용하기 위한 다양한 노력을 수행 중에 있다.

구하고 여전히 관리운영비가 배부되지 않는다. 다시 말해 재정운영표에서 투입 원가 정보가 성과관리정보로 활용하기 어렵다는 것이다. 왜냐하면 재정운영표의 원가정보가 세입·세출결산상 지출액과의 연계가 부족하고, 관리운영비가 배부되지 않아[13] 원가정보가 정확하지 않으며,[14] 현재 원가정보를 활용할 수 있는 성과지표(성과계획서, 성과보고서)가 없기 때문이다.[15] 따라서 사업별 재정운영성과를 종합적으로 검토하기 위해 발생주의 회계제도와 성과관리가 연계될 수 있도록 고려해야 할 것이다.

또한 예산에 대한 전반적인 검토가 세부사업단위로 이루어지고 있어 현실적으로 원가정보의 활용이 제한된다. 근본적으로는 예산제도가 현금주의에 근거하고 있기 때문이다. 즉, 프로그램 총원가(사업 총원가), 프로그램 순원가(사업 순원가) 등을 예산에 반영하기란 상당히 제한이 따른다. 현행 예산은 세출예산과목에 각 비목별 단가를 적용하여 세부사업에 대한 예산소요액을 산출하고 있어 근본적으로 발생주의 회계제도의 원가개념과는 거리가 있다.

프로그램 예산제도하에서는 프로그램단위로 현금지출만 보여줄 뿐 프로그램 원가에 대한 세부적인 정보를 제공하지 못하고 있다. 궁극적으로는 제도가 연계되지 않아 프로그램 원가정보를 활용할 수 없다고 봐도 무방할 것이다. 따라서 회계과목과 예산과목의 연계(매핑)가 무엇보다 우선되어야 한다. 그래야만 발생주의 복식부기제도와 프로그램예산제도가 연계된 원가정보를 생산할 수 있다. 따라서 사업단계별로 산출한 원가정보를 성과관리와 연계하여야 한다. 현재 일부사업을 사업을 중심으로 회계결산시스템과 성과관리시스템이 연계하고 있는데 거시적 관점에서 모든 사업으로 연계를 확산시키는 것은 불가피하다. 이렇듯 회계결산자료와 성과관리자료가 정확히 연계되어야만 효율적 재정관리가 가능하다.

---

13) 행정형 회계는 모두 관리운영비로 구분하고, 사업형회계는 프로그램 수행여부에 따라 간접원가와 관리운영비로 구분되는데, 이때 관리운영비는 배부하지 않는다.

14) 원가정보는 직접원가와 간접원가로 구분되는데, 직접원가는 파악이 되지만 간접원가는 행정지원프로그램으로 통합되어 있기 때문에 프로그램 및 단위사업별 원가정보를 파악하기 어렵다.

15) 실제 성과관리에 활용되는 지표(예, 건수)를 분석해보면 원가정보가 포함되지 않고 있다.

5. 지방재정관리시스템의 한계 및 대안

◀) 회계사고 사전예방을 위한 재정 프로세스 구축

현재 시스템에서 상시모니터링과 회계감사 등은 사후적 관리에 치우쳐 있다고 해도 과언이 아니다. 현재의 시스템 구조는 공무원들의 회계부정에 대처하기에 상당한 제한이 따른다. 그로 인해 지방자치단체의 회계부정 사고는 근절되지 않고 지속적으로 발생하고 있다. 최근 여수시 공무원의 76억 횡령사건은 국민들을 경악하게 한 사례이다. 근본적으로는 회계사고의 사전예방을 위한 시스템의 내부통제의 미흡에서 비롯되었다. 횡령의 내용 중에서 급여 조작사건은 총액인건비에 기초하여 공무원 급여가 책정되고 있고, 인사시스템의 급여자료와 연계되지 않고 있다는 점을 악용하여 퇴직한 공무원의 인건비를 책정하여 그 금액만큼 횡령한 사건이다.

대안으로 연계가 가능한 시스템을 기존 운영시스템에 추가적으로 보완할 필요가 있다. 즉, 기 연계 시스템의 추가 보완이 필요한데 근본적으로는 재정업무 프로세스 단절에서 야기되는 회계부정이라는 점이다. 우선 회계부정을 제어하기 위한 BPM(업무프로세스관리)을 구축해야 할 것이다. 회계부정을 방지하기 위해 원천시스템에서 산정된 자료를 조작할 수 없도록 일부 시스템을 연계할 필요가 있다. 예컨대 인사시스템의 급여자료, 보건복지시스템의 사회복지급여자료, 국세청 자료 등과 연계할 필요가 있다.

또한 전자결재시스템 등과 연계할 필요가 있는데, 이러한 조치는 수기 결재로 인한 데이터 왜곡 또는 누락을 제어할 수 있을 뿐만 아니라 업무시스템에서 이중으로 관리할 수 있다는 장점이 있기 때문이다. 다시 말해 지출원인행위의 전 과정을 전자문서시스템과 연계할 필요가 있다. 예컨대, 원인행위 승인요청시 전자문서시스템을 통해 표준전자문서를 생성하고, 전자결재시스템에 승인요청이 되게 설계하면 된다. 즉, 승인권자가 전자결재를 통해 처리하면 결재내역과 결재정보를 e－호조시스템 DB에 반영하면 될 것이다.

◀) 원가회계 적용에 따른 대안탐색

2013년부터 원가회계제도가 전면 도입되었다. 지방자치단체는 '지방자치단체 원가계산준칙'을 도입하였고, '지방자치단체 회계기준에 관한 규칙'을 개정하여 재정운영보고서에 세부사업까지 공시하고 있다. 그러나 원가대상사업의 근간인 사업예산의 분류체계를 비롯한 사업별 원가정보, 사업비와 비용편익 적정여부 판단을 위한 세부 지표를 마련할 필요가 있다.

즉, 원가를 반영한 성과지표가 부족하여 재정분석 및 의사결정시스템으로 활용하기란 제한된다. 따라서 자치단체 간 공통으로 비교·분석이 가능한 유형별 표준사업 검토·발굴함과 동시에 표준사업별 적정 비용, 사업별 원가정보를 활용하는 원가관리수준을 구체화할 필요가 있다. 궁극적으로 사업예산 수립을 위한 합리적 기준 마련할 필요가 있을 것이다.

이원희 외(2012)에 따르면 원가회계와 사업성과 측면에서 원가대상의 설정, 수익의 인식, 원가정보 산출, 관리운영비의 회계처리, 원가준칙의 적용상 한계 등에 관해 논의하고 있다.

첫째, 명확한 원가대상을 설정하는 것이 중요한데, 현재 세부사업별로 원가를 계산하고 있으나 실제 부기명의 코드가 부여되어 있지 않아 원가정보가 누락될 가능성이 크다. 예를 들어 지역민간(축제)행사지원이라는 세부사업의 민간이전(코드 307)비목으로 처리하는 겨우 해당행사의 원가정보가 누락되어 경제적 실질을 반영하지 못하고 있다.

둘째, 현재의 재정시스템상 세부사업별 보조금수익이 재정운영보고서상 보조금수익과 차이가 발생되고 있다. 또한 현재 준칙상 특정사업 비용을 보전하기 위한 운영보조금만 사업수익으로 사업별 원가정보를 반영하도록 하고 있으나 운영보조와 자본보조의 명확한 구분이 곤란한 경우가 있다.

셋째, 지방자치단체 행사 및 축제사업은 자치단체 예산으로 추진되는 경우도 있지만 축제추진위원회와 문화재단 등에 대한 민간경상이전비 및 출연금 등을 통해 집행되고 있다. 특히 문화재단 등 산하기관에 의한 출연(보조)금의 사업비 교부 액은 자치단체 사업담당자가 수기로 관리하고 있어 현 지방재정관리시스템에서 파악이 어렵게 되어 있어 원가정보 산출이 제한된다.

넷째, 원가준칙 제17조 2항에 근거하여 일반행정부문의 사업비는 관리운영비로 처리하고 있어 시범운영기관의 경우 전체 관리운영비의 24% 정도가 관리운영비에서 누락되고 있다. 또한 관리운영비는 수익이 발생하지 않음에도 지방재정관리시스템에서는 임차료 항목이나 기타항목을 관리운영비에서 차감하도록 하고 있다.

다섯째, 사업예산제도의 사업 분류의 제약과 원가준칙의 이해부족으로 세부사업이 부기명이 존재하거나 품목별 내용이 사업으로 설정됨은 물론 세부사업이 포괄적으로 설정되어 있다.

대안으로 지방재정관리시스템에서 원가대상사업은 연도별로 총원가와 사업수익의 비교가 가능하도록 연도별 원가대상사업의 관리가 가능하도록 할 필요가 있다. 또한 지방재정관리시스템에서 사업별 수익정보를 생성하기 위해 세외수익을 해당 세부사업과 연계시키고, 보조금 결산서를 기준으로 보조금 집행금액을 보조금수익으로 사업수익에 반영할 필요가 있다.

자산관리의 효율성 제고

자산관리주체인 자산관리관이 자산변동에 대한 회계처리를 수행하는 것이 원칙이다. 즉, 자산관리관이 발생업무 원천시스템에서 회계처리하는 것이 바람직하다. 그러나 대부분의 지방자치단체에서 복식부기 담당자가 회계처리를 하고 있어 그에 따른 책임성의 문제가 있다. 더구나 복식부기 담당자가 순환보직 시스템으로 전문성마저 떨어진다는 점이다.

또한 회계처리 이후 자산내역 수정이 빈번하게 발생되어 자산관리의 효율성이 크게 저하되고 있다. 다만 예산에 의한 자산취득의 경우 사업별 자산관리가 된다고 하더라도 예산외 자산 취득의 경우는 사업별 자산관리가 되지 않는다. 그로 인해 자산의 사업 관리는 물론 사업별 총원가 산출이 부정확하게 된다.

대안으로 자산관련법의 개선이 필요하겠고, 업무처리지침을 명확히 할 필요가 있다. 더불어 공유재산 등과 자산의 연계가 가능한 시스템으로의 개선이 필요하다. 더불어 지방자치단체 스스로가 공유재산을 찾아 DB화하는 과정이 필요하다고 본다.

시·도비보조사업 운영기준 마련

국비보조금은 "보조금 관리에 관한 법률"에 근거하고 운영되고 있다. 또한 규정에 지방자치단체는 전년 5월 31일까지 중앙부처에 국고보조금을 신청해야 한다. 그러나 중앙부처 국고보조금사업 목록이 해당 기간 내에 통보되지 않아 전년도 국고보조사업목록을 기준으로 신청하고 있다. 원래 중앙부처는 전년 10

월 15일까지 국고보조사업 가내시[16]를 지방자치단체에 통보해야 하지만, 실제 제때에 이루어지지 않아 가내시 등록비율이 저조한 상태이다. 게다가 시·도비 보조사업의 경우 국고보조사업과는 달리 관련 운영기준조차 마련되지 않다. 그로 인해 e-호조 시스템에 그 기능이 구축되어 있음에도 활용이 저조한 상황이여서 사업의 흐름 모니터링 및 순계처리 등의 문제를 야기하고 있다. 기능 활용을 강제할 필요가 있겠지만 국고보조사업에 준하는 '시·도비보조사업 운영기준'을 마련할 필요가 있을 것이다.

수입 관리시스템의 통합 및 계약심사업무 기능개선

현행 시스템에서 기금수입, 국고보조, 지방채 등은 e-호조시스템에서 관리되고 있다. 그러나 지방세 및 세외수입은 별도의 시스템에서 관리되고 있다.[17] 또한 세입관련시스템에 사업관리체계가 적용되지 않아 사업별 성과 및 원가분석시 수작업으로 등록 관리되고 있다. 특히, 공기업예산회계시스템의 경우 사업예산제도와 정부회계기준이 적용되지 않아 각종 결산 및 재정통계시 별도의 작업이 필요하다.

따라서 지방세, 세외수입 등의 수입원천시스템에 사업예산제도를 적용할 필요가 있고, 공기업예산회계시스템에 사업예산제도와 정부회계기준의 도입을 검토해야 할 필요가 있으며, 사업별 수입·지출을 종합한 원가분석 및 성과관리 체계를 구현할 필요가 있다.

지방자치단체는 다양한 계약이 있고 그에 따른 계약심사가 있다. 그러나 계약심사업무에 대한 기능이 없다. 다만 e-호조에는 자체 계약심사업무결과만을 등록하기 때문에 심사과정에 관한 전반적인 관리기능이 필요하다. 즉, 계약심사업무관리 기능을 구현할 필요가 있다. 그래야만 계약업무의 효율성과 계약정보의 정확성을 확보할 수 있을 것이다.

16) 가내시와 확정내시가 있는데, '가내시'는 '임시통보'로 용어가 변경되었다(안전행정부 고시, 행정용어순화어)

17) 지방재정관련 시스템은 지방재정관리시스템, 지방세시스템, 세외수입시스템, 공기업예산회계시스템으로 각각 구축 운영 중에 있다.

포괄적 부채관리차원에서 재정범위 재정립

국제회계기준에 따라 공기업 등의 부채는 재정범위에서 제외되고 있다. 그렇다고 하더라도 지방재정관리시스템에서 공기업부채, 출자출연기관의 부채를 포괄하여 관리할 필요가 있다. 특히, 일반회계, 특별회계, 기금, 공사·공단, 민간투자사업, 출자·출연기관 등을 포괄하는 재정범위를 새로이 정립할 필요가 있다. 한마디로 통합부채개념을 의미한다.

대안으로 지방세, 세외수입 등의 수입원천시스템에 사업예산제도를 적용하는 것과 공기업예산회계시스템에 사업예산제도 및 정부회계기준을 도입하는 것, 사업별 수입·지출·자산·부채가 한눈에 파악될 수 있는 기반을 마련할 필요가 있다. 즉, 사업별·부서별·회계별 자금흐름을 한눈에 파악할 수 있는 모델을 설계해야 한다.

더불어 민간투자사업에 관한 전반적인 자료를 e－호조에서 관리할 필요가 있다. 재무보고서 주석에 민간투자사업에 관해 공시되고 있지만, 민간투자사업에 대한 세부적인 내용의 차이를 보인다. 즉, 기획재정부, 지방자치단체 내부자료, 재무보고서 주석에 공시된 차이의 차이를 의미한다(정성호, 2013).

지방재정관리(e－호조) 시스템에서 민간투자사업에 관한 세부내용－MRG, 재정지원금을 관리해야 함은 물론 중앙정부와 지방정부간의 부담내역(매칭금액)을 구분하여 공시할 필요가 있다. 그렇게 되면 국고 보조금을 총체적으로 관리할 수 있을 것이다. 현재는 중앙정부, 광역, 그리고 기초자치단체간 국고보조금의 배분 및 관리 등 세부내용을 파악할 수 없는 구조이다. 중앙과 광역간 국고보조금 불일치 문제는 논외로 한다고 하더라도 광역과 기초자치단체간 보조금 자료마저 일치하지 않는다는 것은 큰 문제이므로 시급히 개선되어야 할 것이다.

6. 국가 및 지방재정관리시스템, 교육 행 · 재정관리시스템의 일부지표(국고보조금)의 유기적 연계 대안

국고보조금 배분은 '보조금관리에 관한 법률'에 근거한다. 국고보조금 지급대상사업의 범위와 기준보조율은 '보조금관리에 관한 법률 시행령' 별표1에 근거한다. 중앙정부가 보조금의 전액(100%)을 국고보조금으로 배분하기도 하지만 대부분 일정비율(20~90%)에 따라 국고보조금이 배분된다. 다시 말해 중앙정부가 일정부분을 부담하고 지방정부는 그에 상응하는 금액을 부담(매칭펀드)해야 한다. 다만 시스템에서 국고보조금의 관리상의 문제인데, 중앙과 광역, 광역과 기초 간 국고보조금 자료가 일치하지 않는다는 점이다.

우선 중앙정부(주무부처)에서 국고보조금이 배분되면 지방정부는 보조금 기준보조율에 근거하여 보조금을 부담해야만 한다. 또한 중앙정부에서 지방교육청으로 보조금이 배분되어도 동일한 현상이 발생한다. 이 과정에서 문제가 발생한다. 예를 들어 1,000억원의 사업이고 기준보조율은 40%라고 가정하자. 중앙정부는 400억원을 부담하게 되고 지방정부는 600억원을 부담하게 된다. 또한 광역지방자치단체라면 600억원 중 일부를 부담하게 되고 기초자치단체 또한 일부 금액을 부담해야 한다.

문제는 이 과정에서 발생하게 되는데 이 과정을 시스템에서 제어할 수 있어야 한다. 현재의 실정은 국고보조금의 금액마저 일치하지 않는다. 즉 국고보조금의 관리가 취약하다는 단정적인 예이다. 따라서 광역자치단체의 경우라면 국고보조금관리 모듈에서 국가보조금과 자치단체 부담금액을 따로 관리할 필요가 있을 것이다. 더욱이 기초자치단체의 사업에 부담한 금액을 통합적으로 관리하되 따로 관리할 필요가 있다.

또한 기초자치단체라면 중앙정부와 광역자치단체의 보조금과 기초자치단체의 부담금액을 따로 관리할 필요가 있다. 그렇게 되면 국고보조금관리상에 차이가 발생할 개연성은 없어진다. 국가통합재정시스템과 지방재정관리스템상에서 최소한의 연계가 되어야 하는 주된 이유이다.

현재는 국고보조금관리모듈이 있음에도 사실상 두 시스템간 연계가 제한되기 때문에 국고보조금의 정확한 규모를 파악하기 어렵다. 더욱이 광역과 기초자치단체의 규모마저 차이가 발생되는데 이는 시급히 개선이 되어야 할 것이다. 아울러 지방재정법에 규정하고 있는 지역통합재정통계차원에서 지방교육행·재정관리시스템(edufine)과 d-Brain/e-Hojo의 연계를 고려할 필요가 있다. edufine 시스템의 경우, d-Brain과는 어느 정도 매치가 되지만 e-Hojo와는 전혀 매치가 되지 않는다.

7. 지방재정법 시행령 64조(재정운영에 관한보고)에 근거한 지방재정관리시스템 구축 및 운영지침마련[18)]

현재 지방자치단체의 재정통계 법령은 지방재정법 제54조(재정운영에 관한보고 등), 동법 제55조(재정분석 및 진단 등), 동법 제55조의 2(재정위기단체의 지정), 동법 제59조(통합재정정보의 제공), 동법 제60조(재정운용상황의 공시 등), 지방재정법 시행령 제64조(재정운영에 관한보고)에 근거하고 있으며(각주 18참고), 제반통계자료가 안전행정부에 제출·취합되는 과정을 거쳐 재정통계지표가 구축되고 있다.

이렇듯 e-호조 시스템에서 제반보고서 등의 재정자료가 보고되어 재정통계자료가 구축되도록 설계되어 있다. 다만 일부지표는 기능이 있지만 사용하지 않고 있고, 일부 지표는 기능자체가 없어 정확한 자표 취합이 되지 않고 상시모니터링이 되지 못하고 있다.

먼저 지방재정법 시행령 제64조에 근거하여 한계를 도출해본다. 시행령 제

18) 대부분의 자료 주기가 연 1회로 규정되어 있어 상시모니터링이라기 보다는 보고용에 그친다고 볼 수 있다. 그 법적 근거는 다음과 같다.

제64조 (재정운용에 관한 보고)

① 법 제54조의 규정에 의하여 지방자치단체의 장이 보고하여야 할 재정보고서는 다음 각 호와 같다. [개정 2011.9.6]

1. 「지방자치법」 제133조제2항의 예산보고서
2. 「지방자치법」 제134조제2항의 결산승인보고서
3. 법 제11조의 지방채발행보고서
4. 법 제13조의 보증채무부담행위보고서
5. 법 제18조의 출자보고서
6. 법 제21조 및 제23조의 지방비부담보고서
7. 법 제33조의 중기지방재정계획보고서
8. 법 제37조의 규정에 의한 재정투·융자사업계획에 대한 심사결과보고서
9. 법 제44조의 채무부담행위보고서
10. 법 제53조의 재무보고서
11. 법 제85조의 규정에 의한 채권의 관리현황보고서
12. 「지방자치단체 기금관리 기본법」 제8조의 규정에 의한 기금운용계획서와 기금결산보고서
13. 그 밖에 지방재정에 관한 정책의 수립 및 그 적정한 운용을 위하여 필요하다고 인정되는 중요사항에 관한 보고서(금고보고서)

② 재정보고서의 서식·보고기한 그 밖에 보고에 필요한 사항은 안전행정부장관이 정하는 바에 의한다. [개정 2008.2.29 제20741호(행정안전부와 그 소속기관 직제), 2013.3.23 제24425호(안전행정부와 그 소속기관 직제)]

64조 각호 1과 2는 "예산서 및 결산서"를 구축하고 있다. 하지만 예산서와 결산서를 제출하는 기능이 없다.[19] 최근 필자가 FY 2011 Y군의 재무보고서를 확인해본 결과, 기본적인 재정수치조차 맞지 않다. 일부 지방자치단체의 경우 홈페이지 탑재된 재무보고서가 일부 수정되고 있는 것이 발견된다. 재무보고서가 일부 수정된 자치단체들은 '아래한글'을 사용하여 작성된 재무보고서임을 확인할 수 있었다. 아직까지 지방자치단체 홈페이지에 재무보고서마저 공시하지 않은 지자체들이 더러 있다.

또한 각호 5에는 "출자보고서"를 수시로 제출하게 되어 있다. 그러나 지방자치단체의 정확한 출자·출연기관의 규모조차 파악하기 힘들다. 최근 지방자치단체의 출자·출연기관의 다양한 문제점이 드러나고 있는 현실을 감안할 때 출자·출연기관의 제반현황(조직, 예산, 당기순이익 등)을 보고하는 기능을 구축할 필요가 있다고 본다. 다만 안전행정부에서 출자·출연기관의 체계적 관리를 위해 '지방자치단체 출자·출연기관의 운영에 관한 법률'을 제정하여 일정부분 치유될 전망이지만 법률에 근거하여 지방재정관리시스템에 일부 지표를 연계하여 공시할 필요가 있다.

각호 8에 "심사결과보고서"를 연 3회 보고하도록 되어 있다. 심사결과보고서는 재정 투·융자사업계획에 대한 심사결과보고서를 말한다. 다만 e-호조시스템에 기능은 구축되어 있으나 이 기능이 사용되고 않고 있는데, 그 근본적인 이유가 투·융자심사는 대부분 심사서류 관리 등 오프라인으로 업무처리가 용이하다는 이유이다. 또한 안전행정부에서 투·융자심사사업에 관한 한 기본내역과 집행실적 기능만 필수 항목으로 관리하도록 하였기 때문이다. 이 기능을 사용하도록 강제할 필요가 있다. 예컨대 천안시의 투·융자심사 결과를 살펴보면 2005년(38건 중 2건 부적정)과 2008건(34건 중 1건 부적정)을 제외하고 2006년(23건), 2007년(25건), 2009년(31건), 그리고 2010년(20건)은 어떠한 형태(적정, 조건부)로든 타당성조사상의 문제는 없다는 것으로 분석하고 있다(정성호, 2012). 지방재정 건전성이 악화되는 근본적인 시작점이 투·융자심사의 부실로부터 시작된다는 점을 상기할 필요가 있다.

---

19) 예산개요와 개정연감 자료구축은 결산자료를 활용하고 있다. 즉, 순계조정을 거친 최종 통계자료와 실제 예·결산자료는 상이할 수 있기 때문에 e-호조상 예산 및 결산보고서를 시스템으로 제출되지 않고 있다.

각호 10에 "재무보고서"의 제출기능이 없다는 점에서 보완이 필요하다.

각호 11에 "채권관리 현황보고서"와 관련하여 지방재정관리(e－호조)시스템에는 채권관리의 경우 결과만 입력[20]하게 되어 채권의 누락, 이중등록 등 부정확한 결산 정보를 생성하게 될 가능성이 크다. 따라서 채권의 정보를 입력하면 분개승인으로 자동승인이 되고 채권정보가 자동으로 등록되게 시스템을 개선할 필요가 있다.

각호 12에 규정된 "기금결산 및 기금운영계획보고"는 지방자치단체 기금관리기본법에 근거하여 자료가 구축되고 있다. 현재 지방기금결산 및 기금운용계획보고서는 매년 1월 엑셀을 활용하여 자료를 취합하고 있다. 자료 취합시점이 1월이기 때문에 결산시점(3월)과 시기적 차이가 발생하기 때문에 시스템 결산자료로 활용이 불가하다. 대부분의 자치단체들이 수기로 작성하고 있다고 할 수 있다.

문제는 e－호조에 이 지표자료를 취합하는 기능이 없다는 점이다. 따라서 지방재정관리시스템에서 이 기능을 구축할 필요가 있고, 더불어 통계자료 작성 시점을 결산시점인 3월 이후로 조정될 필요가 있다.

각호 13에 규정하고 있는 "금고보고서"는 지방자치단체별 금고지정현황 및 예치기간별·종류별·금리현황 등을 보고하고 있다. 다만 e－호조상에 제반현황을 관리하는 기능이 없다. 따라서 금고보고서에는 금고잔액현황 등 관한 제반 모니터링 지표를 관리할 수 있는 시스템이 없다고 할 수 있다. 예컨대 자치단체가 활용하고 있는 금고은행의 금리정보 등을 공시함과 동시에 일시차입금 현황 등을 공유할 필요가 있다. 최근 일부 지방자치단체들이 일시차입금을 활용하여 금고잔액현황을 부풀리고 있다.

8. 지방재정관리시스템(e-호조)을 활용한 재정위기 관리 대안

재정통계자료 생성주기변경

대부분의 재정통계자료의 생성주기는 1년으로 규정되어 있다. 그 근본적인 이유는 지방재정법 등 관련 규정에 명시된 회계종료 후 '연 1회'에 근거하고 있기 때문이다. 그러나 시스템을 활용한다면 '매월' 또는 '실시간'으로 변경이 가능

20) 채권관리업무는 관리부서가 분기별로 입력하게 되어 있다.

표 7-4 **재정위기 사전경보시스템 기준 등**

관 점	재정 지표	재정위기 단체지정기준/ 개선안
재정수지	통합재정수지 적자비율	통합재정수지 적자비율이 100분의 30을 초과하는 경우 연2회--> 매월
채무관리	예산대비 채무비율	법 제11조, 제44조에 따른 채무부담행위액의 총 합계액이 해당연도 최종예산의 100분의 40을 초과하는 경우 연4회--> 매월, 보조금 제외한 수치제공
	채무상환비비율	해당연도 기준으로 과거 4년과 미래 4년간 순지방비 채무상환액의 평균이 같은 기간 일반재원 평균 수입액의 100분의 17을 초과하는 경우.
세입관리	지방세징수액현황	분기별 지방세 누적 징수액(과오납환급금을 제외한 실제 누적 징수액)이 음(-)의 값인 경우
자금관리	금고잔액현황	해당연도 분기별 금고의 총 잔액이 최근 3년 해당 분기별 평균 금고 총 잔액의 100분의 10 미만인 경우 연12회--> 매월 or 실시간, 일시차입금 제외한 수치제공
공기업 부채관리	공기업부채비율 개별공기업부채비율	지방공기업법 제49조에 따라 설립된 지방공사의 부채가 순자산의 6배를 초과하는 경우 연1회--> 매월 or 실시간, cleaneye와 연계

자료: 법제처.(2012). 지방재정법 시행령 제65조의 2(재정위기단체의 지정기준 및 절차 등)

하다. 사실상 실시간(real time) 공시는 제한되기 때문에 '월' 단위 공시를 고려할 필요가 있다.

한편 지방재정법 제64조 각호 3에 규정하고 있는 "채무통계, 지방채발행현황", 각호 11에 규정하고 있는 "채권현황보고", 각호 13에 규정하고 있는 "금고보고서"는 현재 통계생성주기를 '1년'으로 명시하고 있는데 '매월' 단위로 생성주기를 단축할 필요가 있다.

재정위기 사전경보시스템과 연계대안

재정위기 사전경보시스템 지표는 지표마다 입력주기가 달리 규정하고 있다. 따라서 상시모니터링이 불가하다고 할 수 있다. 따라서 재정통계자료의 생성주기 단축과 동일선상에서 일부 지표(금고잔액현황 등)를 재정위기 사전경보시스템과 연계할 필요가 있다.

<표 7-4>에 설명하고 있는 것과 같이 통계자료 생성주기를 단축함과 동시에 제반지표와의 연계를 고려할 필요가 있다. 즉, 매월 단위로 자료생성주기를 변경할 필요가 있다는 점이다. 다만 예산대비채무비율의 경우 아무리 지방채를

많이 발행했다고 하더라도 정부로부터 보조금예산을 확보하면 채무비율이 낮아지게 된다. 따라서 시스템에서 보조금예산을 제외한 수치를 제공할 필요가 있다.

이미 설명한 바와 같이 "금고보고서"와 재정위기 사전경보시스템과 연계기능을 구축할 필요가 있다. 다만 지방자치단체들이 일시차입금을 활용하여 금고잔액을 부풀리고 있다는 점에서 일시차입금을 제외한 수치를 제공할 필요가 있다.

현재 지방재정관리시스템에서 공기업부채비율은 수기로 입력하고 있다. 적시 적절한 재정정보를 산출하기 위해 지방공기업경영정보시스템(cleaneye)과 연계할 필요가 있다. 다만 현재의 연단위의 재정공시를 월단위로 세분화할 필요가 있고, 궁극적으로는 재정고, 지방공기업경영정보시스탬, e－호조의 연계가 필요하다. 앞으로 지방자치단체 출자·출연기관의 체계적 관리를 위해 기관의 재정상태를 공시해야 한다. 아직 세부 대안은 구체화되지 않았지만 지방공기업경영정보시스템을 활용할 개연성이 크다.

그 외 지표는 재정분석·진단지표와 연관되는데, 한국지방재정연구원에서 매년 지방재정분석·진단보고서를 발간한다. 문제는 시스템을 활용하지 않고 있다는 점이다. 즉 재정분석·진단과정을 살펴보면 지표를 엑셀로 변경하여 수작업으로 분석이 진행되고 있다는 점은 시스템이 제 기능을 하지 못하다고 있다는 반증이다.

가장 합리적인 대안은 지방재정관리시스템을 활용하여 재정분석·진단보고서를 출력할 수 있어야 할 것이다. 함축하면 e－호조를 활용하여 재정분석패키지(모듈)를 구축할 필요성을 제기한다. 이렇게 된다면 비용절감의 효과를 기대할 수 있을 것이다.

9. 정책적 함의

재정관리시스템 간 연계

효율적인 재정관리를 위해 시스템 간(d－Brain, e－Hojo, Edufine) 일부 기능연계를 우선적으로 고려해야 한다. 예컨대, 국고보조금 관리 등 일부기능을 우선적으로 연계해야 할 것이다. 현재 중앙정부가 국고보조금을 배분하면 국고보조금은 단순히 비용으로 처리할 뿐 전혀 모니터링이 되지 않고 있다. 국고보조금의 규모가 클 뿐만 아니라 이는 국가재정운영의 근간이기 때문에 범 국가적 차원에서 모니터링, 환류(feedback)가 되어야 할 것이다.

지방재정관리시스템의 재구조화(전면 재구축 vs 일부기능보완)

효율적인 재정관리의 핵심은 재정의 투명성과 책임성이 담보되어야 한다. 이러한 관점에서 본다면 지방재정관리시스템의 재구조화는 필수적이라 할 수 있다. 국가통합재정시스템은 장기적 관점에서 로드맵을 구성하여 지속적인 개선 노력이 있어 왔다. 반면 지방재정관리시스템은 많은 분야에서 기능개선이 해오고 있으나 국가재정통합시스템에 비해 상대적으로 열악한 재정여건속에 많은 변화를 꾀하고 있다.

본 연구에서 기능개선의 초점은 지방재정관리시스템이다. 다만 지방재정관리시스템을 전면 재구축할 것인지? 일부 기능을 보완할 것인지는 차후의 문제이다. 문제의 핵심은 이 시스템을 어떻게 효율적으로 활용할 것인가가 가장 중요하다고 할 수 있다.

일부의 시각이지만 시스템만 개발되면 모든 것이 다 해결된다는 이른바 만병통치약으로 인식하고 있기도 하다. 그러나 사실은 전혀 그렇지 않다. 최근 일부 지방자치단체에서 발생된 횡령사건을 바라보는 시각은 양분된다. 지방재정관리(e-호조)시스템의 문제인지? 아니면 해당공무원의 도덕성의 문제인지? 혼란스럽다. 사실은 두 가지 모두의 문제이다. 공무원 개인의 도덕적 해이라 치부할 수도 있지만 근본적으로 시스템이 뒷받침되지 못해 발생된 횡령사고임에 틀림없다.

지방재정관리시스템은 매년 지속적으로 제도개선사항 반영 및 사용자 의견수렴을 통해 시스템을 개선하고 있다. 이 시스템은 6여 년간의 운영으로 DB용량 초과 및 시스템의 노후화도 일부 문제로 인식된다. 이제 시스템 유용성 및 활용성 관점에서 새롭게 접근할 필요가 있다. 근본적으로 시스템을 효율적으로 활용할 수 있는 처방적 접근이 필요한데, 일부 기능보완으로는 사실상 제한된다.

왜냐하면 기존 시스템의 내재적 한계를 치유함과 동시에 지방재정관련 시스템의 인프라 확충과 연계하면 오히려 비효율적일 수도 있기 때문이다. 시스템을 새로이 설계하는 것이 효율적일 수도 있다. 비용 등 효율성 측면에서 접근한다 하더라도 시스템의 전면 재구축이 타당할 것으로 판단되며, 이를 적극적으로 검토할 필요가 있다.

이를 위해 새로운 관점의 접근전략이 필요할 것이다. 흔히 말해서 d-Brain시스템에 비해서 사용자도 많은데 왜 인력과 예산은 비교조차 되지 않는지의 문제를 거론해서는 별다른 해법이 없을 것이고, 이는 아주 진부한 접근이다. 근본적으로 지방재정관리시스템을 재구조화하는 데 근간이 되는 로드맵이 설계되어 있는지? 전문가의 부재 또는 전문성의 문제는 없는지? 새로이 고민할 필요가 있다.

예컨대 요즘 지방자치단체를 더욱 어렵게 하는 국고보조사업의 경우 매칭펀드를 모니터링할 대안은 있는지? 국고보조사업의 경우 지방비 부담액(매칭펀드)은 얼마나 되는지? 그동안 고민하지 않은 것이 사실이다. 재정관리의 전반을 모니터링할 수 있어야 한다. 합리적 정당성을 전제로 한 인력과 예산의 문제를 거론하는 것은 부차적인 문제로 인식하는 것이 타당할 것이다.

지방재정법 시행령 64조에 근거한 시스템구축 및 운영지침마련

18대 정부출범과 관련한 공약과제 중 하나는 재정건전화를 지향하는 지방재정건전시스템구축이다. 이는 지방자치단체 재정의 투명성과 책임성을 강화하기 위함이다. 지방재정법 제54조과 동법 시행령 제64조에 규정하고 있듯이 지방자치단체장이 보고하여야 할 재정보고서는 13가지이다.

이미 설명한 바와 같이 지방재정법 시행령에 규정하고 있는 재정보고서를 보고, 지표의 취합 등 제반 재정통계기능은 e-호조를 활용하면 효율적일 것이다. 그러나 여러 가지 이유로 활용이 되지 않고 있는데 활용을 강제할 수단이 필요하다. 다시 말해 e-호조시스템에 재정보고서 보고 기능이 구축되어 운영중인 것도 있고, 일부는 기능이 구축되어 있음에도 활용하지 않고 있으며, 일부는 기능조차 구축되어 있지 않다는 점이다.

대안으로 지방재정법 시행령 64조에 근거한 지방재정관리시스템을 구축할 필요가 있는데, 이렇듯 시스템을 구축하게 되면 재정위기사전경보시스템과 연계할 수도 있을 것이다. 일례로 지방재정법 제55조의 2(재정위기단체의 지정)의 세부내용인 금고보고서 등이 있다. 궁극적으로 투명한 재정공시와도 연계된다.

지방재정관리(e-호조)시스템에 기능을 구축하는 것도 중요하지만 무엇보다 시스템의 활용을 전제할 운영지침의 마련이 필요할 것이다. 예컨대 시행령 64조 각호 8에서 규정하고 있는 '심사결과보고서'는 시스템에 기능이 구축되어 있음에도 활용이 되지 않고 있다. 이는 기본내역과 집행실적 기능만 관리하도록 하는 안전행정부의 가이드라인에 근거하기도 하지만 근본적으로 오프라인으로 업무처리가 용이하다는 이유에서 활용이 되지 않고 있다. 따라서 운영지침을 마련한 후 활용을 강제할 필요가 있다.

지방재정관리(e-호조)시스템을 활용한 재정위기관리

현재 우리나라의 재정관리시스템은 세 가지로 나누어 설명이 가능하다. 단식부기시스템에 근거한 재정위기사전경보시스템과 재정분석·진단보고서가 있고, 복식부기 시스템에 근거한 재무보고서를 활용하여 재정건전성을 점검하고 있다. 사실상 재정분석·진단보고서와 재무보고서는 사후관리시스템이다. 다만 재정위기사전경보시스템은 재정위기를 사전에 예방하기 위해 도입된 시스템이다. 그러나 실제는 사전경보시스템이라기보다는 이른바 사후경고시스템에 불과하다.

이미 설명한 바와 같이 재정위기사전경보시스템의 지표와 다른 시스템의 연계여부를 세부적으로 검토해 보면, 우선 지방재정법 시행령 제64조와 연관되고(금고잔액현황), 지방재정법 제55조(재정분석 및 재정진단)와 연관되며(통합재정수지적자비율 등), 지방공기업경영정보시스템(cleaneye)과 연관된다. 사실상 하나의 모듈에서 관리될 수도 있는데 개별시스템에서 관리되고 있는 것이나 마찬가지이다.

따라서 지방재정법 시행령 제64조에 근거한 지방재정관리시스템의 구축과 연계하여 개별시스템의 지표를 연계하는 것이 무엇보다 우선되어야 한다. 결국은 시스템의 필수지표의 통합을 의미한다. 더불어 재정분석·진단보고서는 지방재정분석·진단 모듈을 활용하여 출력될수록 있도록 설계할 필요가 있다. 재정분석·진단보고서를 발간하고 있는 한국지방행정연구원에서 재정분석·진단과정을 살펴보면 원천지표(raw data)를 엑셀로 변환하여 수작업으로 보고서 자료를 생성하고 있다. 인력의 투입이 그만큼 많다는 이야기도 되지만 거기에 따른 비용을 고려해야 할 것이다.

지식공유프로그램(Knowledge Sharing Program)의 확산

우리나라는 IT강국답게 세계은행에서도 인정하는 디지털예산회계시스템

(d－Brain)을 개발·구축하여 운영 중에 있다. 무엇보다도 선진국의 다양한 경험과 시행착오를 최소화하는 방향으로 정보시스템관련 기술을 축적하였기 때문에 세계은행에서 각광을 받고 있다. 그로 인해 부가적이지만 디지털예산회계시스템은 다양한 국가를 대상으로 지식공유프로그램을 통해 시스템 컨설팅 및 구축 등에 참여하고 있다.

같은 맥락에서 지방재정관리시스템의 지식공유프로그램의 확산을 고려할 필요가 있다. 중앙정부의 재정정보시스템의 컨설팅·구축도 중요하지만 지방재정관리시스템의 지식공유프로그램을 확산해야 할 것이다. 왜냐하면 지방재정관리시스템이 상대적으로 합당한 국가들이 즐비하다. 인도네시아 등 수 많은 섬으로 구성된 국가들의 경우가 바로 그 예에 해당한다.

지방재정관리시스템은 그동안 시스템의 구축·운영과 관련한 많은 경험을 바탕으로 다양한 지적자원을 축적하고 있다. 장기적 관점에서는 독자적인 KSP를 고려할 필요가 있겠지만 단기적 관점에서 본다면 현재 중앙정부 차원의 KSP 프로그램의 일부로서 참여를 고려할 필요가 있다. 현실적으로 지방재정관리시스템이 필요한 국가가 많다는 점에 근거하여 합목적적 관점에서 대응할 필요가 있다.

종합하면, 국가와 지방재정관리시스템은 공히 괄목한 만한 성장을 이루었다고 평가할 수 있으나 개별 시스템의 내재된 한계는 물론 시스템 간 최소한의 연계가 고려되지 않아 재정정보의 정합성을 떨어뜨리고 있다. 그로 인해 지방재정관리시스템을 활용한 효율적 재정관리는 담보되지 않고 있다. 따라서 시스템 간 일부 기능연계를 우선 고려해야 한다.

효율적 재정관리를 위해 지방재정법 시행령 제64조에 근거한 지방재정관리시스템의 구축하고, 이 시스템을 활용하도록 강제할 수 있는 운영지침의 마련이 필요할 것이다. 더불어 지방재정관리시스템을 활용한 재정위기관리가 가능하도록 해야 한다. 지방재정관리시스템에 관리(입력)되는 일부 지표가 재정위기사전경보시스템 지표로 활용되고 있음에도 이 지표들이 상호 연계되지 않고 않아 활용되지 못하고 있다. 따라서 지방재정관리시스템의 일부 필수지표를 재정위기사전경보시스템과 연계하여 운영할 필요가 있다.

세부적인 요소들을 논의하면 다음과 같다. 효율적 재정관리를 위해 국가통합재정관리시스템은 다음과 같은 요소가 고려될 필요가 있다.

첫째, 예산관리정보와 결산정보관리의 연계가 고려되어야 한다. 이는 예산과목과 회계과목의 대응이 전제되어야 하고 완전한 맵핑이 가능해야 한다.

둘째, 예산관리정보와 성과관리정보의 연계가 고려되어야 한다. 최근 세부사업을 관리할 수 있도록 개선하였으나 예산과 성과가 연계되지 못하고 있다. 따라서 사업관리시스템에 세부사업정보를 관리함과 동시에 세부사업의 성과지표를 연계시켜야 할 것이다.

셋째, 회계결산정보와 성과관리정보의 연계가 고려되어야 한다. 현재 시스템은 프로그램 단위의 현금지출을 보여준다. 사업단계별 원가정보를 성과관리와 연계해야 한다. 이는 곧 회계결산정보와 성과관리정보의 연계를 의미한다.

넷째, 국고보조금관리를 위한 대안이 마련되어야 한다. D－brain/e－호조/edufine의 일부 기능, 즉 보조금관리모델을 구축해야 할 것이다.

또한 효율적인 재정관리를 위해 지방재정관리시스템은 다음과 같은 요소가 고려될 필요가 있다.

첫째, 회계사고 사전예방을 위한 재정 프로세스가 구축되어야 한다. 먼저 회계부정을 방지하기 위해 복지시스템 등의 자료를 연계할 필요가 있고, 지출원인행위의 전 과정을 전자문서 시스템과 연계할 필요가 있다.

둘째, 원가회계 적용에 따른 다양한 대안을 고려해야 한다. 우선 연도별로 총원가와 사업수익의 비교가 가능하도록 원가대상사업의 관리가 가능하도록 할 필요가 있다.

셋째, 자산관리의 효율성 제고되어야 한다. 이를 위해 자산관련법의 개선과 업무처리지침을 명확히 할 필요가 있다.[21)]

넷째, 시·도비보조사업 운영기준이 마련되어야 한다. 시·도비 보조사업의 경우 지방재정관리시스템에 그 기능이 구축되어 있음에도 활용이 저조한 실정이다. 기능 활용을 강제할 필요도 있지만 우선 국고보조사업에 준하는 '시·도비 보조사업 운영기준'을 마련할 필요가 있다.

다섯째, 수입관리시스템의 통합이 고려되어야 함과 동시에 계약심사업무 기능의 개선이 필요하다. 지방세, 세외수입, 공기업 예산회계시스템이 별도의 시스템에서 관리되고 있어 수입관리시스템의 통합을 고려할 필요가 있고, 계약심

---

21) 자산관리는 해당 공무원의 업무임에도 불구하고 현재는 재무회계 공무원의 업무로 간주되고 있어 자산관리의 혼선이 초래되고 있다.

사업무 결과만 등록할 것이 아니라 심사과정의 전반적인 관리가 필요하다.

여섯째, 포괄적 부채관리차원에서 재정범위의 재정립이 필요하다. 지방재정관리시스템에 공기업, 출자출연기관 등의 부채를 관리할 필요가 있다.

일곱째, e－호조시스템에서 재정수지, 정부기능별 분류(COFOG) 등 연차보고서가 자동으로 생성된다. 다만 수치의 오류가 있고, 지방자치단체에는 재정지출이 없는 '국방'에 재정자료가 집계되는 등의 오류가 있다. 이는 시스템조직설계의 문제로 판단된다. 이는 우선적으로 치유되어야 할 것이다.

더불어 국가통합재정시스템과 지방재정관리시스템, 지방교육행·재정관리시스템의 일부지표를 연계할 필요가 있다. 시스템 간 완전 통합은 사실상 제한된다. 따라서 국고보조금의 관리를 위해 시스템 간 일부지표의 유기적 연계를 고려할 필요가 있다.

지방재정법 시행령 64조(재정운영에 관한 보고)에 근거하여 지방재정관리시스템을 구축해야 함은 물론 이를 구체화하기 위하여 운영지침이 마련되어야 한다. 이를 위해 일부 기능은 보완이 필요하고, 일부기능은 구축할 필요가 있다.

마지막으로 지방재정관리시스템을 활용하여 재정분석·진단은 물론 재정위기 관리가 가능해야 한다. 현재 지방재정관리시스템에서 관리되는 있는 일부 지표가 재정위기사전경보시스템 지표의 일부로 활용되고 있다는 점을 고려하면 합리적 접근이라고 본다. 왜냐하면 효율적인 재정관리는 재정위기관리를 전제하고 있기 때문이다.

재정관리의 투명성과 책임성을 보장하기 위해 지방재정관리시스템의 재구조화가 필요하다. 국가통합재정관리시스템에 비해 이용자 등에 있어 상대적 우위를 점하고 있음에도 예산상의 제약으로 인해 지방재정관리시스템은 한계에 직면해 있다. 효율적인 재정관리차원에서 지금까지 논의된 대안을 수행하는 것은 필수불가결한 요소이며, 이를 위해 정부의 대폭적인 예산지원이 있어야 할 것이다.[22)]

---

22) 단순하게 2012년 예산을 비교해보면 d－Brain system은 총예산 183억 5천만원 중 응용시스템 유지보수 120억 4천만원, HW장비유지비 18억 4천만원, 운영센터 관리비 약 13억, 기능개선 22억 6천만원, 한글연동 리포팅툴 5억 5천만원, 온라인대체처리 암호화 1억원, 방화벽 1억 3천만원 등인 반면 e－hojo system은 운영 및 유지보수(응용＋기반)의 총예산은 63억 9천만원으로 국가가 24억 3천만원을 부담하고 지방정부가 39억 6천만원을 부담하고 있다. 다양한 대안수립차원에서 예산의 증액이 필요하다고 판단된다.

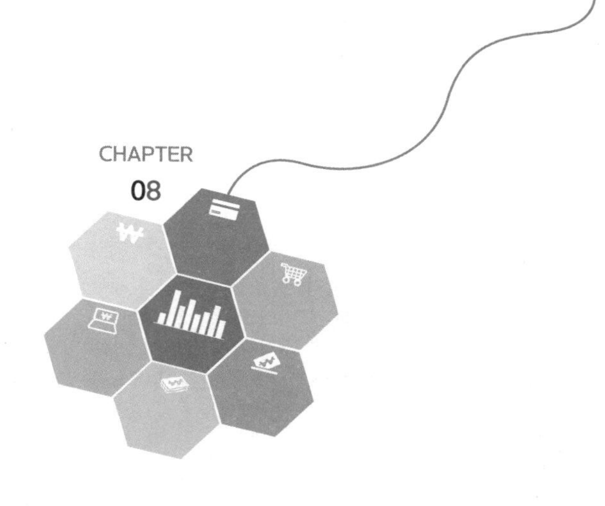

우리나라 공공부문 부채규모 적정한가? 산출과정?

* 이하의 내용은 기획재정부 보도자료(2014.12.19.)

*** '13년 공공부문 부채 898.7조원, GDP대비 62.9% ***

□ 정부는 "정부 3.0"에 부응하여 재정의 투명성을 제고하고, 공기업 부채 등 재정위험을 적극적으로 관리하기 위하여 공공부문 부채를 산출·공표하고 있음.

ㅇ 올해 2월 '12년 기준 공공부문 부채를 최초로 발표하였고, 매년 말 '공공부문 재정건전성 관리보고서'를 통해 전년도 공공부문 부채를 발표할 계획임.

1 (현황) '13년 기준 공공부문 부채(D3)는 898.7조원, GDP 대비 62.9%이며, 국가간 재정건전성 비교 기준이 되는 일반정부 부채(D2)는 565.6조원, GDP 대비 39.6%임.

ㅇ 공공부문 부채는 전년(821.1조)대비 77.7조원 증가(GDP 대비 3.3%p)하였으며, 이 중 일반정부 부채는 61.0조원, 비금융공기업 부채는 17.3조원 증가함.

- 일반정부 부채 증가는 주로 일반회계 적자보전 및 외환시장 안정 등을 위한 국고채 증가(37.0조)에 기인함.
- 비금융공기업 부채는 공공기관 및 지방공기업 부채 감축계획 등을 통해 증가율이 하락*하였음.

* 전년대비 증가(율): '12년 25.3조원(7.0%) → '13년 17.3조원(4.4%)

2 (국제비교) 현재 우리나라의 재정건전성과 투명성은 국제적으로 모범 수준이라 평가받고 있음.

ㅇ 국가 간 재정건전성 비교기준이 되는 일반정부 부채는 OECD 국가 중 5번째로 작고, 비금융공기업 부채를 포함한 공공부문 부채도 주요국에 비해 양호한 수준임.

* 공공부문 부채('13년, GDP 대비): 일본(271%), 포르투갈(143%), 캐나다(126%), 영국(95%), 호주(71%), 멕시코(40%)

ㅇ 또한, OECD 국가 중 공공부문 부채를 산출하고 있는 국가는 7개국에 불과한 상황으로, 우리나라는 국제적으로 재정통계 발전을 선도하고 있다고 평가받고 있음.

* IMF는 우리나라를 모범사례(best practice)로 평가하며, 통계작성을 통해 축적된 우리의 경험을 타 회원국에 공유해주기를 희망

* 국제신용평가사 피치(Fitch)는 공공부문 부채 산출이 공공부문 부채 관리의 투명성과 효율성을 제고하는 조치라고 평가

3 (관리방안) 단기적으로는 경기회복을 위한 확장적 재정정책으로 부채 증가가 불가피하나, 중장기 재정건전성이 저해되지 않도록 적극적으로 관리할 계획임.

ㅇ 우리 경제의 체질을 개선하고 성장잠재력을 확충할 수 있도록 재정을 적절히 투입하여, 경제성장과 세입증대가 재정건전성 강화로 이어지는 선순환 구조를 확립하겠음.

ㅇ 공공기관 및 지방공기업 부채 감축계획을 차질 없이 이행하고, 국고보조금 부정수급 방지, R&D 사업의 효율성 제고 등을 통해 재정지출의 효율성도 획기적으로 제고해 나가겠음.

ㅇ 한편, 기획재정부에 재정기획국을 신설하여 중장기 재정위험에 선제적으로 대응하고, 재정건전성 관리시스템을 발전시키도록 하겠음.

1. 공공부문의 분류

공공부문의 부채산정에 앞서 공공부문의 범주에 관해 논의할 필요가 있다. IMF에서 규정하는 GFS 또는 PSDS에서는 <그림 8-1>과 같이 공공부문을

그림 8-1 **공공부문 구성(GFS)**

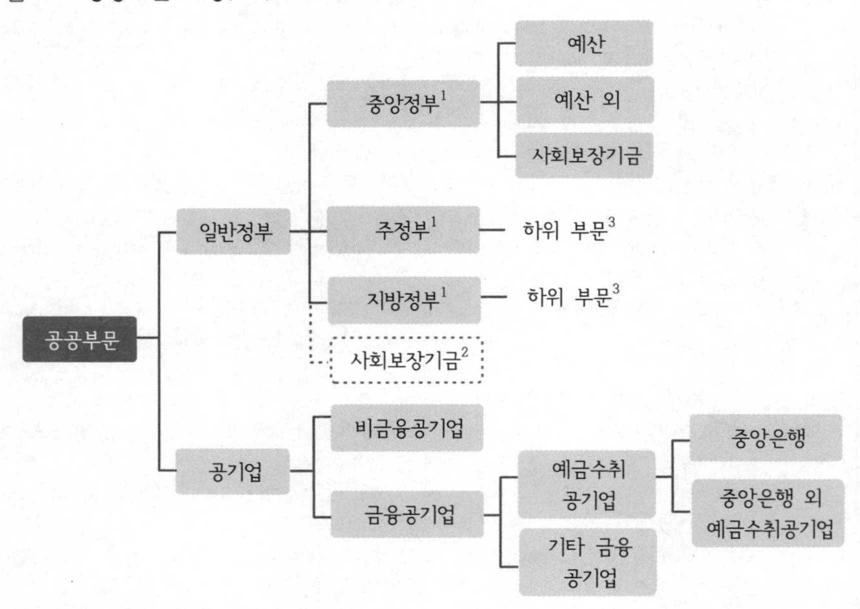

1. 사회보장기금이 포함됨.
2. 대안적으로 사회보장기금은 박스에서 점선으로 표시된 것과 같이 분리된 하위 부문으로 집계될 수 있음.
3. 예산단위, 예산외 단위, 사회보장기금은 주 및 지방정부에 존재할 수 있음.

자료: GFSM, 2014. p.20.

정의하고 있다. 일반정부부문은 중앙정부와 지방정부를 포괄하는 용어이고, 경우에 따라서 사회보장기금이 포함된다(GFSM 2014). 공공부분은 크게 일반정부와 공기업으로 구분되고, 공기업은 금융공기업과 비금융공기업으로 나누어진다.

그림 8-2 **공공부문 구성(PSDS)**

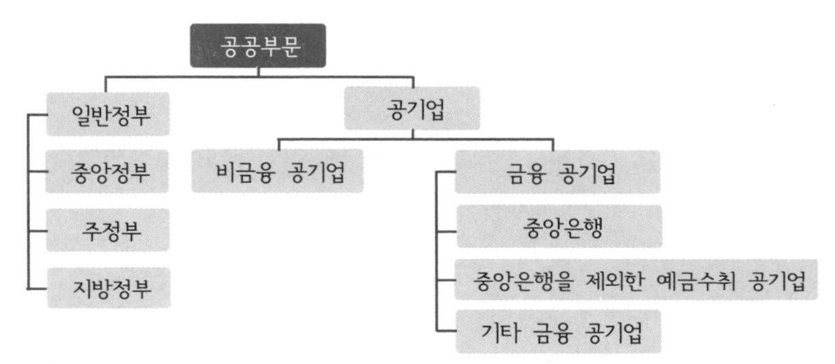

자료: PSDS.(2011).

PSDS는 더 간략하게 공공부문의 구성요소를 보여주는데, <그림 8-2>와 같다.

한편, 공공부문과 그 다른 부문은 5개 범주로 나눌 수 있는데, 일반정부부문, 비금융기업부문, 금융기업부문, 가계부문, 가계지원부문이다. 다만 우리나라에서 기타기관으로 분류하는 4개 기관(한국은행, 금융감독원, KBS, EBS)은 재분류를 검토할 필요가 있다.

예컨대, 한국은행과 금융감독원은 금융공기업으로 분류될 논거가 있다(PSDS 문단 2.53[1] 중앙은행; PSDS 문단 2.52[2]). KBS와 EBS는 비금융공기업으로 분류되는 것이 타당할 것이다. 그 비교 대상으로 캐나다의 CBC가 일반정부로 분류되고 있다는 주장이 있다(홍승현, 2013).

---

1) 중앙은행은 예금수취 공기업(public deposit−taking corporation)의 일부로, 독립적인 기관단위인 경우 항상 금융기업부문(financial corporation sector)에 속하는 금융공기업(public financial corporation)으로 분류한다.

2) 감독기능을 수행하는 금융감독원은 독립된 제도단위인 경우 금융공기업으로 분류한다.

[참고] **2013 회계기준 공공기관 302개 부문분류**

일반정부(중앙)	162
비금융공기업(중앙)	122
금융공기업(중앙)	14
기타기관	4
합계	302

〈일반정부(중앙) 162〉

(재)명동·정동극장, (재)체육인재육성재단, (사)한국문화예술회관연합회, (재)한국장애인개발원, 가축위생방역지원본부, 건강보험심사평가원, 게임물등급위원회, 경제인문사회연구회, 과학기술정책연구원, 국립공원관리공단, 국민건강보험공단, 국민생활체육회, 국민연금공단, 국방과학연구소, 국방기술품질원, 국제방송교류재단, 국토연구원, 기초기술연구회, 노사발전재단, 녹색사업단, 농림수산식품기술기획평가원, 한국농수산식품유통공사, 농업기술실용화재단, 대구경북과학기술원, 대외경제정책연구원, 대한무역투자진흥공사, 대한장애인체육회, 도로교통공단, 독립기념관, 동북아역사재단, 민주화운동기념사업회, 산업기술연구회, 산업연구원, 소상공인시장진흥공단, 신용보증재단중앙회, 영상물등급위원회, 예금보험공사, 재단법인 국악방송, 재외동포재단, 전략물자관리원, 정보통신산업진흥원, 정부법무공단, 중소기업기술정보진흥원, 축산물위해요소중점관리기준원, 태권도진흥재단, 통일연구원, 학교법인한국폴리텍, 한국출판문화산업진흥원, 한국개발연구원, 국토교통과학기술진흥원, 한국건설기술연구원, 한국고용정보원, 한국고전번역원, 한국과학기술기획평가원, 한국과학기술연구원, 한국과학기술정보연구원, 한국과학창의재단, 한국광해관리공단, 한국교육개발원, 한국교육학술정보원, 한국국방연구원, 한국국제보건의료재단, 한국국제협력단, 한국기계연구원, 한국기초과학지원연구원, 한국노동연구원, 농림수산식품교육문화정보원, 한국농어촌공사, 한국농촌경제연구원, 한국문학번역원, 한국문화관광연구원, 한국문화예술교육진흥원, 한국법제연구원, 한국보건복지인력개발원, 한국보건복지정보개발원, 한국보건사회연구원, 한국보건산업진흥원, 한국산업기술진흥원, 한국산업기술평가관리원, 한국산업단지공단, 한국산업안전보건공단, 한국생명공학연구원, 한국세라믹기술원, 한국소비자원, 한국식품연구원, 한국언론진흥재단, 한

국에너지기술연구원, 한국에너지기술평가원, 한국여성정책연구원, 한국연구재단, 한국영상자료원, 한국원자력문화재단, 한국원자력통제기술원, 한국인터넷진흥원, 한국자산관리공사, 한국장애인고용공단, 한국장학재단, 한국저작권위원회, 한국전자통신연구원, 한국정보화진흥원, 한국조세재정연구원, 한국지식재산보호협회, 한국직업능력개발원, 한국천문연구원, 한국철도기술연구원, 한국청소년상담복지개발원, 한국청소년정책연구원, 여수광양항만공사, 한국콘텐츠진흥원, 한국특허정보원, 한국표준과학연구원, 한국학중앙연구원, 한국한의학연구원, 한국항공우주연구원, 한국해양과학기술진흥원, 한국해양과학기술원, 한국행정연구원, 한국형사정책연구원, 한국화학연구원, 한국환경공단, 한국환경정책평가연구원, 한일산업기술협력재단, 항로표지기술협회, (재)예술경영지원센터, (재)한국공연예술센터, 북한이탈주민지원재단, 한국수산자원관리공단, 창업진흥원, 한국공예디자인문화진흥원, 한국교통연구원, 한국노인인력개발원, 한국디자인진흥원, 한국로봇산업진흥원, 한국법무보호복지공단, 한국사회적기업진흥원, 한국산업인력공단, 우체국물류지원단, 대한법률구조공단, 한국청소년활동진흥원, 한국환경산업기술원, 한국기상산업진흥원, 한국임업진흥원, 기초과학연구원, 남북교류협력지원협회, 농업정책자금관리단, 세종학당재단, 한국건강증진재단, 한국보건의료연구원, 한국보육진흥원, 한국양성평등교육진흥원, 한국의료분쟁조정중재원, 한국의약품안전관리원, (재)한국문화정보센터, 국립대학법인 서울대학교, 국립대학법인 울산과학기술대학교, 국립생태원, 항공안전기술센터, 한국건강가정진흥원, 한국여성인권진흥원, 한국공정거래조정원, 아시아문화개발원, 워터웨이플러스.

〈금융공기업(중앙) 14〉

대한주택보증, 한국주택금융공사, 한국예탁결제원, 우체국금융개발원, 한국거래소, 한국정책금융공사, 한국벤처투자, 한국수출입은행, 별정우체국연금관리단, 한국투자공사, 건설근로자공제회, 한국산업은행, 중소기업은행, 산은금융지주.

〈비금융공기업(중앙) 122〉

부산항만공사, 인천국제공항공사, 한국공항공사, 한국석유공사, 한국전력공사, 한국가스공사, 한국중부발전, 한국수력원자력, 한국서부발전, 한국동서발전, 한국남부발전, 한국남동발전, 한국광물자원공사, 한국토지주택공사, 대한석탄공사, 한국철도공사, 제주국제자유도시개발센터, 한국감정원, 한국관광공사, 한국도로공사, 한국마사회, 한국방송광고진흥공사, 한국수자원공사, 한국조폐공사, 근로복지공단, 서울올림픽기념국민체육진흥공단, 한국원자력환경공단, 한국방송통신전파진흥원, 한국보훈복지의료공단, 한국석유관리원, 한국시설안전공단, 한국전기안전공사, 한국전력거래소, 교통안전공단, 에너지관리공단, 축산물품질평가원, 한국산업기술시험원, 선박안전기술공단, 한국가스안전공사, 한국승강기안전관리원, 한국원자력안전기술원, 한국해양수산연수원, 한국우편사업진흥원, 대한지적공사, 한국소방산업기술원, 한국철도시설공단, 강릉원주대학교치과병원, 강원대학교병원, 강원랜드, 경북대학교병원, 경상대학교병원, 광주과학기술원, 대한적십자사, 대한체육회, 한국교육과정평가원, 중소기업유통센터, 한국희귀의약품센터, 국립중앙의료원, 한국건설관리공사, 한국기술교육대학교, 한국문화진흥주식회사, 한국수출입은행, 한전원자력연료주식회사, 88관광개발, 울산항만공사, 한국지식재산연구원, 부산대학교병원, 서울대학교치과병원, 수도권매립지관리공사, 에너지경제연구원, 예술의전당, 한국원자력의학원, 인천종합에너지, 전남대학교병원, 전쟁기념사업회, 정보통신정책연구원, 주택관리공단, 한국가스기술공사, 충북대학교병원, 코레일로지스, 국립암센터, 연구개발특구진흥재단, 서울대학교병원, 충남대학교병원, 한국문화재보호재단, 한국보건의료인국가시험원, 한국생산기술연구원, 한국원자력연구원, 한국승강기안전기술원, 한국전력기술주식회사, 한국지질자원연구원, 한국체육산업개발, 한국해양수산개발원, 한전KPS, 한전KDN, 코레일네트웍스, 기초전력연구원, 코스콤, 국립박물관문화재단, 한국발명진흥회, 한국표준협회, 시장경영진흥원, (재)우체국시설관리단, 한국사회복지협의회, 코레일테크, 인천항보안공사, 국가평생교육진흥원, 전북대학교병원, 제주대학교병원, 한국과학기술원, 한국전기연구원, 코레일유통, 한국어촌어항협회, 부산항보안공사, 코레일관광개발, 그랜드코리아레저, 해양환경관리공단, 국제식물검역인증원, 부산대학교치과병원, 한국잡월드, 국립대학법인 인천대학교

〈기타기관 4〉

한국은행, 금융감독원, KBS, EBS

15년도 공공기관은 총 316개 기관으로 14개 기관이 증가하였다. 신규로

(재)국제원산지정보원, (주)해울, (재)APEC 기후센터, 한국형 수치예보모델개발사업단, (재)한식재단, (재)한국예술인복지재단, 한국도박문제관리센터, 국립광주과학관, 국립대구과학관, 한국데이터베이스진흥원, IOM이민정책연구원, 대구경북첨단의료산업진흥재단, 오송첨단의료산업진흥재단, (재)한국스마트그리드사업단, 한국식품안전관리인증원, (재)일제강제동원피해자지원재단, 한국방사선안전재단, (재)중소기업연구원, 한국해양조사협회, 한국상하수도협회 등 20개 기관이 추가되었다.

또한 한국표준협회, 인전총합에너지, (주)산업금융지주, 한국정책금융공사, 한국거래소, 코스콤 등 6개 기관이 해제되었다. 유형변경은 한국예탁결제원(준정부 → 기타공공기관), 한국해양과학기술진흥원(기타공공기관 → 준정부기관), 한국광물자원공사(준시장형→시장형), 인천항만공사(시장형→준시장형)이다.

표 8-1 **공공부문과 다른 기관단위의 관계**

일반정부 부문	비금융기업 부문	금융기업 부문	가계 부문	가계지원 비영리기관 부문
공공	공공	공공	민간	민간
	민간	민간		

자료: PSDS. (2011).

다만, 우리나라에서 이슈가 되었던 부분이 공공부문에 금융공기업을 포함할지 여부였다. 우리나라는 전통적으로 금융시장이 발달하지 못해 금융공기업이 다양한 정책금융수단으로 활용되었다. 또한 민간인을 대상으로 사적이윤을 추구하기도 한다.

우리나라는 과거부터 다른 나라와 달리 다양한 정책금융의 수단으로 역할을 담당해 왔다. 그 결과, 다른 나라와는 체계가 달라 비교가능성 측면에서 차이가 발생할 수 있다. 이 부분에 관해 IMF에서는 우리나라가 금융공기업을 포함하지 않는 것에 대해 의미 있는(reasonable) 접근이라고 평가하고 있다.

이제 2013 회계연도 공공부문 부채산출 결과에 기초하여 GFS와 PSDS에 기술된 내용과 비교하면서 공공부문 부채산출 과정을 추론해 본다. 그 과정에서 공공부채 산출에 관한 함의를 찾을 수 있다.

<표 8−2>는 2013년 공공부문 부채산출결과[3]이다. 2013년 공공부문 부채는 898.7조원으로 GDP 대비 62.9%에 이른다. 일반정부 부채는 565.6조원(중

앙 522.5조, 지방 54.6조, 내부거래 11.5조)이고, 비금융공기업의 부채는 406.5조원(중앙 362조, 지방 50.9, 내부거래 6.4조)이며, 일반정부와 비금융공기업 간 내부거래는 73.4조원에 달한다.

전년대비 77.7조원의 부채가 증가(GDP대비 3.3%p 증가)하였는데, 일반정부 부채에서 중앙정부부문이 55.8조 증가하였고, 지방정부부문이 0.9조 부채 증가하였고, 중앙－지방간 내부거래 감소(4.4조)로 총 61조원이 증가하였다. 특히, 중앙정부부문의 부채는 일반회계 적자보전 및 외환시장 안정을 위한 국고채 증가(37.0조), 국민주택기금 청약저축(7.8조) 및 민자사업(BTL) 부채(2.3조) 증가이고, 내부거래는 지방자치단체의 중앙정부 차입금 감소(4.9조) 등에서 기인했다.

또한 비금융공기업 부문에서 중앙공기업의 부채가 18.5조(한전 및 발전자회사(7.9조), LH(3.0조), 철도공사(3.0조), 가스공사(2.2조) 등) 증가하였고, 지방공기업의 부채는 0.4조원 감소하여 전체규모로 17.3조원 증가하였다.

또한 기타 재정위험으로 분류하고 있는 공무원·군인 연금충당부채는 596.3조이고, 퇴직수당충당부채는 31.5조, 보증채무는 146.2조원 규모이다. 다만 연금충당부채 및 보증채무는 공공부문 부채로 산정하지 않는다.[4] 다시 나라마다 상이한 기준을 적용하고 있다.[5]

이미 'Chapter 06 우발부채' 부분에서 설명한 바와 같이 GFS 2014 기준에 근거하여 공무원·군인연금충당부채는 '부채'('연금수급권')로 분류되어야 할 것이다.

---

3) 아래 자료의 내용과 표, 그림 등은 기획재정부 보도자료에 근거하였다.

4) 충당부채는 재무제표 상 부채에는 포함되나, 통계상의 부채에는 포함하지 않고, 거시통계체계에서 제외된다(PSDS, 문단 3.11).

5) 부채로 인식하는 나라는 호주, 미국, 캐나다, 뉴질랜드, 영국이고, 부기항목에 기록하는 나라는 독일, 영국, 포르투갈, 오스트리아, 스페인, 헝가리, 룩셈부르크, 포르투갈, 슬로바키아, 아일랜드이며, 산출하지 않는 나라는 브라질, 에스토니아, 멕시코이다(홍승현, 2013, 공공부문 재정통계 산출방안 공청회자료).

표 8-2 **공공부문 부채산출결과** (단위: 조원, %, %p)

	2012년(A)		2013년(B)		증감(B-A)	
	규모	GDP대비	규모	GDP대비	규모	GDP대비
공공부문 부채(A+B-C)	821.1	59.6	898.7	62.9	77.7	3.3
A. 일반정부 부채(a+b-c)	504.6	36.6	565.6	39.6	61.0	3.0
a. 중앙정부	466.7	33.9	522.5	36.6	55.8	2.7
b. 지방정부	53.7	3.9	54.6	3.8	0.9	△0.1
c. 내부거래	15.8	1.1	11.5	0.8	△4.4	△0.3
B. 비금융공기업 부채	389.2	28.3	406.5	28.5	17.3	0.2
a. 중앙 공기업	343.5	24.9	362.0	25.3	18.5	0.4
b. 지방 공기업	51.3	3.7	50.9	3.6	△0.4	△0.1
c. 내부거래	5.6	0.4	6.4	0.4	0.8	0.0
C. 내부거래	72.8	5.3	73.4	5.1	0.7	△0.2

자료: 2014. 기획재정부 보도자료

2. 부채규모 국제비교('13년 기준, GDP대비)

<표 8−2>에 제시된 바와 같이 국가 간 재정건전성을 비교하는 기준이 되는 일반정부부채는 565.6조원으로 GDP대비 39.6%에 해당한다. 다만 이 수치에는 금융공기업의 부채가 제외되어 있다. 금융공기업 중 비금융공기업의 성격을 지닌 KBS와 EBS는 포함해야 할 것을 보인다.

그림 8-3 **OECD 국가 GDP대비 일반정부 부채비율(2013년 기준)**

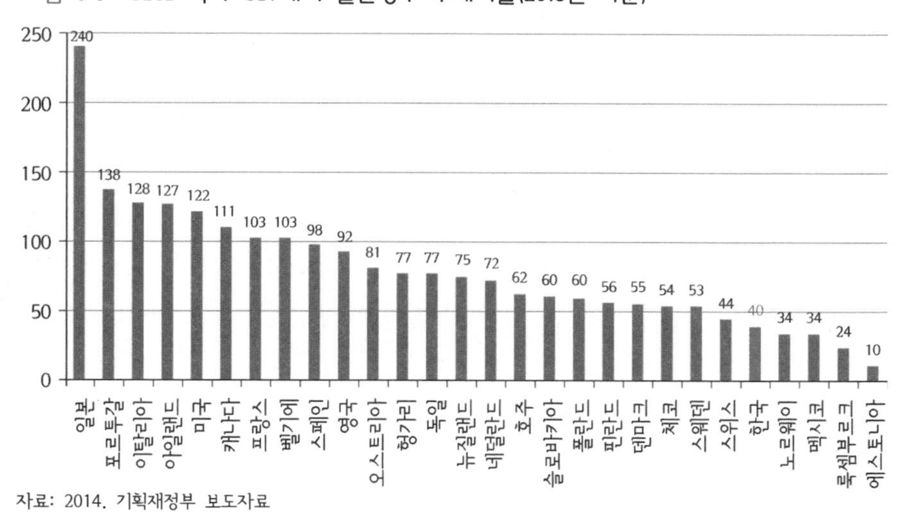

자료: 2014. 기획재정부 보도자료

그림 8-4 **일반정부 및 비금융공기업의 부채비율(2013년 기준)**

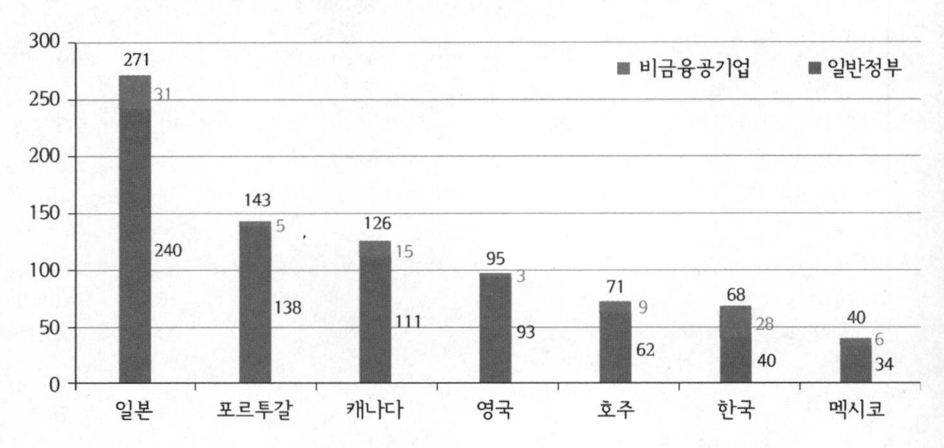

주: 내부거래를 제거하지 않은 통계수치로, 한국의 경우 내부거래 제거시 62.9%로 집계된다.
자료: 2014. 기획재정부 보도자료

공공부문의 부채규모에 관한 국가 간 정확한 비교는 제한되지만 주요국가에 비해 양호한 수준이라 할 수 있다. 특히, OECD 국가 중 일반정부 부채와 비금융공기업 부채를 모두 산출하고 있는 국가는 7개국에 불과한데, 우리나라가 이 기준을 적용하여 부채규모를 산출하고 있다. 다만, 비금융공기업 부채 규모(GDP대비 28.5%) 및 공공부문 부채에서 차지하는 비중이 큰 편에 속한다.

3. 공공부문 부채통계 절차

<표 8-3>은 공공부문 통합 채무통계 작업시 두 가지 유형의 통합, 즉 부문 내 통합과 부문 간 통합 요소를 보여준다. 부문 내 통합은 언제나 부문 간 통합 이전에 선행되어야 하며, 일반정부는 중앙정부의 예산기관 및 예산외 기관, 사회보장기금, 주정부, 지방정부부문의 통합과 비금융공기업과 금융공기업 부문의 통합이다. 부문 간 통합은 일반정부, 비금융공기업, 공공부문의 통합을 의미한다.

표 8-3 **공공부문 채무통계시 부문 내/부문 간 통합**

공공부문 단위	부문 내 통합	부문 간 통합
일반정부 부문		X
일반정부	X	
중앙정부의 예산기관	X	
중앙정부의 예산외기관	X	
사회보장기금	X	
주정부	X	
지방정부	X	
공기업		
비금융 공기업	X	
비금융 공공부문		X
금융 공기업	X	
공공부문		X

자료: PSDS. (2011). p.141.

<표 8-5>는 PSDS기준 부채통계기준을 제시하고 있다. 통합중앙정부 부문은 D1, 통합일반정부 부문은 D2, 통합비금융공공부문은 D3, 통합공공부문 D4로 구분하고 있다.

표 8-5 **PSDS 기준 부채통계 기준(D1, D2, D3, D4)**

유형(부문)	포괄범위
통합중앙정부 부문 D1	중앙 예산기관+중앙 예산외 기관+사회보장기금
통합일반정부 부문 D2	D1+주정부+지방정부
통합비금융공공부문 D3	D2+비금융공기업
통합공공부문 D4	D3+금융공기업

우리나라 공공부문 부채 산출 유형 및 활용

우리나라는 공공부문 부채 통계를 위해 국가채무(D1), 일반정부 부채(D2), 공공부문 부채(D3) 등 세 가지 유형을 활용하고 있다. 다시 말해 금융공기업의 부채는 제외하고 있다. 다만 이미 설명한 바와 같이 KBS와 EBS는 비금융공기업으로 분류될 필요가 있을 것이다.

표 8-6 공공부문 채무통계 통합예시

공공부문 채무통계의 통합방법을 보여주는 수치적 예시(부문 간 통합)

	공공부문														
	비금융 공공부문														
	일반정부부문														
	중앙정부 하위부문														
	중앙정부의 예산기관	중앙정부의 예산외기관	사회보장기금	통합1	통합중앙정부 하위부문	주정부	지방정부	통합2	통합일반 정부부문	비금융 공기업	통합3	통합비금융 공공부문	금융 공기업	통합4	통합 공공부문
	1	2	3	4	5=1+2+3+4	6	7	8	9=5+6+7+8	10	11	12=9+10+11	13	14	15=12+13+14
순 채무	3,852	-135	-846	0	2,871	2,270	2,262	0	7,403	1,980	0	9,383	5,935	0	15,318
채무상품 대응 금융자산	7,640	748	3,473	-1,520	10,341	3,544	4,241	-2,451	15,675	10,699	-1,949	24,425	38,173	-32,374	30,224
화폐용 금	0	0	0	0	0	0	0	0	0	0	0	0	0	0	0
특별인출권	0	0	0	0	0	0	0	0	0	0	0	0	591	0	591
현금및예금	3,177	600	1,312	0	5,087	2,220	1,605	0	8,894	5,555	0	14,449	11,146	-18,737	6,858
채무증권	0	49	1,998	-1,300	747	0	0	0	747	875	-309	1,313	7,054	-6,523	1,844
융자	2,776	0	0	-220	2,556	355	543	-2,451	1,003	1,449	-1,640	812	15,061	-7,114	8,759
보험, 연금 및 표준화 보증	0	0	0	0	0	0	0	0	0	0	0	0	0	0	0
기타 미수금	1,687	99	163	0	1,949	989	2,093	0	5,031	2,820	0	7,851	4,321	0	12,172
채무상품형태 부채 (총 채무)	11,492	613	2,627	-1,520	13,212	5,814	6,503	-2,451	23,078	12,679	-1,949	33,808	44,108	-32,374	45,542
특별인출권	0	0	0	0	0	0	0	0	0	0	0	0	591	0	591
현금및예금	0	0	0	0	0	0	0	0	0	0	0	0	20,959	-18,737	2,222
채무증권	7,650	0	0	-1,300	6,350	0	1,737	0	8,087	4,876	-309	12,654	9,898	-6,523	16,029
융자	1,232	490	210	-200	1,712	4,424	2,890	-2,451	6,575	5,178	-1,640	10,113	2,500	-7,114	5,499
보험, 연금 및 표준화 보증	0	0	2,350	0	2,350	0	0	0	2,350	0	0	2,350	6,500	0	8,850
기타미수금	2,610	123	67	0	2,800	1,390	1,876	0	6,066	2,625	0	8,691	3,660	0	12,351

PSDS. (2011). p.144

<표 8-7>의 국가채무는 현금주의 기준을 활용하여 규모를 산출하고 있으며, 국가재정운용계획에 활용된다. 일반정부 부채(D2)와 공공부문 부채(D3)는 발생주의 기준을 적용하며 국제비교를 위해, 공공부문 재정건전성관리를 위해 각각 활용된다. 다만 국가결산보고서 재무제표 상 부채는 중앙정부의 결산결과를 반영한 것이며, 발생주의 기준 부채인 D2, D3 산출시 활용된다.

표 8-7 **공공부문 부채 산출(D1, D2, D3)**

유형	규모(GDP대비)	포괄범위	산출기준	활용
국가채무 (D1)	489.8조원 (34.3%)	중앙 및 지방정부의 회계.기금	국가재정법, 현금주의	국가재정 운용계획
일반정부 부채 (D2)	565.6조원 (39.6%)	D1 + 비영리공공기관	국제지침, 발생주의	국제비교 (IMF, OECD)
공공부문 부채 (D3)	898.7조원 (62.9%)	D2 + 비금융공기업	국제지침, 발생주의	공공부문 재정 건전성 관리

자료: 기획재정부 2014 보도자료. 참고자료

그림 8-5 **공공부문 부채 산정 과정**

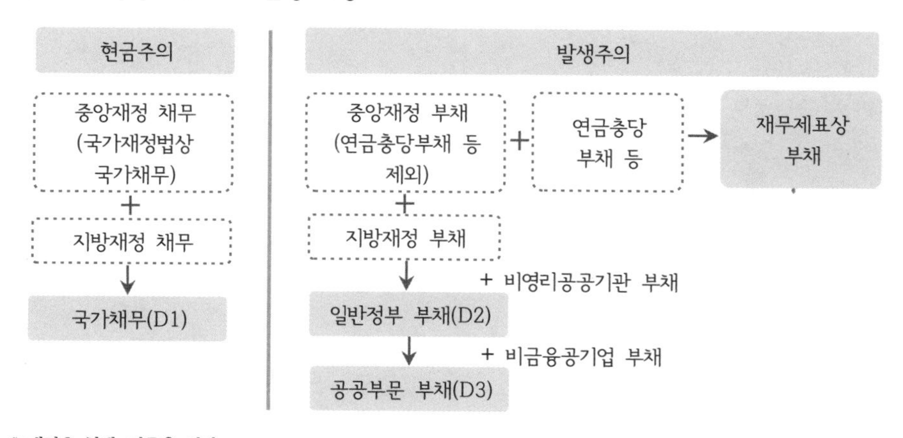

* 재정은 회계·기금을 의미
자료: 기획재정부 2014 보도자료·참고자료

표 8-8 공공부문 부채 상세내역(2103년 기준)

분 류				국가채무(D1)	일반정부 부채(D2)	공공부문 부채(D3)
합 계				489.8조원	565.6조원	898.7조원
공공부문	일반정부	중앙정부	회계·기금	464.0	479.6	479.6
			비영리공공기관	-	53.6	53.6
			내부거래	-	△10.7	△10.7
		중앙정부 부채		464.0	522.5	522.5
		지방정부	지방자치단체	28.6	43.5	43.5
			지방교육자치단체	3.0	10.8	10.8
			비영리공공기관	-	1.1	1.1
			내부거래	-	△0.8	△0.8
		지방정부 부채		31.6	54.6	54.6
		중앙-지방간 내부거래		△5.9	△11.5	△11.5
	비금융공기업	중앙		-	-	362.0
		지방		-	-	50.9
		내부거래		-	-	△6.4
		비금융공기업 부채		-	-	406.5
	일반정부-비금융공기업간 내부거래			-	-	△73.4

※ (기타) 연금충당부채(596.3조), 퇴직수당충당부채(31.5조), 보증채무(146.2조)
자료: 기획재정부 2014 보도자료. 참고자료

표 8-9 중앙정부 회계·기금의 부채 규모 비교

	국가채무(D1)	일반정부부채(D2) 및 공공부문부채(D3)
중앙회계·기금 부채	464.0조원	479.6조원
■ 국채[1]	459.5	463.3
■ 차입금[2]	1.9	4.3
■ 국고채무부담행위[3]	2.7	0.5
■ 공채	-	39.8
■ 발생주의 항목	-	73.1
■ 연기금보유 국공채[4]	-	△101.4

1 액면가액(D1)과 할인·할증 발행을 반영한 장부가액(D2, D3) 차이
2 공공기관 관리기금 제외(D1) 및 포함(D2, D3)
3 계약시 인식(D1), 지급의무 발생시 인식(D2, D3)
4 국민연금 보유 국채(90.0조원)·공채(9.6조원) 등 내부거래로 제거
자료: 기획재정부 2014 보도자료. 참고자료

<표 8-9>에 제시하였듯이 국가채무(D1)는 현금주의 기준으로 중앙정부와 지방정부를 포괄범위로 연금충당부채 및 발생주의 부채항목은 제외하나 국민연금기금 보유국채는 포함하여 산정한다.

한편, <표 8-9>에서는 제시하지 않았지만 국가결산보고서 재무재표는 발생주의 기준으로 중앙정부만을 국한하여 통계를 산출하며, 국가채무 항목에 포함되지 않은 연금충당부채와 예수금, 미지급금 등 발생주의 부채항목을 포함하나 국민연금기금 보유국채는 제외된다.

또 다른 한편 일반정부 부채(D2)는 발생주의 기준으로 중앙정부와 지방정부 및 비영리공공기관을 포괄하여 통계를 산출하는데, 연금충당부채 및 국민연금기금 보유국채 제외하고, 예수금, 미지급금 등 발생주의 부채항목은 포함하여 산정한다.

4. 공공부문 부채통계에 관한 정책적 함의

포괄범위의 적용

<표 8-10>은 공공부문 부채통계의 포괄범위를 설명하고 있는데, 공공부문(D3) 음영부분이 우리나라의 공공부문부채산출기준이라 할 수 있다. 다만 금융공기업을 포함할지 여부는 국가마다 상이하게 적용되기 때문에 배제하는 것이 타당할 것이다.

그러나 공무원연금과 군인연금의 충당부채가 재무제표상의 부채에 직접 반영되어 기존의 국가채무나 일반정부 부채 등의 개념과 상충된다. 즉, 개념적 포괄범위와 실제 부채규모 상의 불일치로 나타나는데, 일반적으로 일반정부 부채가 더 커야 함에도(재무재표상 부채 < 국가채무 < 일반정부부채), 실제부채규모는 그 반대의 경우로 재무재표상 부채가 더 크다(국가채무 < 일반정부부채 < 재무제표상 부채)(홍승현, 2013).

다만, 연금충당부채에 관해 논의하면 국제적인 기준에는 포함여부가 양분된다. 그렇다고 하더라도 공무원·군인연금충당부채는 부채(연금수급권)으로 분류하고, 사회보장급여의 성격을 지닌 국민·사학연금충당부채는 암묵적 우발부채로 분류하고 부기항목에 기록하도록 권고하고 있다.

표 8-10 공공부문 부채의 포괄범위

부문		국가결산보고서 재무재표 부채	국가채무 D1	일반정부 부채 D2	공공부문 부채 D3	
					일반정부 +공기업	일반정부 +비금융공기업
작성기준		발생주의	현금주의	발생주의	발생주의	발생주의
중앙 정부	일반회계	○	○	○	○	○
	특별회계	○	○	○	○	○
	정부관리 기금	○	○	○	○	○
	공공기관관리기금	○	×	○	○	○
	비영리공공기관	×	×	○	○	○
지방 정부	일반회계	×	○	○	○	○
	특별회계	×	○	○	○	○
	기금	×	○	○	○	○
	교육비특별회계	×	○	○	○	○
	비영리공공기관	×	×	○	○	○
공기업	비금융공기업	×	×	×	○	○
	금융공기업	×	×	×	○	×
연금	공무원 · 군인	○	×	×	△1	△[1]
	국민 · 사학	△2	×	×	△2	△[2]

주: 1) 부채(연금수급권)로 분류할 필요가 있으나, 거시통계자료 자료에는 포함될 필요는 없음.
2) 부채에 합산하는 것이 아니라 암묵적 우발부채로 분류하고 부기항목에 기록(GFSM 2014적용)

자료: 홍승현, 2013, 공공부문 재정통계 산출방안 공청회. 일부 내용 수정 · 추가

각주 5에 언급하였듯이 연금충당부채를 부채로 인식하는 나라의 경우와 같이 기타재정위협으로 분류하고 있는 연금충당부채 596.3조, 퇴직수당 충당부채 31.5조, 보증채무 146.2조원 총 774조와 공공부문 898.7조원을 합산하면 1,672.7조원으로 GDP 대비(13년기준 1,430조원) 116.9%에 달한다. 한마디로 아래 보도자료와 같이 공공부문의 부채규모가 안정적이라고 보기는 다소 제한적이다.

<기획재정부의 부채관리 계획(보도자료)>

1) 부채 총량관리 강화

[1] 국가채무의 안정적 관리

- 국가채무(D1)를 GDP 대비 30%대 중반 수준으로 관리
  - * ('13) 34.3 → ('14) 35.1 → ('15) 35.7 → ('16) 36.4 → ('17) 36.7 → ('18) 36.3
  - Pay-go 원칙* 등 재정규율 강화

* 신규 의무지출 도입시 이에 상응하는 재원확보 방안을 함께 마련
- 제도적·항구적 세출절감 등 강도 높은 재정개혁 추진
- 복지지출, 보조금 등 재정누수 방지 노력 강화

2 공공기관 및 지방공기업 부채 감축 목표 설정.관리

ㅇ 중장기재무관리계획 작성대상 공공기관의 부채비율을 ‘17년까지 200% 이내('13년: 232%)로 관리
- 부채감축 추진상황을 점검하고, 이행실적을 경영평가에 반영
- '15년부터 공사채 총량제를 본격 도입하여 불필요한 사업에 대한 기채를 엄격히 관리

ㅇ 부채중점관리 지방공기업(26개)의 부채감축계획에 따라, '17년까지 11.8조원의 부채 감축 예정
* 26개 기관 부채 및 부채비율: '13년 51.4조원(158%) → '17년 39.5조원(107%)
- 자치단체는 지방공기업 부채까지 포함한 통합부채를 관리하여 자치단체 책임하에 지방공기업 부채감축을 추진
- 행자부는 부채감축계획의 이행여부를 주기적으로 점검하고, 이행실적을 경영평가 및 지방공사채 사전승인시 반영

2) 공공부문 부채 통합관리체계 마련

1 공공부문 부채 통합관리계획 수립

ㅇ 국가채무관리계획 및 공공기관 중장기 재무관리계획 등을 토대로 공공부문 부채 통합관리계획을 수립하는 방안 검토
- 국가채무 및 공공기관 부채 전망 등을 바탕으로 공공부문 부채의 중기 규모를 전망할 수 있는 방안 연구
* 공공부문 부채 통합관리계획 수립방안 연구용역 실시('15년 상반기)

ㅇ 지방 공공부문의 경우, 개별적인 부채관리체계를 통합부채(지자체+지방공기업+출자·출연기관) 중심으로 전환('14.11.)
- 통합부채 및 우발부채 관리를 위한 재정건전성관리계획 수립 및 부채관리관 지정

2 공공부문 부채 모니터링 체계 마련

ㅇ 공공부문 부채 통계의 적시성을 제고하여 공공부문 부채를 연중 모니터링
- 자금순환통계 등을 활용하여 공공부문 부채의 분기별 통계를 한은과 공동으로 산출하는 방안 마련
* 현재는 공공부문 부채를 결산 결과를 바탕으로 연 1회 산출하여, 다음연도 말에 발표

3 공공부문 재정건전성 관리보고서 내실화

ㅇ 매년 공공부문 부채 등 공공부문의 각종 재정위험을 분석하는 공공부문 재정건전성 관리보고서 작성

ㅇ 향후 공공부문 부채의 전망 대비 실적, 부채의 지속가능성 분석 등을 추가하여 재정위험에 대한 분석 강화

3) 중장기 재정위험에 대한 선제적 대응

1 공무원 연금 등 3대 직역연금 제도 개선 추진

ㅇ 연금재정의 안정성 제고를 통한 기금의 지속가능성 확보를 위해 공무원·군인·사학연금 제도개선 추진

2 장기재정전망 실시

ㅇ 고령화 등 인구구조 변화가 재정에 미치는 영향을 파악하기 위해 '60년까지 장기재정전망 실시

3 부채의 지속가능성 분석(DSA) 방법론 연구

ㅇ 경제성장률, 이자율 등 거시경제 변수와 재정수지 등 재정관련변수 전망을 기초로 부채의 지속가능성을 시나리오별로 분석

4) 재정정보공개 강화

1 재정정보 공개시스템(열린재정) 운영

ㅇ 중앙재정(예산편성, 집행, 결산, 보조금 등)뿐만 아니라 지방정부, 공공기관의 재정정보까지 한곳에 모아서 공개하는 시스템 운영

2 정보공개 확대 및 내실화

ㅇ 지자체별 부채(공기업 포함), 행사·청사 원가, 대규모 투자사업 등 지자체 운영에 대한 관심정보를 제공(재정고)

ㅇ 공공기관 경영공시시스템(알리오)에 대한 점검을 강화하고, 불성실 공시기관에 대한 제재 강화

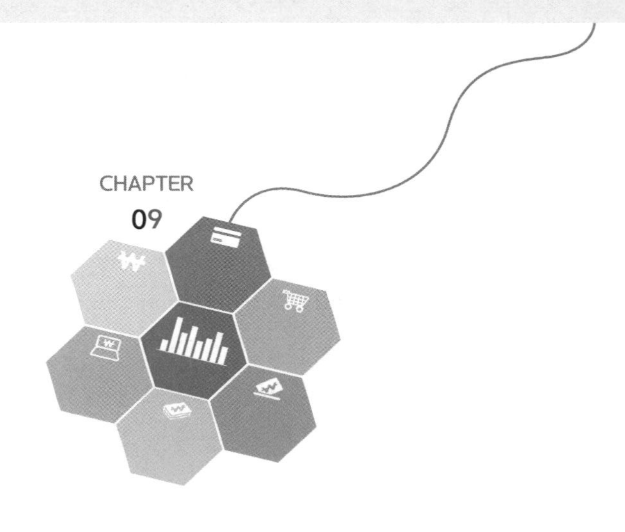

구분회계(segment accounting)도입, 과제는 무엇인가?

최근 들어 구분회계도입의 필요성이 증가되고 있다. 왜냐하면 이미 설명한 바와 같이 우리나라는 외국과 달리 공공기관에서 정부정책사업을 대행하여 수행하고 있기 때문이다. 그 결과, 정부대행사업에 따른 공공기관 부채의 책임소재가 불분명하다. 예컨대, 보금자리사업, 4대강 사업 등 국책사업의 추진으로 한국토지주택공사와 한국수자원공사의 부채가 크게 증가하였는데, 이는 근본적으로 국가 정책사업을 추진하기 위해 사업에 필요한 일부재원을 공공기관에 부담시켰기 때문이다. 한마디로 공공기관 스스로의 의사결정에 따른 투자가 부채증가의 원인이 되기도 하지만, 상당부분은 정부 정책사업 대행으로 인해 부채가 증가하고 있다는 점이다.

공공기관 부채의 책임성 소재를 명확히 할 필요가 있는데, 그 출발이 바로 구분회계이다. 즉, 공공기관의 부채증가가 공공기관 스스로의 의사결정에 의한 부분인지? 아니면 정부 정책사업대행에 의한 부분인지? 이를 명확하게 구분해야 한다. 양자 간 구분이 명확하다면 부채 증가의 근본적인 원인파악은 물론 책임성을 규명할 수 있어 향후 공공기관의 부채관리에 큰 도움이 될 것이다.

구분회계제도는 부채발생의 근본 원천이 어디에서 비롯되었는가를 정확하게 판단할 수 있어야 한다. 단순히 표현하면 정부 정책사업 추진에 따른 부채와 공공기관 자체사업 추진에 따른 부채 구분이 가능해야 한다. 그래야만 부채의 최종 상환책임 구분이 쉽고, 공공기관의 구조조정이나 경영효율화 등 책임을 물을 수 있을 것이다. 현재로서는 공공기관의 부채증가가 다분히 정부정책사업에 따른 부채가 많은 부분을 차지하고 있는 만큼 책임을 묻기란 다소 제한된다.

제도 도입초기에 한국토지주택공사가 손실보전 대상 사업 등에 대해 구분회계를 도입하여 운영하였다. 현재 구분회계가 도입된 한국전력공사, 한국가스공사, 한국토지주택공사(LH), 한국철도공사(KORAIL), 한국수자원공사, 예금보험공사, 중소기업진흥공단 등 7개 공공기관이 시범운영되고 있다. 이에 추가하여 2014년에는 한국도로공사, 한국철도시설공단, 한국석유공사, 한국광물자원공사, 대한석탄공사, 한국장학재단 등 6개 기관도 추가 확대 시행키로 했다. 다만, 전체 공공기관으로 확대할 필요성이 제기되고 있는 가운데, 제도의 도입이 지연되고 있다.

구분회계는 부채의 책임성과 관련이 큰 만큼 현재 공공기관들이 작성하고 있는 '중장기재무관리계획'이 단순 모니터링 수준에 그쳐서는 안 되고 구분회계 제도의 확산·정착은 불가피하다. 그것이 바로 재무건전성 관리의 기초임과 동시에 공공기관 부채가 국민부담으로 이어지지 않게 된다. 현재 정부에서는 공공기관 부채를 일률적으로 줄이도록 하는 정책을 구사하고 있는데 이에 대한 명확한 분석이 필요할 것이다.

구분회계는 "공공기관의 사업·조직 등 단위별 경영성과와 재무상태를 명확하기 파악하기 위해 단위별 손익·자산·부채 등 재무정보를 산출하는 제도"이다. 이미 설명한 바와 같이 공공기관의 구분회계 도입이 지지부진한 이유는 정부가 구분회계제도의 본질인 부채발생의 원인을 명확하게 하지 못하기 때문이고, 제도의 도입만을 강조하고 있기 때문이기도 하다. 따라서 초기 제도도입 취지와는 다소 거리가 있다. 다시 말해 책임성·투명성 소재가 불분명하다.

1. '투명성 강화' 공공기관 구분회계 도입 지지부진

또한 현행법 체계에 의하면 구분회계는 「공기업·준정부기간 회계사무규칙」에 규정되어 있기 때문에 한계가 있을 수밖에 없다. 구분회계는 다음과 같은 법에 규정되어 있다(공기업·준정부기관 회계사무규칙[시행 2011.1.1.]).

기재부 지정 시범기관 13곳 공시방법 등 합의 안 돼

"연말까지 세부계획 마련"

공공기관의 구분회계 제도 도입이 지지부진한 것으로 파악됐다. 구분회계는 공공기관의 사업·조직 등 단위별 경영성과와 재무 상태를 명확하게 파악하기 위해 단위별 손익·자산·부채 등 재무정보를 산출하는 제도다.

14일 기획재정부와 주요 공공기관에 따르면 올해 구분회계 제도 도입을 추진한 13개 시범기관 도입 절차가 마무리되지 않고 미뤄지고 있는 것으로 파악됐다.

지난해 말 기획재정부는 한국전력공사, 한국가스공사, 한국토지주택공사(LH), 한국철도공사(KORAIL), 한국수자원공사, 예금보험공사, 중소기업진흥공단 등 7개 기관을 시범기관으로 선정했다. 이들 공공기관에 대해 지난해 말까지 구분회계 도입 방안을 마련케 했고 내부 회계시스템 수정을 거쳐 올 상반기 중 구분회계정보를 산출하도록 했다. 또 올해 중 한국도로공사와 한국철도시설공단, 한국석유공사, 한국광물자원공사, 대한석탄공사, 한국장학재단 등 6개 기관도 추가 확대 시행키로 했다.

■속도, 지지부진

지난해 말 도입이 지정된 7개 공공기관들은 구분회계 도입방안은 마련했지만 적용은 되지 않고 있다.

한 시범기관 관계자는 "구분회계 공시 방법이나 공시 위치 등에 대해서 기재부와의 논의가 마무리되지 않은 상황"이라며 "기재부와 7개 시범기관이 합의를 이뤄야 하는 상황이라 어떻게 결론이 날지 모르겠다. 공시 위치는 '알리오'나 각 기관 홈페이지로 의견이 수렴되고 있는 중이지만 공시 방법 등에 대해서는 여전히 논의 중"이라고 언급했다.

기존 시범기관의 도입이 미뤄지면서 추가로 지정된 시범기관의 도입도 지연되고 있다. 기재부 관계자는 "올해 도입이 예정된 6개 추가 시범기관의 언제 도입이 마무리될 것이라고 시점을 언급하기는 어렵다"며 "해당 공공기관의 의견을 수렴하는 것도 필요하고 기준 마련 등에도 시간이 걸리고 있다"고 설명했다.

추가 시범기관의 한 관계자는 "지난달에 관련 용역을 발주해서 이제 시작하는 단계"라며 "올 상반기 7개 시범업체들이 공시하게 되면 문제점을 보완해서 할 생각이었는데 여전히 마무리되지 않아서 늦어지고 있다. 올 연말까지 세부계획을 마련하겠다"고 덧붙였다.

■후속대책에 대한 요구도 나와

구분회계 도입이 지지부진한 이유는 기본적으로는 시스템과 기준 마련 등 기술적인 부분에서 시간이 오래 걸려서다.

하지만 정부가 후속 대책을 분명하게 하지 않고 있다는 점이 문제라는 목소리가 나오고 있다.

가령 구분회계로 공공기관의 부채가 내부 부실이 아닌 정부 사업을 대행하는 과정에서 발생했다면 이를 어떻게 처리할지에 대한 대책을 분명하게 하지 않는 상황에서 정부가 공공기관을 상대로 도입만을 강조하고 있다는 것이다.

한 공공기관 관계자는 "공공기관의 부채발생 원인을 명확하게 하자는 구분회계 도입 취지는 이해하지만 자금 [illegible] 결과물만 재촉해서는 어려움이 있다"며 "공공기관 가운데 가장 먼저 구분회계를 도입한 LH의 경우 구분회계를 도입하면서 외부 문제로 발생하는 부채에 대해서는 어떻게 보전할지에 대한 방안 및 대책까지 명시했지만 도입을 추진 중인 다른 기관에 대해서는 아무런 방안이나 대책이 없다"고 지적했다.

상황이 이렇게 되자, 기재부는 13개 기관 도입 이후 추가적인 도입에 대해 심사숙고 중인 것으로 보인다.

기재부 관계자는 "현재 시범기관의 도입과 시행 상황을 점검해야 한다"며 "앞으로 13개 이외에 추가적인 시범기관을 확대하는 것에 대해서는 정해진 바 없으며 추가 논의가 더 필요한 사항으로 본다"고 말했다.

coddy@fnnews.com 예병정 기자

자료: 파이낸셜, 2014.8.15자 참고

제12조(구분회계)

① 기관장은 각 공기업·준정부기관의 설립에 관한 법률, 그 밖의 법령에서 회계단위를 구분하도록 정한 경우에는 재원의 원천 또는 목적사업별 등으로 구분하여 회계처리하고, 구분회계 사이의 내부거래 및 미실현손익을 제거한 후 이를 통합한 결산서를 작성하여야 한다. 이 경우 구분된 회계단위별 경영성과 및 재무현황을 주석으로 기재한다.

② 공기업·준정부기관이 관리 · 운용하는 기금에 대하여 공기업 · 준정부기관은 관계법령에서 정하는 바에 따라 따로 결산서를 작성하여야 한다. 이 경우 기금의 결산서는 제1항에 따른 통합 결산서 작성 대상에서 제외한다.

③ 기관장은 … (중략) … 회계처리한다.

따라서 법률형태로 규정되어야 할 필요성이 제기된다.

2. 구분회계 단위(사업구분)

먼저 현재 구분회계제도를 시범 도입하여 운영 중인 7개 공공기관들이 분류하는 사업구분을 살펴보면 다음과 같다.

한국전력공사

단 위	사업 주요내용
송전사업	발전소에서 생산된 전기를 변전소까지 전력설비를 이용하여 경제적으로 수송
배전사업	변전소에서 주택·건물·공장 등 최종 소비자까지 전기 공급
판매사업	전력구입 및 전기사용접수, 검침, 요금청구, 수금과 마케팅 활동
해외사업	해외에서의 발전(화력, 원자력, 신재생) 및 송배전 사업과 자원개발사업
기타사업	보유중인 유휴부동산 활용

한국가스공사

단 위		사업 주요내용
가스 도매	도입	LNG(천연가스) 도입관리(계약, 운송, 통관) 기능, 원재료 재고, 원료비 미수금 등 부대원가 관리기능
	생산	LNG(천연가스)를 하역, 저장하고, 기화(LNG →NG)하여 배관으로 송출기능
	공급	생산기지로부터 송출되는 NG를 주배관 및 공급관리소를 통해 수요자에게 수송 기능
	판매	수요자에게 공급된 천연가스(NG)를 계량, 요금수납 등 판매관리 기능
자원 개발	도입 (요금)	천연가스 도입을 목적으로 추진한 자원개발 사업 (사업비·수익을 가스요금에 반영하는 규제사업)
	일반	수익 창출 등을 목적으로 추진한 자원개발사업
기타(본사)		특정 사업으로 분류되지 않는 기타사업 (국가보조 연구개발사업, 국내자회사 관리)

한국토지주택공사(LH)

단위	사업 주요내용
공공주택	공공주택지구 조성, 공공주택 건설, 공공주택 매입사업
산업단지	산업시설용지의 조성 및 건축사업 등
주택임대	임대주택의 임대운영
행복도시	행정중심복합도시의 건설
혁신도시	혁신도시의 조성
토지은행	공공토지의 비축 및 공급
신 도 시	택지개발사업 중 사업면적 330만㎡ 이상
택지개발	일단의 토지를 활용한 택지조성사업
경제자유	경제자유구역 개발사업
도시개발	도시개발구역의 단지 또는 시가지조성사업
기타	주택재개발·재건축, 기업 토지, 비축 토지, 미군기지 건설 등

이미 설명한 바와 같이 한국토지주택공사(LH)는 공사법 개정('10.12.29) 및 시행령('11.04.06) 신설, 공공토지의 비축에 관한 법률 제9조의 규정에 의하여 정부손실보전 대상사업과 토지은행사업에 대한 구분회계를 법제화하였다. 여기서 정부손실보전 대상사업은 공공주택, 산업단지개발, 주택임대, 행복도시, 혁신도시 개발사업을 포함하고 있다. 그 첫째 법적 근거는 「LH 공사법」 제11조 2항이며, 다음과 같다.

② 공사는 매 사업연도의 결산결과 손실이 생긴 때에는 제1항제3호에 따른 사업확장적립금으로 보전하고, 그 적립금으로도 부족할 때에는 같은 항 제2호에 따른 이익준비금으로 보전하되, 그 미달액은 정부가 보전한다. 다만, 손실보전은 「공공주택건설 등에 관한 특별법」에 따른 공공주택사업, 「산업입지 및 개발에 관한 법률」에 따른 산업단지개발사업 등 대통령령으로 정하는 공익사업에서 발생한 손실에 한한다.

그 둘째 법적 근거는 「공사법 시행령」 제28조의 2이고, 다음과 같이 규정하고 있다.

① 법 제11조제2항 단서에서 "대통령령으로 정하는 공익사업"이란 다음 각 호의 사업을 말한다.

1. 「공공주택건설 등에 관한 특별법」에 따른 공공주택사업
2. 「산업입지 및 개발에 관한 법률」 또는 「산업단지 인·허가 절차 간소화를 위한 특례법」에 따른 산업단지개발사업
3. 「임대주택법」에 따른 주택임대사업
4. 「신행정수도 후속대책을 위한 연기·공주지역 행정중심복합도시건설을 위한 특별법」에 따른 행정중심복합도시건설사업
5. 「공공기관 지방이전에 따른 혁신도시 건설 및 지원에 관한 특별법」에 따른 혁신도시개발사업

② 제1항 각 호의 사업은 각각 구분하여 회계처리를 하여야 한다.

그 셋째 법적 근거는 「공공토지의 비축에 관한 법률」 제9조인데, 다음과 같다.

① 공공토지의 비축 및 공급을 위하여 한국토지주택공사 고유계정과 구분되는 계정으로서 한국토지주택공사에 토지은행계정을 둔다.

② 제1항에 따른 토지은행계정은 한국토지주택공사의 회계와 구분 계리한다.

한국철도공사(KORAIL)

단 위		사업 주요내용
운송사업	고속여객	KTX, KTX-산천
	일반여객	새마을, 무궁화, 통근, 누리로, 관광열차 등
	광역	수도권 전동차, ITX-청춘
	화물	화물 수송, 물류영업, 물류설비·시설 조성
다원사업	다원(多元)(기타)	역세권 및 공사의 자산을 활용한 개발·운영사업, 해외철도 운영사업 수주 등
	다원(용산개발)	용산 철도부지 개발사업 ('13년 4월 사업해제)
수탁사업	수탁	철도시설 유지·보수 등 국가·지방자치단체 또는 공공법인 등으로부터 위탁받은 사업
본사공통	본사(기타)	· 전사 지원부서: 정보, 연구, 회계센터 · 본사 지원부서: 감사, 인사, 재무, 기획 등 · 지역본부 지원부서(경영, 안전), 특별동차운영단 등
공항철도	인천공항철도	인천공항철도 지분 인수
종속기업	계열사(8개사)	코레일공항철도㈜, 코레일유통㈜, 코레일네트웍스㈜, 코레일로지스㈜, 코레일관광개발㈜, 코레일테크㈜, 수서고속철도㈜, ㈜케이아이비보험중개

한국수자원공사

단 위		사업 주요내용
수 도	광역(요금)	광역상수도 시설의 건설 및 운영(수돗물 공급)
	지방수도	지방상·하수도 시설의 건설 및 운영관리 수탁
수자원	댐(요금)	다목적댐 및 용수댐 운영(댐용수 공급)
	댐관리	다목적댐 발전 운영, 홍수조절 정부대행 위탁 관리 등
	댐개발	댐건설, 치수능력 증대사업 등 정부 대행
단지		산업단지(구미, 여수) 및 특수지역(시화지구) 개발
기타		관로이설, 마을상수도, 해수담수, 교육수탁, 신재생, 골재, 해외, 민투사업, 친수사업, 자회사 등 부대사업 전반
국 책	4대강	4대강 살리기 사업 수행, 정부 위탁사업 관리(국책)
	아라뱃길	경인아라뱃길 운영·관리, 물류단지 개발(국책)

예금보험공사

단 위	
은행계정	▸ 예금자보호법에 따라 부보금융기관으로부터 예금보험료 등 수납 후 금융 권역별 예금자보호 업무 수행
투자매매·중개계정	
생명보험계정	
손해보험계정	
종금계정	
저축은행계정	
저축은행특별계정	▸ 상호저축은행 계정의 건전화를 지원하기 위한 계정으로 '11년 이후 발생한 저축은행 부실을 처리('26년까지 존속)
공사회계	▸ 예금보험공사의 운영에 필요한 자금(인건비, 경비 등)을 관리하는 회계

중소기업진흥공단

사업구분 단위	사업 주요내용
창업기업지원자금	우수한 기술력과 사업성은 있으나 자금력이 부족한 중소·벤처 창업기업에 자금 대여
신성장기반자금 등	사업성과 기술성이 우수한 성장유망 중소기업에 자금 대여
출자 등	모태펀드, 투자조합, 중소기업 등에 출자하여 중소기업 지원
소상공인자금	소상공인의 경영안정을 위한 자금 대여
중진기금경상사업	연수, 마케팅, 컨설팅 등을 통한 중소기업 지원
소상공인경상사업	마케팅, 컨설팅 등을 통한 소상공인 지원
수탁사업	중앙정부 및 지방정부의 사업을 수탁받아 연수, 마케팅 등의 사업 수행
신용보증기관출연사업	신용보증기금, 기술보증기금 등에 출연하기 위해 IBRD 등에서 차입한 자금을 상환하는 사업

종합

정부는 공공기관 부채의 체계적 관리를 위해 구분회계를 도입하였다. 우선 7개 기관을 시범사업으로 지정하여 운영하고 있다. 주된 목적은 공공기관의 부채를 발생 원인별로 분석하여 공공기관 특성에 맞는 맞춤형 관리를 지원하고 책임성과 투명성을 강화하기 위함이다.

특히, 7개 기관에 우선적으로 도입한 이유는 부채 증가 규모가 크고, 공공요금 통제·국내투자·정책사업 등 부채 증가 요인이 복합적이기 때문이다. 구분회계 시범사업 대상기관은 한국가스공사, 한국수자원공사, 한국전력공사, 한국철도공사, 한국토지주택공사, 중소기업진흥공단, 예금보험공사 등 7개 기관이며, <표 9-1>과 같은 사업구분에 따라 회계단위를 구분하고 있다.

표 9-1 **구분회계 시범사업 대상 기관의 사업구분 현황**

한국전력 공사	한국가스 공사	한국 LH 공사	한국철도 공사	한국수자원 공사	예금보험 공사	중소기업진 흥공단
국내전력	가스도매	· 공공주택	운송	수자원	예보기금	중진기금
-송전	-도입	· 산업단지개발	-광역	-댐-요금	·은행	중소기업
-배전	-생산	· 주택임대	-여객	-댐-관리	·투자매매중개	-융자
-판매	-공급	· 행복도시	(고속)	-개발	·생명보험	(창업)
	- 판매	· 혁신도시	(일반)		·손해보험	(신성장등)
기타		· 토지은행	··PSO보상	수도	·종금사	-경상
-해외	자원개발	· 신도시	-화물	-광역-요금	·저축은행	소상공인
-기타	-도입(요금)	· 택지	다원	-지방	·저축은행	-융자
	-일반	· 경자구역	-용산개발		구조조정	-경상
		· 도시개발	-기타	4대강	특별계정	
	기타(본사)	· 기타			·공사회계	수탁사업
			수탁	아라뱃길		
					상환기금	신보출연
			인천공항철도	단지	은행	
			기타		……	
				기타	저축은행	

3. 시범사업 대상기관의 구분회계적용의 합리성 검토

첫째, 사업구분은 이해하기 쉽게 단계별로 잘 구분되어 있는지 여부이다. 우선 기관별로 사업구분체계의 Level 개수가 다르다. 사업구분체계의 Level 개수가 1개인 곳이 대부분이다(예금보험공사, 한국수자원공사, 한국전력공사, 한국철도공사, LH, 중소기업진흥공단). 다만 Level 개수가 2개인 곳은 한국가스공사인데, Level 1에 가스도매와 자원개발이, Level 2에 도입, 생산, 공급, 판매, 도입(요금), 일반으로 구성되어 있다. 한국가스공사의 경우 타 공공기관과 동일하게 사업구분체계를 Level 1에서 대분류할 필요가 있을 것이다.

그 외 기타로 표시된 사업구분체계 또한 기관마다 상이하다. 예를 들어 주요사업 이외의 사업을 나타내는 기관도 있고(한국수자원공사, 한전, LH), 기타가 본사 공통비를 의미하는 기관도 있고(철도공사), 주요사업 이외의 사업 및 본사 공통비를 의미하는 기관도 있으며(한국가스공사), 기타가 없는 기관도 있다(예금보험공사, 중소기업진흥공단).

둘째, 구분회계에서 중요하게 다루어야 할 내부거래항목이 기관마다 상이하게 처리되고 있다. 다만 내부거래항목을 표시하는 공공기관은 예금보험공사와 한전이고 그 외 공공기관은 표시하지 않고 있다. 내부거래가 존재하는 경우에도 어떠한 항목이 내부거래인지 구분하기 힘든 경우가 있고, 별도항목으로 구분하지 않는 경우가 있다. 따라서 내부거래가 존재하는 경우에는 어떤 사업간 내부거래인지 정확한 거래의 성격을 설명할 필요가 있을 것이다.

셋째, 각 기관의 재무제표는 일관된 형식(연결/별도)을 따르고 있는지 여부이다. 재무정보의 산출기준이 연결 또는 별도기준으로 혼재되어 있다. 연결기준을 적용하는 공공기관은 LH와 예금보험공사이다. 그 외 공공기관은 별도기준을 사용하고 있다. 따라서 재무정보의 산출기준을 통일할 필요가 있을 것이다. 다만 실행기관의 특수성을 감안하여 달리적용한다고 할지라도 그 적용에 있어 명확한 사유를 포함해야 할 것이다.

넷째, 기관별 구분회계 산출기준이 통일적으로 적용되고 합리적인지 여부이다. 기본적인 배부원칙을 기술하고 있는 공공기관은 예금보험공사, 수자원공사, 한전, LH이고, 자산, 부채, 자본 등 계정항목별 원칙을 기술하는 공공기관은 한국가스공사, 철도공사, 중소기업진흥공단이다.

다섯째, 부채발생 원인 분석에 대한 설득력이 있는지 여부이다. 부채 변동원인을 기술하고 있지만 부채 이외의 재무비율 변동은 설명하지 않고 있다(수자원공사, 철도공사). 따라서 재무정보 변동원인에 대한 충분한 설명이 되어야 할 것이다.

여섯째, 구분회계상 금융부채와 알리오 금융부채의 차이가 있는 공공기관이 존재한다. 따라서 금융부채에 관한 명확한 정의가 필요하고 기관 간 비교가능한 정보를 산출할 필요가 있을 것이다.

여섯째, 기타내용을 주요 재무정보와 요약 재무제표의 숫자가 상이한 경우도 있고, LH의 경우 주요 재무정보(연결)와 요약 재무제표(별도)의 작성기준이 서로 상이하다.

종합하면 부채의 향후 관리방향에 대해서 기관의 총괄적인 방향성은 언급하고 있으나 구분회계 사업단위별 세부 관리방향은 제시되지 않고 있다. 구분회계제도의 도입 취지에 맞게 사업단위별 부채관리의 취약점 등을 체계적으로 분석하여 효과성을 제고할 필요가 있을 것이다.

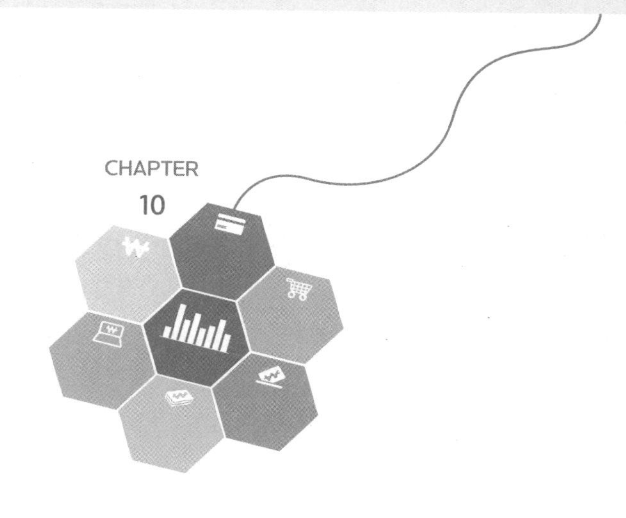

중앙과 지방정부에 재정준칙이 도입되어야 하는 이유?

국가가 존재하는 한 효율적인 재정운영은 필수불가결한 요소임이 틀림없다. 미국의 캘리포니아 등 일부 주정부의 재정위기와 파산신청, 일본 유바리시의 재정위기 및 파산, 피그스(PIIGS)(포르투갈, 이탈리아, 아일랜드, 그리스, 스페인) 등 일부 유럽국가와 그 지방정부의 재정위기 소식을 자주 접하게 된다.

각 국가와 그 지방정부는 재정적자와 채무확대로 인한 재정위기 상황을 극복하기 위해 재정준칙을 도입하고 있다. 초기 재정위기 상황에 직면한 주 또는 지방정부는 그나마 다행으로 상위정부로부터 재정적 도움을 받아 재정위기 상황을 비교적 수월하게 극복할 수 있었다. 하지만 초기 상황과는 달리 이제는 상위정부로부터의 도움을 기대하기란 힘들게 되었다. 왜냐하면, 상위정부 역시 재정적자와 채무확대 상황에 처해 있기 때문이기도 하고, 다수의 지방정부가 재정위기 상황에 직면하거나 직면할 개연성이 있기 때문이기도 하다.

유럽의 일부 국가, 일본의 유바리시, 미국의 캘리포니아 주 정부는 재정위기상태에서 벗어나지 못하고 여전히 뼈아픈 자구노력 중에 있다. 우리 정부도 이제 예외는 아닌 듯하다. 성남시의 지불유예선언을 시작으로 재정건전성에 관한 논의가 확산되고 있고, 최근 태백시가 파산위기에 놓여져 있다.

안전행정부는 지방재정법 개정을 통해 재정위기단체지정(제55조 2항)과 재정위기 단체의 의무(제55조 3항)를 신설하여 재정규율을 강화하고 있다. 우선 지방재정법 시행령(제65조의 2)에 '통합재정수지 적자비율 30% 초과하는 경우', '예산대비채무비율 40% 초과하는 경우', '채무상환비 비율 17% 초과하는 경우', '지방세 누적징수액이 음(−)의 값인 경우', '해당연도 분기별 금고잔액이 최근 3년 해당 분기별 평균 금고 총 잔액의 10% 미만인 경우', '지방공기업의 부채가 순자산의 6배를 초과하는 경우' 중 어느 하나에 해당하면 재정위기단체로 지정할 수 있도록 규정하고 있다.

한마디로 지방정부가 재정준칙의 성격을 지닌 재정수지와 채무관리 등 목표 수치를 규제하고 있다고 봐도 무방하다. 다만 지나치게 느슨한 규율조치로 재정준칙이라기보다는 선언적 의미를 담고 있다고도 평가할 수 있다. 하지만 중앙정부차원에서는 재정준칙의 성격을 지닌 법체계를 규정하고 있지는 않고 있다.

주요 국가의 재정준칙 운영현황을 살펴보면 1990년도 기준 5개 국가에 불과하였으나, 2012년 기준 76개 국가가 재정준칙을 운영 중이다. 또한, 전통적 재정준칙에서 벗어나 다양한 재정환경 등을 고려하여 재정준칙을 운영하고 있다.

최근 우리나라는 재정준칙의 도입에 관한 다양한 논의가 지속되고는 있다. 다시 말해 초기단계로 재정준칙의 도입에 관한 긍정적 논의는 진행되고 있지만 구체화하지는 못하고 있다. 따라서 재정준칙의 도입에 관한 합리적 대안을 논의하는 것은 매우 의미 있는 과제이다. 특히 중앙정부와 지방정부를 구분하여 재정준칙 도입의 바람직한 방향을 논의할 필요가 있다.

따라서 각 국가의 재정준칙의 도입과 그 형태 및 추이를 분석하고, 이를 우리나라 상황에 맞게 내용을 발전시키고, 기존 연구에서 국가재정중심의 재정준칙 도입에 관한 논의에 머물러 있는 연구의 범위를 지방정부로 확대하여 논의할 것이다. 이를 위해 재정준칙도입 관련 이론 고찰과 순세계잉여금, 재정준칙과 순세계잉여금 간 관계를 논의한다. 또한 국가별 재정준칙의 유형·법정기준 및 예외조항을 제시하였다. 더불어 재정준칙의 도입 대안에 관해 논의하는데, 중앙정부와 지방정부를 구분하여 재정준칙을 어느 범주(예, 재정수지준칙, 채무준칙)까지 도입할 것인지, 어떠한 법정기준(예, 헌법, 법률 등)을 적용할 것인지에 관해 논의한다.

1. 재정준칙 일반

Kopits & Symansky(1998)에 의하면 재정준칙은 “재정적자, 차입, 부채 등 전반적인 재정상황에 대한 지표를 이용하여 재정정책(fiscal policy)에 대한 항구적(permanent) 제약을 정의하고, 구체적인 수치적 한도 또는 목표(numerical ceiling or target)로 표시되는 것”으로 정의하고 있다.

다양한 연구들에서 이러한 기초와 유사한 정의를 내리고 있지만, 재정준칙 중 특히 강조되는 부분은 시기에 따라 변화하고 있다. Kopits & Symansky의 연구에서는 법적 요소를 중시하지 않고 단순명료함을 통해 준칙의 준수 여부를 강조하였다면, 최근에는 재정준칙 집행의 강제성을 보장하기 위한 법적 위상을 중시하고 단순성이 중시되기보다는 점차 복잡화되는 경향이다.

재정준칙(fiscal rules)이 근본 목적으로 하는 재정정책 지속가능성의 실현, 재정운용의 투명성 제고, 정책의 신뢰성 제고 등은 기본적으로 국민의 합의에 의해 재정운용의 명확한 원칙을 세우고 세출확대에 대한 정치적 영향이 개입될 여지를 차단하는 데 있다(최광 · 이성규, 2010: 43).

1990년 기준 재정준칙을 운영하던 국가는 미국, 일본, 룩셈부르크, 인도네시아, 독일에 불과하였으나 2012년 기준 76개국으로 증가하였다(Schaechter et al., 2012: 10). 한 국가가 두 개 이상의 재정준칙을 운용한다는 사실을 감안하면 실제 사용되고 있는 재정준칙의 수는 훨씬 크다는 것을 알 수 있다(<그림 10−1>, <그림 10−2>, 그리고 <그림 10−3> 참고).

<그림 10−1>에 설명하고 있는 것 같이 국가당 운용되는 재정준칙의 수는 증가추세를 보인다. 이러한 경향은 EU차원에서 EU회원국들의 재정준칙의 증가가 반영된 것에 추가하여, EU회원국들을 포함한 초국가적 준칙(supranational rule)의 적용을 제외하고도 국가준칙(national rule)이 동일하게 증가추세에 있다.

근본적으로는 재정운영의 신뢰성을 확보하고 재정규율의 필요성이 반영된 것으로 평균적으로 운용 중인 재정준칙의 숫자는 저소득 국가는 줄어드는 반면 신흥국과 선진국들에서는 꾸준한 증가추세를 보인다(Schaechter et al. 2012: 10).

그림 10-1 국가별 복수 재정준칙의 도입(2012년 기준)

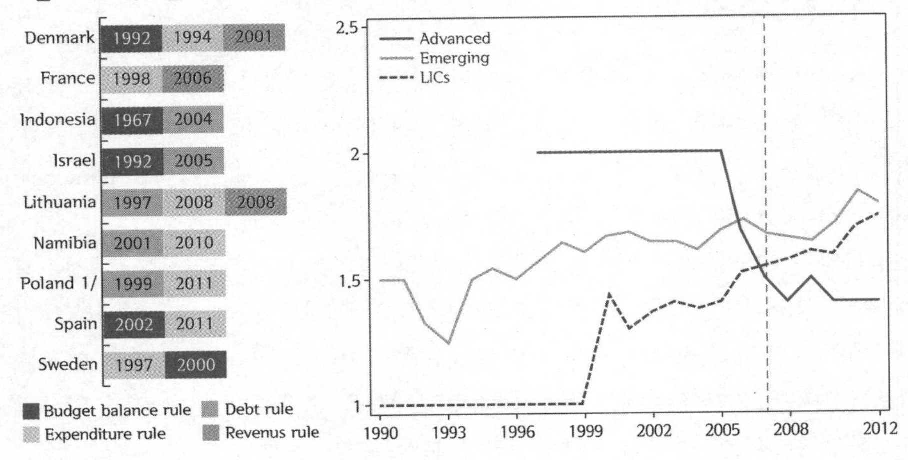

주: Advanced: 선진국, Emerging: 신흥국, LICs: 저소득국가
자료: Schaechter et al. (2012), p.14

최근 글로벌 재정위기 이후 전반적인 재정건전성과 지속가능성을 강조하는 분위기가 확산되면서 기존 재정준칙을 재정비하여 새로운 준칙을 도입하였기 때문에 재정준칙 운용국가 수가 전반적으로 증가하고 있다. 특히 <그림 10-1>에 설명하고 있는 바와 같이 2012년 기준 국가준칙을 운용하고 있는 국가의 수가 45개국으로 저소득국가의 참여가 두드러지고 있다(Schaechter et al. 2012: 11).

그림 10-2 국가 재정준칙 도입추이

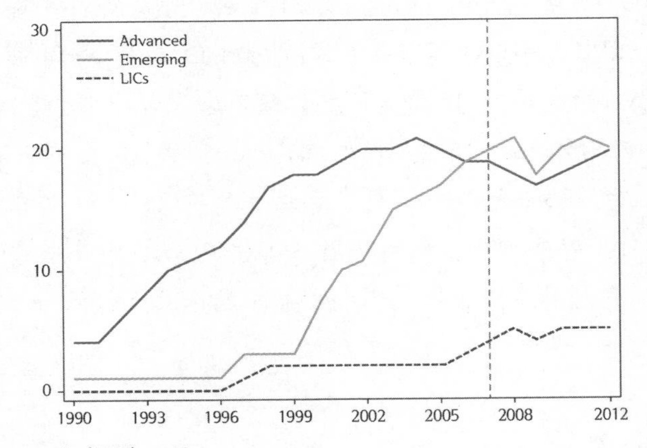

자료: Schaechter et al. (2012), p.11.

글로벌 경제위기 이후 신흥국과 저소득 국가들이 재정준칙의 도입하여 활용하고 있는데, 가장 많이 활용되고 있는 준칙은 재정수지균형준칙이고, 그 다음 채무준칙, 지출준칙이다. 또한, 경제수준별로 구분해보면 선진국은 재정수지균형준칙, 지출준칙, 채무준칙 순서이고, 신흥국은 채무준칙, 재정수지균형준칙, 지출준칙 순으로 활용되고 있다.

또한 재정준칙을 결합하여 운용되는 경향이 있는데, 가장 많이 활용되는 준칙의 조합은 재정수지준칙(BBR)과 채무준칙(DR)이다. 2012년 기준 60개국 이상이 재정수지준칙과 재정준칙을 운용하고 있고, 그 중 50개국 이상이 두 준칙을 결합하여 운용하고 있다(Schaechter et al. 2012: 16). 이러한 조합은 재정의 지속가능성과 밀접하게 연관되어 있다.

다만 선진국의 재정준칙 운용은 유연성을 강조하는 경향이 강하여 재정수지균형준칙을 활용하는 경향이 강하다. 또한 신흥국은 재정준칙의 적용범위를 일반정부 전체로 적용하는 경향이 강하다. 반면 선진국은 경기조정재정수지 또는 구조적 재정수지에 기초하여 재정준칙을 도입하여 운영 중에 있다. 다만 우리나라의 재정헌법은 헌법상 재정실체법은 전무하고 예산 심의확정 등 예산과정과 재정운영에 관한 기술적이고 형식적인 절차규정만을 두고 있어 국가의 수입과 지출에 관한 헌법규범이라고 할 수밖에 없다.

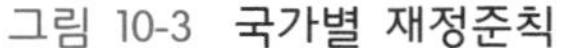
그림 10-3 **국가별 재정준칙**

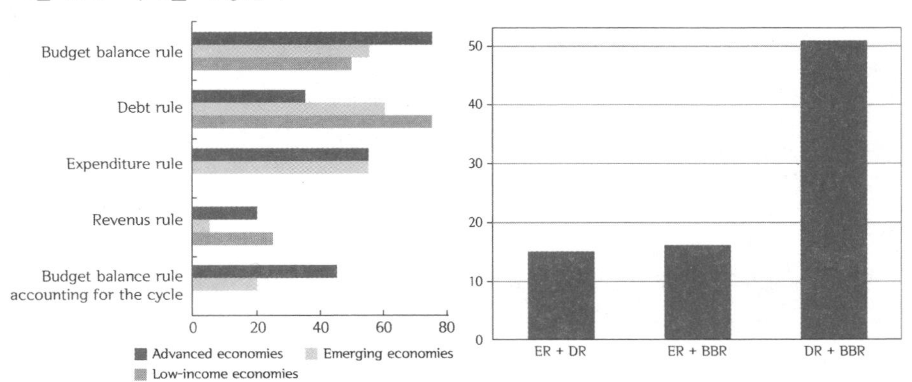

자료: Schaechter et al. (2012), p.16.

2. 순세계잉여금(net surplus)

순세계잉여금의 개념정의

순세계잉여금에 관해 논의하기 전에 세계잉여금에 관해 설명이 필요하다. 세계잉여금은 수납된 세액에서 지출된 세출액(결산상 잉여금)으로 한 회계 연도의 예산을 집행하고 남은 예산금액과 당초 추계한 예산에서 초과 징수된 세입을 합한 세입세출 결산상의 잉여금으로 정의할 수 있다. 한편 순세계잉여금은 세입결산액에서 세출결산액을 차감한 잔액으로 수납액이 지출액보다 초과된 금액으로 세계잉여금에서 명시이월금, 사고이월금, 계속비 이월금, 국고 및 시·도비 보조금 사용 잔액을 제외한 순수한 세계잉여금으로 정의된다.

중앙정부나 지방정부 할 것 없이 세계잉여금의 처리문제가 중요한 과제로 대두되고 있다. 세계잉여금이란 세출예산을 초과한 세입과 세출불용액을 합한 금액으로 지칭되는데 2000년 이후 세계잉여금의 규모가 적잖게 발생하고 있다. 다만 순세계잉여금을 비효율적으로 활용하고 있다는 점이 문제로 인식된다. 특히, 중앙정부에 비해 지방정부는 법적 규정과는 달리 여유재원으로 활용되고 있다. 세계잉여금은 중앙정부와 지방정부로 구분하여 설명할 필요가 있다. 재정건전성 측면에서 볼 때 중앙정부는 세계잉여금이 발생하면 우선적으로 부채를 상환하도록 하는 재정준칙을 규정할 필요는 있겠다. 2006년 '국가재정법'이 제정되기 이전에 세계잉여금이 발생하면 국채상환에 사용해야 한다는 구 '예산회계법'의 규정에도 대부분 추경재원으로 사용되었다. 현 재정정책의 여건상 그리 쉬운 문제는 아닌 듯하다. 그러나 장기적 관점에서 재정준칙의 도입을 고려할 필요가 있을 것이다.

또한, 중앙－편중적 재정구조를 지닌 우리나라 지방정부의 여건을 감안해 볼 때 자체재원의 확보가 매우 중요하게 인식되기 때문에 세계잉여금을 여유재원으로 활용하고 있다. 즉, 추경재원으로만 활용하고 있다는 점인데, 결산으로 발생한 순세계잉여금은 일반적으로 다음 회계 연도 추경예산의 중요한 세입재원으로 활용하고 있다.

순세계잉여금의 발생원인은 크게 두 가지로 설명이 가능하다. 우선 세입예산을 초과하여 수납된 지방세나 세외수입 등 세입액에서 발생하는 경우가 있고,

또 다른 하나는 세출예산에 계상이 되었으나 지출이 되지 않는 경우이다. 다시 말해 세출예산의 집행 잔액 중 불용액이 발생한 경우이다. 문제는 전자의 경우인데 이는 대부분 세수예측이 정확하지 않기 때문이고 세입 추계시 보수적인 관점에서 세입예산을 편성하고 있기 때문이다.

그 근본적인 이유는 경기 등의 외부환경 요인을 고려하기 때문이고, 추경재원의 편성을 통해 재정지출의 자의성을 조정하기 위함이기도 하다. 다만 두 가지 원인이 결합되었을 때 세계잉여금의 규모는 더욱 커지게 된다.

이렇듯 중앙정부를 포함하여 특히 지방정부가 재정지출의 자의성과 팽창성을 조정하는 것은 지출의 투명성을 저해하고 있어 신뢰성을 약화시킬 개연성이 크다. 또한, 본예산에 편성할 경우 국회(의회)의 심의과정에서 논쟁의 대상이 되지만 순세계잉여금을 추경재원에 포함할 경우 심의과정에서 다양한 질타를 회피할 수 있기 때문이다.

세계잉여금의 처리에 관한 현행 규정에 따르면 행정부의 광범위한 재량권이 부여되어 있다고 볼 수 있다. 어찌 보면 중앙정부에서 국회의 역할과 개입이 차단되고 있다고 할 수 있다. 즉, 국가재정법 90조에 규정하고 있는 세계잉여금의 처리 과정은 '국가결산보고서'에 반영한 후 국회의 심의를 거쳐 대통령이 승인으로 집행할 수 있기 때문이다. 그렇다고 심의대상에서 완전히 배제되는 것은 아니다. 세계잉여금처리과정을 거친 후 재원이 남은 경우에 차기로 이월하여 다음연도의 예산안에 반영되는 경우에만 국회의 심의대상이 되고 있다.

일부의 시각은 현 국회의 정치적 역학 논리에 비추어 볼 때 국회의 개입은 오히려 부작용을 야기할 수 있다는 우려 섞인 주장이 있기는 하지만 그렇다고 해서 국회의 역할을 배제해서는 안 될 것이다.

한편, 지방정부가 순세계잉여금을 추가경정예산으로 편성할 경우 형식상 법적 요건을 갖추고 있음에도 요건과 절차를 간소하게 처리하는 경향이 있다. 즉, 지방의회의 심사과정은 본예산의 편성과는 달리 간소하게 처리되는 것이 관행이어서 예산의 의결과 공개원칙이 지켜지지 않고 있다.

순세계잉여금의 처리(활용)절차

중앙정부와 지방정부는 세계잉여금 처리절차를 다르게 규정하고 있기 때문에 이에 관해 논의할 필요가 있다. <표 10-1>은 국가재정법에서 규정하고 있는 세계잉여금처리절차에 관한 설명이고,[1] <표 10-2>는 지방재정법에 규정하고 있는 세계잉여금의 처리절차에 관한 설명이다.[2]

중앙정부의 세계잉여금 처리 관행은 지방정부에 비해 상대적으로 합리적인

---

1) 「국가재정법 제90조(세계잉여금 등의 처리)」 "① 일반회계 예산의 세입 부족을 보전(補塡)하기 위한 목적으로 해당 연도에 이미 발행한 국채의 금액 범위에서는 해당 연도에 예상되는 초과 조세수입을 이용하여 국채를 우선 상환할 수 있다. 이 경우 세입·세출 외로 처리할 수 있다. <신설 2008.12.31.>

② 매 회계연도 세입세출의 결산상 잉여금 중 다른 법률에 따른 것과 제48조의 규정에 따른 이월액을 공제한 금액(이하 "세계잉여금"이라 한다)은 「지방교부세법」 제5조제2항의 규정에 따른 교부세의 정산 및 「지방교육재정교부금법」 제9조제3항의 규정에 따른 교부금의 정산에 사용할 수 있다. <개정 2008.12.31.>

③ 제2항의 규정에 따라 사용한 금액을 제외한 세계잉여금은 100분의 30 이상을 「공적자금상환기금법」에 따른 공적자금상환기금에 우선적으로 출연하여야 한다. <개정 2008.12.31.>

④ 제2항 및 제3항의 규정에 따라 사용하거나 출연한 금액을 제외한 세계잉여금은 100분의 30 이상을 다음 각 호의 채무를 상환하는 데 사용하여야 한다. <개정 2006.12.30., 2008.12.31.>

1. 국채 또는 차입금의 원리금
2. 「국가배상법」에 따라 확정된 국가배상금
3. 「공공자금관리기금법」에 따른 공공자금관리기금의 융자계정의 차입금(예수금을 포함한다)의 원리금. 다만, 2006년 12월 31일 이전의 차입금(예수금을 포함한다)에 한한다.
4. 그 밖에 다른 법률에 따라 정부가 부담하는 채무

⑤ 제2항부터 제4항까지의 규정에 따라 사용하거나 출연한 금액을 제외한 세계잉여금은 추가경정예산안의 편성에 사용할 수 있다. <개정 2008.12.31.>

⑥ 제2항부터 제4항까지의 규정에 따른 세계잉여금의 사용 또는 출연은 그 세계잉여금이 발생한 다음 연도까지 그 회계의 세출예산에 관계없이 이를 하되, 국무회의의 심의를 거쳐 대통령의 승인을 얻어야 한다. <개정 2008.12.31.>

⑦ 제2항부터 제5항까지의 규정에 따른 세계잉여금의 사용 또는 출연은 다른 법률의 규정에 불구하고 「국가회계법」 제13조제3항에 따라 국가결산보고서에 대한 대통령의 승인을 얻은 때부터 이를 할 수 있다. <개정 2008.12.31.>

⑧ 세계잉여금 중 제2항부터 제5항까지의 규정에 따라 사용하거나 출연한 금액을 공제한 잔액은 다음 연도의 세입에 이입하여야 한다. <개정 2008.12.31.>"

2) 「지방재정법 제52조(결산상 잉여금의 처리)」 "지방자치단체는 회계연도마다 세입·세출결산상 잉여금(剩餘金)이 있을 때에는 다음 각 호의 어느 하나에 해당하는 금액을 뺀 잉여금은 그 잉여금이 생긴 회계연도의 다음 회계연도까지 세출예산에 관계없이 지방채의 원리금 상환에 사용할 수 있다.

1. 다른 법률에 따른 금액
2. 제50조(세출예산의 이월)에 따른 이월금"

듯하다. 중앙정부는 순세계잉여금이 발생하면 교부금정산(지방교부세, 지방재정교부금), 공적자금상환(잔액의 30% 이상), 국채차입금상환(잔액의 30% 이상), 추경재원 또는 다음연도 세입이입 순으로 처리를 하고 있으며 최근 들어 처리규정을 이행하려고 노력하고 있다.

한편, 지방정부는 결산상 잉여금이 발생하면 다른 법률에 의한 것 이외에는 세출이월액을 공제한 잔액은 지방채 원리금을 상환할 수 있도록 규정하고 있다. 이러한 규정에 따라 집행하고 그 후에도 잔액이 발생하면 다음 연도 세입에 이입하되 조례가 정하는 바에 따라 재산 또는 기금에 편입하거나 해당 연도 세입에 이입(결산 전 이입제도)할 수 있다. 그러나 현실은 규정과 달리 대부분의 지방자치단체들이 추경재원으로 활용하고 있다.

표 10-1 **세계잉여금 처리절차(중앙정부)**

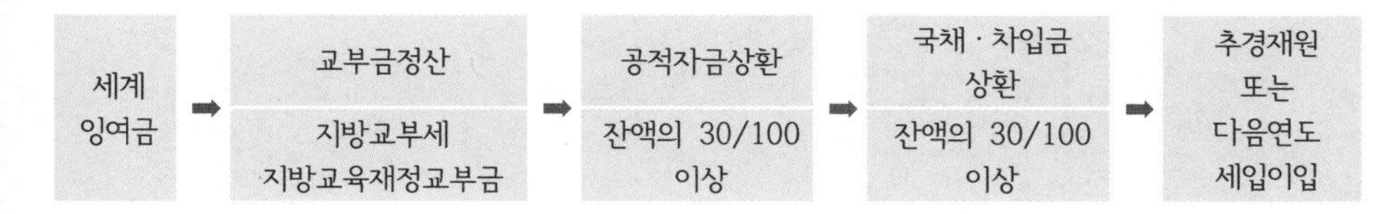

표 10-2 **세계잉여금 처리절차(지방정부)**

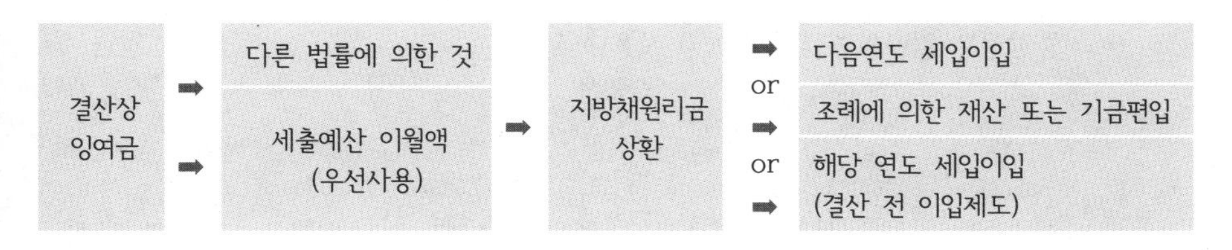

또한 세계잉여금의 활용실태에 관한 논의가 필요하다. <표 10−3>, <표 10−4>, <표 10−5>, 그리고 <표 10−6>은 국가채무, 세계잉여금의 추이, 일반회계에서의 세계잉여금의 처리내용을 설명하고 있다.

표 10-3 **국가채무 추이** (단위: 조원)

구분	2004	2005	2006	2007	2008	2009	2010	2011	2012
국가채무 (GDP대비,%)	203.7 (24.6)	247.9 (28.7)	282.7 (31.1)	299.2 (30.7)	309 (30.1)	359.6 (33.8)	392.2 (33.4)	420.5 (34)	445.2 (34)
일반회계	31.9	40.9	48.9	55.6	63	97	119.7	135.3	148.6
공적자금	29.4	42.4	53.3	52.7	49.2	49.5	47	45.7	44.7
외환시장안정용 (외국환평형기금비율, %)	51.3 (27.3)	67.1 (21.4)	78.6 (14.7)	89.7 (9.7)	94 (5.2)	104.9 (8.3)	120.6 (8.0)	136.7 (8.1)	155.7 (10.1)
국민주택기금	36.7	39.7	43.3	43.6	45.2	48.5	49.3	48.9	48.9
기타	54.4	57.8	58.6	57.6	57.6	59.7	55.6	53.9	47.3

주: '12년 수치는 ['12-'16년 국가재정운용계획] 전망치.
자료: 기획재정부

표 10-4 **중앙정부 세계잉여금 규모추이** (단위: 조원)

연도	세입	세출	결산상잉여금	이월액	세계잉여금
2003	195.3	188.0	7.3	6.0	1.3
2004	181.1	183.1	4.9	4.1	0.9
2005	199.7	192.3	5.3	2.4	3.0
2006	206.2	200.8	5.3	2.9	2.4
2007	216.0	196.9	19.1	2.6	16.5
2008	232.1	222.8	9.3	2.8	6.5
2009	261.3	252.1	9.2	2.7	6.5
2010	261.2	248.7	12.5	4.7	7.8
2011	270.5	258.9	11.6	5.1	6.5

자료: 기획재정부.(각 연도). 총세입부 총세출부 마감.

표 10-5 **중앙정부 일반회계 세계잉여금 사용내역** (단위: 억원, %)

연도	세입 예산액	세입 결산액	세출 결산액	결산상 잉여금	이월액	세계 잉여금	증가율	예산액 대비
	A	B	C	D=B-C	E	F=D-E	G	H=F/A
2000	887,363	926,022	874,645	51,377	10,822	40,555	70.9	4.57
2001	991,801	1,020,084	986,685	33,399	9,325	24,074	-40.6	2.43
2002	1,096,298	1,133,800	1,089,183	44,617	11,756	32,861	36.5	3.00
2003	1,181,323	1,196,755	1,172,229	24,526	13,264	11,262	-65.7	0.95
2004	1,201,394	1,196,460	1,182,362	14,098	12,372	1,726	-84.7	0.14
2005	1,352,156	1,364,592	1,342,077	22,515	10,148	12,367	616.5	0.91
2006	1,469,625	1,478,668	1,448,360	30,308	16,576	13,732	11	0.93
2007	1,565,177	1,711,721	1,543,309	168,412	14,985	153,427	1,017.5	9.80
2008	1,795,537	1,815,858	1,754,695	61,163	15,400	45,763	-70.2	2.55
2009	2,035,497	2,049,475	1,998,760	50,715	14,628	36,087	-21.1	1.77
2010	2,012,835	2,052,000	1,971,000	81,000	21,000	59,514	64.9	2.96
2011	2,641,000	2,700,500	2,589,000	116,000	51,000	65,000	9.21	2.46

주: 각 연도 세입·세출 결산보고서(2009년부터 국가결산보고서로 변경)
자료: 국회예산정책처.(2012). 국가재정법 이해와 실제. p.710; FY2011국가결산보고서

표 10-6 **중앙정부 일반회계 세계잉여금 사용내역** (단위: 억원, %)

연도	총액	지방교부세 정산	공적자금 상환	채무 상환	외평기금 상환	세입이입	추경재원
2000	40,555						40,555 (100)
2001	24,074					18,693 (78)	5,381 (22)
2002	32,861					18,693 (57)	14,168 (43)
2003	11,262						11,262 (100)
2004	1,726						1,726 (100)
2005	12,367		3,818 (31)				8,549 (69)
2006	13,730	13,730 (100)					
2007	153,428	54,133 (35)	29,788 (19)	18,767 (12)	2,085 (1)	45,685 (30)	2,970 (2)
2008	45,763	2,947 (6)	12,845 (28)	8,991 (5)			20,980 (46)
2009	36,087	7,864 (22)	8,467 (23)	5,927 (16)		13,829 (38)	
2010	59,514	15,817 (27)	13,109 (22)	9,176 (15)		21,412 (36)	
2011	51,285	19,586 (38)	9,510 (19)	6,657 (13)		15,532 (30)	

자료: 국회예산정책처.(2012). 국가재정법 이해와 실제. p.712. 일부수정

표 10-7 **특 · 광역시 · 도 일반회계 세계잉여금 활용** (단위: 억원, %)

구분	통합 재정수지	통합재정수지 (순세계잉여금포함)	세입액	세출액*	통합 재정규모	순세계 잉여금	세입대비순세계 잉여비율
	(A-B)/C*100	(D-B)/C*100	A	B	C	D	E=D/A
서울	-2.60%	-2.29%	167,955	172,439	172,439	540	0.32
부산	-1.93%	0.60%	69,897	71,271	71,271	1,802	2.58
대구	0.47%	3.02%	44,572	44,364	44,364	1,132	2.54
인천	-6.58%	-3.53%	52,059	55,726	55,726	1,702	3.27
광주	1.95%	11.73%	29,113	28,557	28,557	2,794	9.60
대전	1.87%	9.00%	26,790	26,298	26,298	1,876	7.00
울산	9.87%	18.35%	21,505	19,574	19,574	1,662	7.73
경기	0.20%	9.47%	126,687	126,431	126,431	11,717	9.25
강원	-1.95%	0.48%	34,504	35,191	35,191	857	2.48
충북	0.96%	4.33%	28,138	27,872	27,872	939	3.34
충남	2.56%	5.54%	41,252	40,222	40,222	1,199	2.91
전북	-1.34%	1.97%	40,480	41,031	41,031	1,359	3.36
전남	-5.88%	-3.16%	51,225	54,427	54,427	1,482	2.89
경북	-1.52%	0.87%	54,289	55,130	55,130	1,318	2.43
경남	-1.60%	2.54%	56,108	57,022	57,022	2,365	4.22
제주	4.59%	11.20%	27,621	26,408	26,408	1,743	6.31

*: 세출액은 지출과 순융자금액을 말함

자료: FY 2011 재정분석 자료

표 10-8 **Y시 일반·기타회계 순세계잉여금의 활용** **(단위: 천원)**

연도	구분	순세계 잉여금					비고 (지방채 상환기금적립)
		합 계	본예산액	1회추경 증감액	2회추경 증감액	3회추경 증감액	
2008	합 계	36,790,551	38,732,778	-1,942,227			
	일반회계	26,553,755	29,804,000	-3,250,245			
	기타 특별회계	10,236,796	8,928,778	1,308,018			
2009	합 계	31,943,103	35,679,095		-3,735,992		
	일반회계	24,076,242	27,411,000		-3,334,758		
	기타 특별회계	7,866,861	8,268,095		-401,234		
2010	합 계	59,782,666	32,483,939	2,500,000	24,639,618	159,109	
	일반회계	52,419,372	25,001,631	2,500,000	24,917,741		
	기타 특별회계	7,363,294	7,482,308		-278,123	159,109	
2011	합 계	57,294,192	38,613,506	17,736,927	943,759		
	일반회계	49,612,889	31,000,000	17,736,927	875,962		
	기타 특별회계	7,681,303	7,613,506		67,797		
2012	합 계	50,617,008	45,745,786	4,056,851	814,371		9,923,000
	일반회계	46,067,213	41,245,000	4,007,842	814,371		
	기타 특별회계	4,549,795	4,500,786	49,009			
2013	합 계	85,947,822	51,883,207	32,368,359	1,696,256		2,303,000
	일반회계	66,570,250	46,359,000	19,338,212	873,038		
	기타 특별회계	19,377,572	5,524,207	13,030,147	823,218		

자료: Y시 내부자료

3. 재정준칙과 순세계잉여금 간 논의

재정준칙은 중앙정부와 지방정부를 구분하여 도입을 고려할 필요가 있을 것이다. 특히, 일반정부와 중앙정부로 구분하여 재정준칙을 적용할 것을 권고하고 있다(Schaechter et al. 2012). GFSM(2014)에 의하면 일반정부의 범주는 중앙정부, 주정부, 지방정부를 포괄하고 있다. 다만, 우리나라의 경우 중앙정부와 지방정부로 구분하여 논의가 가능할 것이다. 지금까지 중앙정부 차원에서 재정준칙도입에 관한 논의는 여러 차례 제기되었다. 그러나 지방정부차원의 재정준칙 도입에 관한 논의는 전무하다.

따라서 중앙정부는 채무준칙과 지출준칙을 적용하고, 지방정부는 채무준칙과 재정수지준칙을 적용할 필요가 있을 것이다. 왜냐하면, 중앙정부차원에서 순세계잉여금과 관련하여 법적 가이드라인을 지키고 있으나, 지방정부는 순세계잉여금의 추경재원의 활용이 여전하기 때문이다. 무엇보다 중앙정부는 거시적 관점에서 채무준칙과 지출준칙의 적용을 고려할 필요가 있다.

특히, 지출준칙과 관련하여 정창훈 외(2013)는 대통령령 형태의 지출승인법의 도입을 고려할 필요가 있다고 주장한다. 또한, 지방정부는 채무준칙과 재정수지균형차원에서 순세계잉여금을 지나치게 많이 확보하지 못하도록 재정수지준칙을 도입하는 것이 재정건전성 강화차원에서 도움이 될 것이다.

지방정부에서 중앙정부의 재정정책 등 다양한 요인에 의해 정확한 세수예측이 불가능하다는 의견이 지배적이지만, 더욱 문제는 보수적으로 세수를 추계하는 경향이 결국 세계잉여금을 발생시키고 있다. 이는 곧 여유재원으로 인식되고 있기 때문이다. 그동안 세계잉여금의 처리가 비효율적이라는 질타를 받아 온 것이 사실이다.

이렇듯 세계잉여금의 처리 과정의 근본적인 변화를 요구받고 있는 만큼 재정건전성강화관점에서 중앙정부는 물론 지방정부의 세계잉여금의 효율적 · 체계적인 관리가 필요할 것이다. 특히, 여유재원으로 활용되고 있어 합목적적 기능을 못하고 있다는 우려가 있었음에도 국회는 물론 지방의회에서 심의대상에서 제외되거나 간소화되어 처리됨은 재원이 비효율적으로 배분될 소지가 많다.

박형수 · 류덕현(2006)에 의하면 우리나라는 외환위기 발생 직전까지 양입제출 원칙을 고수하여 경제성장기조를 유지하였지만, 외환위기 직후 재정위기 대응을 위한 재정확대로 양입제출원칙이 무너졌다. 이후 중기재정계획을 통해 재정건전성이 회복되었지만 향후 재정상황이 심각해질 가능성이 큰 만큼 재정준칙을 도입하여 재정규율을 강화할 필요가 있다고 본다.

재정준칙을 도입할 경우 경기조절 기능의 회복 및 정상화에 어떻게 기여할 것인지? 재정건전성유지와 재정의 역할 간 상충관계를 어떻게 조절할 것인지?, 총액배분예산제도를 활용하기 때문에 재정활동의 투명성과 재정정책의 일관성을 어떻게 확보할 것인지?, 명시적인 재정총량목표를 어떻게 할 것인지? 예컨대 어느 수준(중앙정부만, 지방정부 또는 공기업 포함)까지 할 것인지? 채무수준(순 국가채무 또는 총 국가채무)까지, 재정수지(구조적 재정수지 또는 경상재정수지) 등에 관한 검토가 필요하고 추가적으로 예산집행의 감시 및 통제, 재정통계 등 관련 제도를 정비할 필요가 있다고 주장한다.

최광 · 이성규(2010)에 의하면 최근 각국 정부는 경기부양 목적의 대규모 재정지출을 확대한 결과, 재정적자와 국가채무의 확대로 이어져 경기 안정화는 물론 일시적 재정지출에 필요한 정책수단과 그 재원조달에 골몰하고 있다. 따라서 경기안정화와 차입문제를 동시에 해결해 줄 수 있는 '지속가능한 재정준칙'의 도입을 제안한다.

지속가능한 재정준칙은 경기를 안정화시키고 재정정책의 재량적 사용을 억제하고, 일시적인 지출을 위한 재원조달 목적의 차입을 허용해주고, 재정정책 목적으로 사용할 수 있어야 하며, 조세의 평준화 효과가 있어야 한다. 궁극적으로 기존의 재정준칙들과 달리 지속가능 재정준칙은 계속 되풀이되는 경제위기를 방지·해결하기 위한 대안으로 작용할 수 있어야 한다.

박형수 외(2012)에 의하면 국가재정운영계획의 실효성을 확보하기 위해 입법화를 통한 명시적 재정준칙의 도입이 필요하다고 주장한다. 국가재정운영계획의 총량목표 중에서 구조적 재정수지는 계획수립 직전연도($t-1$)부터 계획수립 후 3년차($t+3$)까지의 평균이 균형을 유지하도록 하고, GDP대비 국가채무비율을 2020년까지 25% 이하가 되도록 기간별 목표치를 설정할 것을 권고하고 있다.

또한 법제화에 따른 경직성의 문제를 완화하기 위해 부채수준목표 및 연차별 이행방식의 준칙은 경기대응이 가능한 수준에서 법제화하고, 재정수지관련 준칙은 유연한 운영이 경기대응이 가능하도록 차등화할 필요가 있다고 본다.

김종면·홍승현(2013)에 의하면 재정준칙 등 법체계와 관련하여 재정성과에 미치는 영향이 상대적으로 제한적이라는 점에 근거하여 재정준칙은 효과적이고 본질적인 내용의 주요원칙은 단순해야 하고, 필요한 경우 주요 원칙의 준수를 강제하는 조항은 보다 자세하게 규정하여 강제기제의 작동이 수월하도록 설계될 필요가 있다고 본다. 특히, 정치경제학적 접근의 확장과 미래세대의 권익보장차원에서 현 세대의 재정의사결정의 견제장치와 행정부 내부견제장치를 마련할 필요가 있다고 본다.

홍승현(2013)에 의하면 경기순환에 대응하는 적극적인 재정운용과정에서 재정적자가 발생할 수밖에 없는 유인구조이다. 재정준칙은 법·제도적 장치를 통해 정책결정자의 자의적인 재원배분을 제한할 수 있다는 장점이 있다. 따라서 재정준칙의 도입은 국제적 흐름을 반영하고 신뢰를 받고, 지속가능한 재정운용에 대한 당국의 의지표명을 통해 중기재정 정책방향을 제시할 수 있는 형태가 되어야 한다고 본다.

재정준칙은 유연성과 강제성의 조화도 중요하지만, 준칙 운영주체의 의지(commitment)가 중요하고, 의무지출이 대부분인 복지지출의 증가에 대응하여 향후 총량적 재정규율을 유지할 수 있도록 설계되어야 할 것이다.

최승필(2013)에 의하면 국가 채무총량수준을 어디까지 고려할 것인가에 관해 논의하고 있는데, 독일의 기본법과 같이 헌법으로 규율하는 방식, 법률로 규율하는 방식, 그리고 자율적 연성규범방식으로 구분하고 있다. 우리나라에 적합한 방식은 최소 법률수준으로 설정할 필요가 있는데, 영국과 같은 불문법 국가에서 재정준칙의 준수 등의 문제가 발생하자 2010년 재정책임법을 만들어 성문법률로 명문화하였다는 점에 근거한다.

이렇듯 법률형태로 제정하는 것은 헌법과 달리 국회의 의결을 통해 법개정을 할 수 있기 때문에 경기대응이 가능한 재정준칙의 운영이 가능하다. 또한 채무총량설정 시 고려해야 할 사항은 적자성 채무와 금융성 채무 구분, 국회의 재정통제강화, 총량규제의 수준(탄력성), 사회적 합의가 가능한 총량규제, 공기업부채의 검토, 외채에 대한 관심제고가 필요하다고 본다.

따라서 아래와 같은 대안을 고려할 필요가 있다.

첫째, 지금까지 논의되었던 재정준칙에 관한 모든 논의가 중앙정부에 국한되어 왔다는 점이다. 따라서 지방정부로의 재정준칙 도입에 관한 논의를 확산할 필요가 있다. 주요 국가의 재정준칙의 분석을 바탕으로 중앙정부와 지방정부를 구분하여 효율적 재정운영이 가능한 재정준칙의 합리적인 대안을 모색할 필요가 있다.

둘째, 이미 설명한 바와 같이 각 국가는 재정수지준칙 또는 채무준칙 등을 하나의 준칙으로 활용하거나 아니면 두 가지의 준칙을 조합하여 재정준칙을 운영 중에 있다. 중앙정부차원에서는 채무준칙과 지출준칙을 조합한 재정준칙을, 지방정부는 채무준칙과 순세계잉여금 활용과 관련하여 재정수지준칙을 조합한 재정준칙을 도입할 필요가 있다. 다시 말해 중앙정부와 지방정부가 공히 채무준칙을 도입하고 중앙정부는 지출준칙을 도입하고, 지방정부는 재정수지준칙을 도입할 필요가 있을 것이다.

셋째, 지방정부에서 순세계잉여금을 추경재원으로만 활용한다는 점을 고려해 볼 때 장기불황대비펀드(rainy-day fund)의 도입을 고려할 필요가 있다. 다시 말해 순세계잉여금이 발생할 경우 일정 부분의 재원을 불황대비펀드(rainy day fund)에 적립할 대안을 모색할 필요가 있다.

미국에서는 세입추계의 오차가 5%를 초과할 경우 패널티를 부여하고 있다. 반면 우리나라는 세입추계의 오차가 크게 발생하여도 제재조치가 없기 때문에 교부세 배분시 패널티를 부여할 필요가 있다.

4. 국가별 재정준칙 유형 · 법정기준 및 예외조항

재정준칙의 유형 · 법정기준

재정준칙의 유형은 크게 채무준칙, 재정수지준칙, 구조적 재정수지준칙, 지출준칙, 수입준칙으로 구분되며 <표 10-9>와 같다.

표 10-9 **재정준칙 유형**

준칙 유형	장점 (Pros)	단점 (Cons)	적용국가 (2012년 기준
채무준칙 Debt rule	· 부채 유지가능성(sustainability)과 직접연관 · 커뮤니케이션 및 감독(monitor) 용이	· 경기안정화기능미비(경기순행적) · 부채비율영향요소인 정책으로서 단기의 명확한 운영지침이 없음 · 통제불능요인(임시조치 및 개발)에 의한 채무심화우려	이스라엘, 세르 아, 폴란드, 슬 바키아, 영국 등
재정수지준칙 Budget balance rule	· 명확한 운용지침 · 부채유지가능성과 밀접한 연관(close link) · 커뮤니케이션 및 감독(monitor) 용이	· 경기안정화 기능미비(경기순행적) 기초재정수지는 통제불가능요인 (대규모 경기침체)에 의한 채무심화우려	이스라엘, 인도 시아 등
구조적재정수지준칙 Structural budget balance rule	· 상대적으로 명확한 운용지침 · 부채유지가능성과 밀접연관 · 경기안정화기능(경기대응적) · 일회성(on-off) · 임시요인 계정의 허용	· 구조적 변화시, 수정복잡 · 커뮤니케이션 및 감독(monitor) 어려움 · 일회성(on-off) · 임시요인의 임의사용 제한필요	콜롬비아, 포르 갈, 세르비아, 페인, 영국, 칠 등
지출준칙 Expenditure rule	· 명확한 운용지침 · 경기안정화기능 · 정부규모조정이 용이 · 상대적으로 커뮤니케이션 및 감독(monitor) 용이	· 세입제약이 없어 부채유지가능성과 직접연관 없음 · 지출한도를 맞추려다 지출배분에 불필요한 변화가 발생할 수 있음	에콰도르, 이스 엘, 일본, 나마 아, 폴란드, 루 니아, 스페인, 국 등
수입준칙 Revenue rule	· 정부규모조정이 용이 · 세입정책과 행정의 개선 · 경기순행적소비 방지	· 경기안정화기능없음(경기순행적) · 지출제약이 없어 부채유지가능성과 직접연관이 없음	프랑스, 케냐, 주 네덜란드, 등

자료: Schaechter et al. (2012), p.8.; IMF 'Fiscal Rules Dataset'

표 10-10 **재정준칙의 법정 기준**

구분	재정준칙 유형			
	지출	수입	재정수지	채무
정치적 합의	4	2	3	4
연합 협정	4	1	3	4
법률(법정)	12	2	21	14
국제조약*			41	47
헌법	0	1	2	1
계	20	6	70	70

*: 초국가적 재정준칙
자료: Schaechter et al. (2012), p.17.

한편 재정준칙의 법정기준은 정치적 합의, 연합협정, 법률, 헌법, 국제조약으로 분류하고 있다. 국제조약은 EU 등의 국제에서 운용되는 초국가적 재정준칙이다.

재정준칙의 예외조항

글로벌 재정위기 이후 여러 국가에서 차세대(next generation) 재정준칙을 활용 중에 있다. 한마디로 재정준칙의 예외조항이 적용되고 있고, 일부 국가는 재정준칙을 중단 또는 조정하는 추세에 있다. 재정준칙의 예외조항을 적용하고 있는 국가는 2002년 이후 스위스를 비롯하여 스위스, EU회원국/유로지역의 국

표 10-11 **재정준칙 예외조항(escape clause) 적용 국가**

구분(국가)	내 용
독일(2010 이후)	· (2010년 이전) "거시경제 균형 왜곡" 예외조항 적용조건 · (2010년 이후) "자연재해 · 정부의 통제권 밖에 있으며 재정에 큰 영향을 미치는 긴급상황발생시 적용, 의회 다수의 승인 필요
스페인(2002 이후)	· 자연재해 · 심각한 경기침체·심각한 예산적자발생한 경우(중기재정계획(3년 이내 시정목적)과 병행제출, 의회의 과반수 투표에 의한 승인 필요
스위스(2003 이후)	· 자연재해 · 심각한 경기침체 · 회계방식의 변동 등 특별한 상황(exceptional circumstances)이 발생한 경우, 정부는 다수결로 균형수지준칙에서 벗어난 예산 승인 가능
EU회원국/유로지역	· 적자상한초과가 일시적·예외적이고 적자가 기준치에 근접한 경우, 과다적자 시정절차(excessive deficit procedure)가 진행되지 않음 · 경기후퇴(adverse economic developments)로 판단되는 경우 과다적자 보정기간연장가능

자료: Schaechter et al. (2012), p.42. 부록 1

표 10-12 국가별 재정준칙 중단 및 조정

구분(국가)	내 용
불가리아	· 2009년 지출준칙 상한을 넘어선 이후, 2010년과 2011년에도 지출상환(GDP 대비 최대 40%)을 지키지 못함 · 2012 Organic Budget Law 개정에 따른 지출준칙과 균형수지준칙의 재강화
칠레	· 지출상한조정: 2001~2007년 GDP대비 1% 재정흑자 → 2008년 0.5% 재정흑자, 2009년 균형재정 달성 · 경기조정 정책과 적자재정을 위하여 예외조항 도입, 2014년까지 GDP대비 1% 적자재정을 목표로 설정
덴마크	· 2015년까지 공적소비와 관련된 지출을 GDP대비 26.5%로 제한 개정(2009) · 구조적 재정수지목표의 수정: 2010년 흑자달성(2001년 설정)→2011-2015 균형재정달성(2007년 설정)→2015년 GDP대비 0.5% 미만의 재정적자, 2020년까지 균형재정달성(2009년 설정)
필란드	· 2007년부터 잠재 GDP의 1% 흑자달성목표 설정, 2009년 구조개혁과정에서 준칙을 지키지 못하고, 2011년부터 1% 재정적자 목표로 재설정 · 2008년 중단된 부채감축 규칙 재조정(2011년)
이스라엘	· 2009년 적자감축법(DRL)상 상한을 완화시켜 GDP 대비 6% 재정적자와 3% 지출증가를 가능하게 함 · The Defit Reduction and Budgetary Expenditure Limitation Law(2010)에서 재정계획을 재설정(2014년 GDP 대비 1% 재정적자)
파나마	· 2009년 균형수지준칙과 부채준칙 개정: 적자상한을 GDP대비 2~2.5%로 설정하고, 전환기간을 4년으로 연장 · 미국과 파나마의 실질GDP가 일정수준 이하로 떨어질 경우 상한을 조정할 수 있는 조항신설, 부채목표(2017년)
영국	· 2008.11~2009.12 임시재정준칙도입: 침체경기국면에서 벗어나면 경상예산을 조정하여 경기가 완전히 회복했을 때 예산균형과 부채감축을 이루도록 함

자료: Schaechter et al. (2012), p.25.

가와 독일 등의 국가이다.

또한 재정준칙의 중단 또는 조정한 국가는 불가리아, 칠레, 덴마크, 핀란드, 이스라엘, 파나마, 영국 등이다.

5. 재정건전성 제고를 위한 합리적 재정준칙 도입 대안탐색

◀) 중앙정부의 재정준칙의 도입 방향

<표 10-9>에 제시된 바와 같이 재정준칙의 유형은 채무준칙, 재정수지준칙, 구조적 재정수지준칙, 지출준칙, 수입준칙 등으로 구분하고 있다. 다만 중

앙정부는 재무준칙과 지출준칙의 도입을 고려할 필요가 있다. 거시적 관점에서 적절한 채무관리가 필요하다. 따라서 이미 주요국가에서 활용 중에 있는 채무준칙(예, GDP대비 채무비율)을 도입할 필요가 있다.

또한 재정집행의 효율성을 보장하기 위해 지출준칙을 도입할 것을 제안한다. 영국과 미국 등의 국가에서는 지출승인법(appropriation act)을 활용 중에 있다. 이 제도는 지출의 책임성을 확보할 수 있다는 장점이 있다. 다만 우리나라는 지출승인법이 법제화되지 않았기 때문에 지출준칙 도입을 고려할 필요가 있을 것이다.

지방정부의 재정준칙의 도입 방향

지방정부는 채무준칙과 재정수지준칙에 근거하여 재정준칙을 도입할 것을 제안한다. 왜냐하면 지방정부는 순세계잉여금이 발생하면 추경재원으로만 활용하기 때문에 재정수지 균형의 개념에서 볼 때 상당히 비효율적이다. 더불어 채무준칙을 활용할 필요가 있는데, 이는 이미 설명한 바와 같이 지방재정법의 개정을 통해 채무준칙을 제도화하고 있는 내용과 일맥상통한다.

다만 지방재정법 개정을 통한 재정관리의 강화는 재정준칙의 형태이지만 사전적 재정규율의 성격이 아니라 사후적 재정규율이라고 볼 수밖에 없다. 따라서 사전적 재정규율형태의 재정준칙이 도입되어야 할 것이다.

재정준칙도입의 법정기준

<표 10-10>에 제시된 바와 같이 재정준칙의 법정 기준은 정치적 합의, 연합협정, 법률, 국제조약, 헌법 형태이다. 대부분의 국가가 법률형태로 운영되고 있는 점을 감안할 필요가 있을 것이다. 헌법형태의 재정준칙은 다소 제한이 따를 것이다. 따라서 법률형태의 재정준칙을 도입하는 것이 비교적 재정준칙의 목적은 달성하고 그에 따른 한계를 최소화할 수 있을 것이다.

장기불황대비펀드 제도의 마련(순세계잉여금의 활용 대안)

우리나라는 정확한 세입추계가 비교적 제한되기 때문에(특히 지방정부) 순세계잉여금의 활용 대안을 모색할 필요가 있다. 왜냐하면 중앙정부와는 달리 대부분의 지방정부가 순세계잉여금을 추경재원으로만 활용하고 있기 때문에 재정수지균형의 관점에서 볼 때 합목적적이라 할 수 없다. 따라서 순세계잉여금이 활용을 적절하게 규제할 필요가 있을 것이다. 대안으로 미국에서 운용 중인 장기불황대비펀드(rainy－day fund)의 도입을 고려할 필요가 있다.

6. 정책적 함의

재정건전성을 강화하기 위해 많은 국가와 그 지방정부가 재정준칙을 도입·운영하고 있다. 최근 들어 우리나라는 중앙정부 차원에서 재정준칙의 도입에 관한 논의가 확산되고 있다. 반면 지방정부 차원의 재정준칙 도입에 관해서는 상대적으로 논의가 되지 않고 있다.

재정준칙은 사전적 재정규율의 성격을 지닌다. 지방재정법 개정을 통해 지방자치단체의 채무 등 재정관리를 강화하고 있지만, 사후적 재정규율 수단이다. 따라서 사전적 재정규율이 성격을 지닌 재정준칙의 도입을 고려해야 할 것이다. 중앙정부와 지방정부를 구분하여 재정준칙을 도입할 필요가 있다. 재정준칙을 도입할 경우 법정기준은 어떻게 설정할 것인지에 관한 논의가 필요하고, 더 나아가 순세계잉여금의 활용대안으로 장기불황대비펀드의 도입을 고려할 필요가 있다. 이에 관해 논의하면 다음과 같다.

첫째, 중앙정부의 재정준칙 도입 방향은 채무준칙과 지출준칙 형태를 제안한다. 이는 국제적 기준에도 부합할 뿐만 아니라 거시적 관점에서 지속가능한 재정운영으로 재정건전성을 강화할 수 있기 때문이다.

둘째, 지방정부 재정준칙의 도입 방향은 채무준칙과 재정수지준칙 형태를 제안한다. 안전행정부가 지방재정법 개정을 통해 재정관리를 강화하고 있는데, 이는 한마디로 사후적 재정규율에 불과하기 때문에 사전적 재정규율형태의 채무준칙이 도입되어야 할 것이다. 더불어 순세계잉여금의 추경재원 활용은 재정수지의 개념에서 볼 때 상당히 비효율적이다. 따라서 재정수지준칙 형태의 도입을 고려할 필요가 있다.

셋째, 재정준칙의 법정 기준은 정치적 합의, 연합협정, 법률, 국제조약, 헌법 등 다양한 형태가 가능하겠지만 법률형태로 운영하는 것이 바람직할 것이다. 법률형태의 재정준칙 도입은 재정준칙의 목적 달성은 물론 기타 수단(예, 헌법 등)에서 비롯된 한계를 최소화할 수 있을 것이다. 다만 국제조약은 논외로 한다.

넷째, 순세계잉여금의 활용 대안으로 장기불황대비펀드(rainy-day fund) 장치를 마련할 필요가 있다. 우리나라는 세입추계의 정확성이 비교적 제한되기 때문에(특히, 지방정부) 순세계잉여금의 활용 대안을 모색할 필요가 있다. 이는 재정수지균형의 관점에서 볼 때 합목적적이기도 하다.

본 논의는 중앙정부와 지방정부 차원에서 재정건전성 강화를 위해 재정준칙 도입에 관한 정책적 함의를 찾기 위한 노력의 일환에서 시작되었다. 중앙정부와 지방정부의 재정준칙의 도입과 순세계잉여금의 활용을 논의하였다는 점에서 유의미한 접근이라 할 수 있다. 하지만 본 연구는 시론적 차원의 접근으로 실제 적용에는 상당한 한계와 극복해야 할 과제가 산재해 있다. 특히 재정준칙의 도입을 기관단위(institution unit)의 관점에서 중앙정부와 지방정부에 국한할 것인지? 공기업 등으로 확산시킬 것인지? 법정기준으로 강행규정형태의 헌법으로 더욱 강화할 것인지? 등에 관한 다양한 논의가 필요한 실정이다.

참고문헌

강원도청 (2012). 비과세·감면에 관한 내부자료 (FY2006~ FY2010).

강윤호 (2001). 지방자치의 실시가 지방정부의 사회복지지출에 미친 영향: 공공선택론적 접근의 시도. 지방정부연구, 5(1): 109－126.

_____ (2008). 지역경제 성장의 영향요인 분석. 한국행정학보, 42(1): 365－381.

강인재 · 엄태호 (2011). 발생주의 회계제도와 예산관리제도간의 연계에 관한 연구: 중앙정부를 중심으로. 한국조세연구원 발표자료.

공기업 · 준정부기관 회계사무규칙 [시행 2011.1.1] [기획재정부령 제177호, 일부개정]

국회예산정책처 (2009).2010년도 예산안분석 Ⅲ.

_____________ (2010). 국가재정법 이해와 실제.

기획재정부 (2012). FY 2011 국가결산보고서.

_________ (각 연도). 국가결산보고서. FY 2011－2013.

_________ (각 연도). 민자투자사업 운영현황 및 추진실적. FY 2008－2012.

기획재정부 · 국가회계재정통계센터 (2014). 국가회계편람.

김대영 · 이삼주 (1997). 지방세감면제도의 개선방안. 서울: 한국지방행정연구원.

김 렬 · 구정태 (2002). 자치단체 채무수준의 변화에 대한 결정요인 분석. 한국지방자치학회보, 14(3): 173－191.

김성주 (2010). 지방세 비과세·감면의 일몰기준 도입에 관한 연구. 한국지방재정논집, 15(2): 83－107.

김제안 · 채종훈 (2003). 인구고령화가 지방재정에 미치는 영향분석. 지역발전연구, 8(2): 203－225.

김종면 · 홍승현 (2013). 재정건전성제고를 위한 재정법체계 개선방향연구, 한국조세재정연구원 연구보고서 13－09.

김종희 (2008) 지방세 비과세·감면과 지방재정 균등화와의 관계 분석. 지방행정연구, 22(3): 231~253.

남궁근 (1994). 우리나라 지방정부 지출수준의 결정요인 분석: 시군자치구의 기초자치단체를 중심으로. 한국행정학보, 28(3): 991－1012.

민 기 (2009). 임대형 민간투자사업(BTL)에 대한 지방자치단체의 재정관리방안. 지방정부연구, 13(3): 207－222.

박형수 · 류덕현 (2006). 재정준칙의 필요성 및 도입방안에 관한 연구, 한국조세연구원

연구보고서 06－13.
박형수 · 류덕현 · 박노욱 · 백응기 · 홍승현 (2012). 재정제도 및 재정운영시스템의 개선. 한국조세연구원 연구보고서.
박희정 (1993). 지역경제활성화를 위한 제도적 지원체계 강화방안. 한국지방행정연구원. 연구보고서.
배득종 · 강경훈 · 허웅 · 최용락(2012). 재정관리시스템 구축·운영 경험 및 방법론. 기획재정부 2012 발전경험모듈화사업 연구용역보고서.
배인명 (2009). 의존재원의 지방채발행에 대한 효과분석. 한국지방재정논집, 14(3): 133－158.
법제처 (2011). 조세특례제한법.
______ (2011). 지방세법
______ (2014). 지방자치단체 회계기준에 관한 규칙.
______ (2014) 지방재정법 및 동법 시행령
서울신문 (2012). 인천시, 재원조정교부금 지급 지연…기초단체, 은행서 돈 빌려 예산집행. 2012.6.18
손희준 (1999). 지방자치제 실시에 따른 지방재정지출의 결정요인 분석. 한국행정학보, 33(1): 81－97.
유지성 (1992). 계량경제학원론. 서울: 박영사.
윤석완 (2009). 인구감소와 고령화에 의한 지방재정지출의 영향. 한국지방재정논집, 14(3): 41－71.
윤석완 (2011). 지방교부세 감소에 대한 지방재정의 자체수입반응. 한국지방재정학회 동계학술대회 발표논문집: 3－22.
윤영진 (2010). 새재무행정학. 서울: 대영문화사.
윤용중 (2008). 디지털예산회계기획단 결산분석. 2007회계연도 결산분석. 국회예산정책처.
윤태화 · 박종성 (2008). 국가부채에서 정부의 범위 및 부채의 종류에 관한 연구. 회계저널, 17(4): 159－190.
이보환 (2011). 지방세 비과세·감면 정책 방향. 지방재정과 지방세, 41: 3－11.
이영희 · 김대영 (2007). 지방세지출 예산제도의 도입방안. 서울: 한국지방행정연구원.
이원희 · 강인재 · 이경섭 · 황시범 · 마상혁 (2012). 지방자치단체 원가정보의 사업성과 적용. 안전행정부 용역보고서.
이준구 (2012). 재정학 (4판). 서울: 다산출판사.
이한규 (2001). 지방자치단체의 부채규모 결정요인에 관한 분석. 재정논집, 16(1): 63－86.
이 효 (2011). 지방자치단체 원가회계와 성과평가의 연계. 지방재정과 지방세, 18:

17－37.
장용근 (2013). 재정헌법규정의 개정에 관련한 헌법정책적 검토, 재정건전성 향상과 재원조달 방안에 관한 재정법적 고찰, 한국조세재정연구원. 재정전문가네트워크
전국 지방자치단체 (각 연도). 재무보고서 FY 2008－2013.
전상경 (2011). 현대지방재정론, 서울: 박영사
정성호 (2010). 거버넌스가 경제위기에 미치는 영향. 한국행정연구, 19(3): 171－202.
_____ (2012a). 회계부정에 대한 통제시스템의 구축방안: 천안시 사례를 중심으로, 한국행정연구, 21(2): 49－78.
_____ (2012b). 지방자치단체의 회계부정실태와 통제방안. 지방행정연구, 26(2): 135－158.
_____ (2012c). 지방자치단체의 재정수익이 부채에 미치는 영향에 관한 연구. 한국지방재정논집, 17(2): 107－131.
_____ (2012d). 지방세 비과세·감면이 지방재정에 미치는 영향 – 국가기관, 종교, 문화재를 중심으로. 강원발전연구원 연구보고서, 12－01.
_____ (2013a). 재정건전성 제고를 위한 포괄적 부채관리: 광역시·도의 재정, 공기업, 민간투자사업(BTO · BTL)간 관계. 한국지방재정논집, 18(1): 131－162.
_____ (2013b). 지방자치단체의 부채와 예산외 사업으로 인한 부채 간 관계. 한국재정학회 추계학술대회 발표논문집.
_____ (2013c). 지방자치단체의 정부 간 이전수익이 부채에 미치는 영향. 한국행정학보, 47(2): 219－245.
_____ (2013d). 국가통합재정시스템과 지방재정관리시스템을 활용한 효율적 재정관리 대안. 한국조세재정연구원 재정전문가네트워크, 139－172.
_____ (2013e). STATA를 활용한 사회과학통계, 서울: 박영사.
_____ (2014a). 지방자치단체의 예산 외 사업부채 증가변인 연구. 한국행정학보, 48(1): 315－338.
_____ (2014b). 지방세 비과세·감면이 지역경제에 미치는 영향: 강원도 18개 시군을 중심으로. 한국행정학보, 48(3): 437－461.
_____ (2014c). 중앙 및 지방정부의 재정준칙도입에 관한 합리적 대안: 순세계잉여금 활용을 중심으로. 강원법학, 42: 417－442.
정성호 · 정창훈 (2013). 지방자치단체의 재정위기, 과제와 해법. 서울: 조명문화사.
___________ · 박정수 (2012). 지방자치단체의 유형자산 투자가 부채에 미치는 영향에 관한 연구: 복식부기회계정보를 중심으로. 행정논총, 50(2): 227－256.
정창훈· 정성호 · 강인재 (2013). 지출승인법(Appropriation Act)의 운영에 관한 연구: 미국, 영국, 프랑스를 중심으로. 한국조세재정연구원 연구용역보고서
정창훈 · 곽채기 · 조임곤 · 정성호 (2012). 지방자치단체 출자출연기관 체계적 관리방안.

행정안전부 연구보고서.
조선일보 (2011). 美 제퍼슨 카운티 파산... 역대 지자체 최대규모. 2011.11.11
최 광·이성규 (2010). 경제위기 대응을 위한 지속가능 재정준칙: 개념적 고찰, 재정학연구, 3(1): 37－75.
최석준 (2007). BTL(Build Transfer Lease) 사업의 재정관리 방향: 국가부채 여부에 대한 판단기준 및 재정 측면에서의 관리방안을 중심으로. 한국개발연구, 29(1): 137－175.
최승필 (2013). 총량적 채무비율의 도입에 관한 법, 제도적 검토, 한국재정법학회·한국조세연구원 공동정책세미나 발표자료.
최영출 (1993). 지역격차분석. 한국행정학회 동계학술대회 발표논문집.
통계청 홈페이지. at http://www.kostat.go.kr.
하능식·임성일 (2007). 지역의 인구구조가 지방재정에 미치는 영향. 한국지방재정논집, 12(1): 77－98.
한국공인회계사회 (2011). 한국채택국제회계기준.
한원택·정헌영 (1994). 지방자치실시에 따른 지방정부 재정지출의 변화와 원인. 지방자치연구, 6(2): 5－27.
행정안전부 (2009). 지방자치단체 회계기준에 관한 규칙.
________ (2010). 지방자치단체 재무회계 운영규정. 훈령 제186호. 2010.12.7.
________ (2011). 지방자치단체 회계기준에 관한 규칙. 제219호, 2011.5.20 일부개정.
________ (2011). 지방재정위기 사전경보시스템 운영규정(훈령). 제198호, 2011.10.12
________ (2012). FY2011 재정분석·진단 지표.
________ (각 연도). 지방자치단체 예산개요.
________ (각 연도). 지방공기업 경영정보 공개시스템. http://www.cleaneye.go.kr
행정안전부 재정고 홈페이지. at http://lofin.mopas.go.kr.
행정자치부 (2014). 지방자치단체 재무회계운영규정(훈령 제1호).
허명순 (2003a). 지방정부의 부채수준결정요인에 관한 연구: 미국 뉴저지주 주민투표 여건의 영향을 중심으로. 서울도시연구, 4(2): 15－27.
_____ (2003b). 정부 간 재정지원금의 변화에 따른 지방자치단체의 반응. 한국행정학보, 37(2): 189－210.
허 웅·윤성식 (2011). 정부회계학. 서울: 법문사.
홍승현 (2013). 공공부문 재정통계 산출 방안에 관한 공청회.
_____ (2013). 글로벌 금융위기와 재정준칙의 최근 추세, 한국재정법학회·한국조세연구원 공동정책세미나 발표자료
황명찬 (1982). 한국의 지역편차와 지역경제. 국토연구, 창간호.

Adkins, L.C. & R.C. Hill (2008). Using Stata for Principles of Econometrics, 3rd edition. NJ: Wiley.

Bahl, R. and Duncombe, W. (1993). State and Local Debt Burdens in the 1980s: A Study in Contrast. Public Administration Review, 53: 31－40.

Bails, D. G. (1990). The Effectiveness of Tax－Expenditure Limitations: A Re－evaluation. American Journal of Economics and Sociology, 49(2): 223-238.

Baltagi, B. (2008). Econometric Analysis of Panel Data. Fourth Edition. Wiley.

Beck, Nathaniel & Katz, Jonathan (1995). What to do (and not to do) with Time－Series Cross－Section Data. American Political Science Review, 89(3): 634－647.

Bennett JT (1983). Underground Government: The Off－budget public sector. Washington, D.C.: Cato Institute.

Bennett JT (2012). They Play, You Pay. New York: Springer.

Bennett JT and DiLorenzo TJ (1982). Off－budget activities of local government: The bane of the tax revolt. Public Choice, 39: 333-342.

Black, E. L., J. Legoria, K. & F. Sellers (2000). Capital Investment Effects of Dividend Imputation. JATA, 22: 40－59.

Buchanan and Wagner (1977). Democracy in Deficit: The Political Legacy of Lord Keynes. Indianapolis, IN: Liberty Fund, Inc.

Buchanan, James M (1966). Externality in Tax Response, Southern Economic Journal, 33(1): 35－42.

Burger. P (2003). Sustainable fiscal policy and economic stability: theory and practice. Edward Elgar. US: Massachusetts.

Butler, E (2012). Public Choice: a Primer. Institute of Economic Affairs.

Carone, G. and K. Berti (2014), Assessing Public Debt Sustainability in EU Member States: A Guide. European Economy Occasional Papers 200, European Commission.

Clingermayor, J.C. (1991). An Intergenerational Transfer model of State Debt Financing. Public Choice, 72(1): 13－32.

Crain, W. M., & Ekelund, R. B. (1978). Deficits and democracy. Southern Economic Journal, 813－828.

Danziger, J. (1978). Marketing Budget. Public Resources Allocation. Sage.

Deller & Stallman. (2007). Tax and Expenditure Limitations and Economic Growths. Marquette Law Review, 90(3): 497－554.

Dilger, R. J. (2013). Federal grants to state and local governments: An Historical

Perspective on Contemporary Issues. Washington, DC: Congressional Research Service.

Downs, Anthony (1960). Why the Government Budget is Too Small in a Democracy. World Politics, 12(4): 541－563.

Ellis, M. A., & Schansberg, D. E. (1999). The determinants of state government debt financing. Public finance Review, 27(6): 571－587.

Fabricant, S (1952). The Trend of Government Activity in the United States Since 1900. New York: National Bureau of Economic Research.

Goss, E. P., & Phillips, J. M.(2001). Do business tax incentives contribute to a divergence in economic growth? Economic Development Quarterly, 13: 217－228.

Helms I.J.(1985). The Effect of State and Local Taxes on Economic Growth: A Time Series—Cross Section Approach. The Review of Economics and Statistics, 67(4): 574－582.

IFAC (2013). International Public Sector Accounting Standards.

IMF (1986). A Manual on Government Finance Statistics.

IMF (2001). A Manual on Government Finance Statistics.

IMF (2011). Public Sector Debt Statistics. Guide for Compilers and Users.

IMF (2012). Government Finance Statistics Yearbook.

IMF (2012). World Economic Outlook.

IMF (2013). Staff Guidance Note for Public Debt Sustainability Analysis in Market－Access Countries.

IMF (2014). A Manual on Government Finance Statistics. pre－publication draft.

IMF and World Bank (2009), Developing a Medium－Term Debt Management Strategy (MTDS)－Guidance Note for Country Authorities.

Kelly, J. M. (1995). Lessons from the states on unfunded mandates. Where there's a will, there's a way. National Civic Review, 84(2): 133－139.

Kennedy, Peter. (2003). A Guide to Economics(Fifth edition). Massachusetts: Cambridge The MIT Press.

Key, V.O. (1956). American state politics: An introduction. Harvard University.

Kopits, G. Symansky, S.,(1998). Fiscal Policy Rules. IMF Occasional Paper, N0 162,

Lovrich, Nicholas P. Max Neiman (1984). Public choice theory in public administration: An annotated bibliography. NY: Garland.

Mikesell (2007). Fiscal Administration, 7th ed. Thomson Wadsworth.

Niskanen, Williams A (1971). Bureaucracy and Representative Government. Chicago. IL. International and Pan American.

Peterson, P. (1981). City Limits. Chicago: University of Chicago Press.

Polackova (1999). Contingent Government Liabilities A Hidden Fiscal Risk. Finance & Development, 36(1): 46－49.

Schaechter, A., T. Kinda, N. Budina, and A. Weber. (2012). Fiscal Rules in Response to the Crisis—Toward the "Next－Generation" Rules. A New Dataset. IMF Working paper.

Schick, Allen (1981). Off－Budget Expenditures: An Economic and Political Framework. Journal on OECD Budgeting, 7(3): 7－38.

Spackman. M (2002). Public-private partnerships: lessons from the British approach. Economic Systems, 26: 283-301.

STATA Corp (2011). STATA 12 Mannual.

StataCorp. (2011). Stata Longitudinal/Panel－data Reference Manual Release 12. Texas: Stata Press.

Tullock, Gordon, Arthur Seldon & Gordon L. Brady (2000). Government: Whose Obedient Servant?: a Primer in Public Choice. Institute of Economic Affairs.

Turnovsky, Stephen(1996). Optimal tax, debt and expenditure policies in a growing economy. Journal of Public Economics, 60(1): 21－44.

Wooldridge JM. (2008). Introductory Econometrics: A Modern Approach, 4th ed. Stamford, USA: Cengage Learning.

본문에 활용된 자료출처: 저자의 논문 및 용역보고서

다만, 가독성을 높이기 위해 원문의 일부 내용을 수정하여 정리하였다.

Chapter 1: 지방세 비과세·감면이 지역경제에 미치는 영향: 강원도 18개 시군을 중심으로. 한국행정학보, 48(3).

Chapter 2: 지방자치단체의 정부간 이전수익이 부채에 미치는 영향. 한국행정학보, 47(2).

Chapter 3: 지방자치단체의 예산 외 사업부채 증가변인 연구. 한국행정학보, 48(1).

Chapter 4: 지방자율재원확충을 위한 국고보조사업조정방안(공동연구). 전국시도지사협의회.

Chapter 6: 중앙 및 지방자치단체의 우발부채의 체계적관리대안. 한국조세재정연구원. 업무회의 발표자료.

Chapter 7: 국가통합재정시스템과 지방재정관리시스템을 활용한 효율적 재정관리대안. 한국조세재정연구원, 재정전문가네트워크 연구보고서.

Chapter 9: 공공기관 구분회계, 한국조세재정연구원 내부검토 자료.

Chapter 10: 중앙 및 지방정부의 재정준칙도입에 관한 합리적 대안: 순세계잉여금 활용을 중심으로. 강원법학, 42.

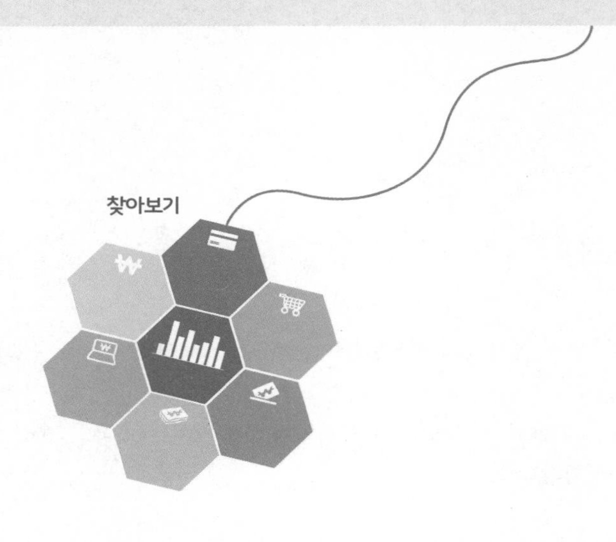

ㄱ

ㅎ

저자약력

정 성 호
연세대학교 행정학박사
강원대학교 행정학과 교수
대통령소속 지방자치발전위원회 위원
한국정부회계학회 편집위원장
한국조세재정연구원 연구위원
e-mail: jazzsh@daum.net; jazzsh@yonsei.ac.kr

건전한 한국재정을 위한 담론 — 외면하고 싶은 몇 가지 사실들

초판인쇄 2015년 4월 10일
초판발행 2015년 4월 15일

지은이 정성호
펴낸이 안종만

편 집 김선민 · 전채린
기획/마케팅 송병민
표지디자인 김문정
제 작 우인도 · 고철민

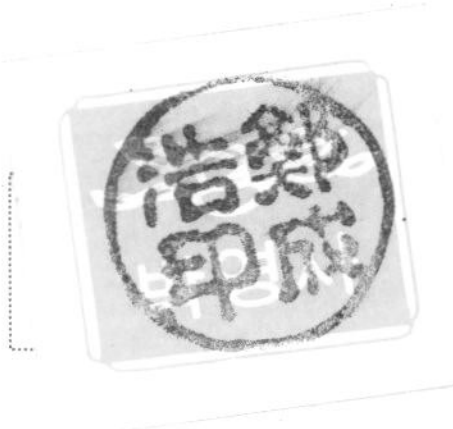

펴낸곳 (주) 박영사
서울특별시 종로구 새문안로3길 36, 1601
등록 1959. 3. 11. 제300-1959-1호(倫)
전 화 02)733-6771
f a x 02)736-4818
e-mail pys@pybook.co.kr
homepage www.pybook.co.kr
ISBN 979-11-303-0189-1 93350

정 가 18,000원